O STF NA POLÍTICA E A POLÍTICA NO STF

Série IDP/Saraiva
Conselho Científico

Fabrício Castagna Lunardi

O STF NA POLÍTICA E A POLÍTICA NO STF

poderes,
pactos
e impactos
para a democracia

2020

saraiva jur

Série idp — Instituto Brasiliense de Direito Público | Linha Pesquisa Acadêmica

DADOS INTERNACIONAIS DE CATALOGAÇÃO NA PUBLICAÇÃO (CIP)
ANGÉLICA ILACQUA CRB-8/7057

Lunardi, Fabrício Castagna

O STF na política e a política no STF / Fabrício Castagna Lunardi. IDP – linha pesquisa acadêmica. São Paulo : Saraiva Educação, 2020.
320 p.

Bibliografia
ISBN 978-85-536-1661-9

1. Brasil – política e governo I. Título. II. Série

20-0242 CDD 340

Índice para catálogo sistemático:

1. Brasil – Política e governo 320.981

saraiva EDUCAÇÃO | saraiva jur

Av. Doutora Ruth Cardoso, 7.221, 1º andar, Setor B
Pinheiros – São Paulo – SP – CEP 05425-902

SAC | sac.sets@somoseducacao.com.br

Direção executiva Flávia Alves Bravin
Direção editorial Renata Pascual Müller
Gerência editorial Roberto Navarro
Gerência de produção e planejamento Ana Paula Santos Matos
Gerência de projetos e serviços editoriais Fernando Penteado

Planejamento Clarissa Boraschi Maria (coord.)

Novos projetos Melissa Rodriguez Arnal da Silva Leite

Edição Eveline Gonçalves Denardi (coord.)
Deborah Caetano de Freitas Viadana

Produção editorial Fernanda Matajs (coord.)
Rosana Peroni Fazolari

Arte e digital Mônica Landi (coord.)
Amanda Mota Loyola
Camilla Felix Cianelli Chaves
Claudirene de Moura Santos Silva
Deborah Mattos
Guilherme H. M. Salvador
Tiago Dela Rosa

Projetos e serviços editoriais Kelli Priscila Pinto
Marília Cordeiro
Mônica Gonçalves Dias

Diagramação Kalima editores
Revisão Magda Carlos
Capa Tiago Dela Rosa
Imagem de capa Shutterstock / Proxima Studio
Produção gráfica Marli Rampim
Sergio Luiz Pereira Lopes
Impressão e acabamento Gráfica Paym

Data de fechamento da edição: 6-1-2020

Dúvidas? Acesse www.editorasaraiva.com.br/direito

CL 606471 CAE 721408

Agradecimentos

Após mais de cinco anos de intensa pesquisa sobre o tema, tenho a grande alegria de apresentar o seu produto, constituído neste livro, o que demandou muito mais do que inspiração, pois foi necessária extraordinária dedicação. Embora a pesquisa tenha origem no período de doutoramento em Direito na Universidade de Brasília, foram realizados diversos estudos, debates, reflexões e amadurecimentos posteriores, que permitiram chegar a um texto mais completo e com reflexões mais profundas.

Assim, preciso agradecer, inicialmente, a todos os amigos e colegas que compartilharam comigo esse período produtivo de pesquisa, parceiros de projetos, debates e trabalhos em grupo, especialmente a Thiago Sombra, Ana Cristina Botelho, Émerson Silva Barbosa e Paulo Sampaio.

Agradeço aos docentes do Programa de Doutorado da Universidade de Brasília, efetivos ou visitantes, que me oportunizaram refletir mais sobre diversas tematizações. Desse modo, a minha gratidão, sobretudo, aos Professores Marcelo Neves, Gilmar Ferreira Mendes, Cláudia Roesler, Menelick de Carvalho Netto, Marcus Faro de Castro, Luís Roberto Barroso e Alexandre Araújo Costa.

Ao meu orientador durante o doutoramento em Direito, Professor Juliano Zaiden Benvindo, sempre sábio, sereno, inteligente e perspicaz, que, com cada intervenção, proporcionou importantes desdobramentos na pesquisa que culminou nesta obra.

Aos professores Argemiro Cardoso Moreira Martins, Leonardo Augusto de Andrade Barbosa, Diego Werneck Arguelhes e Fabiano

Hartmann Peixoto, integrantes da banca examinadora da qualificação e da defesa da minha tese de doutorado (pesquisa inicial deste livro), pelas suas valiosas considerações, imprescindíveis para os desdobramentos posteriores que culminaram nesta obra.

Ao Ivo Gico Júnior, amigo, conselheiro, um grande crítico e incentivador. Você foi responsável pelo amadurecimento de diversas ideias que estão neste livro.

Agradeço, também, ao querido amigo Atalá Correia, com quem compartilhei as angústias e ansiedades do doutoramento, bem como por ser um grande incentivador deste livro.

À Deborah Viadana, da Editora Saraiva, que, mais uma vez, concedeu-me imprescindíveis lições, a fim de que pudesse chegar a uma obra mais didática, estruturada e aprazível ao leitor.

Aos meus compradres Tiago Pinto Oliveira e Bruna Koerich, parceiros de projetos e de sonhos, sempre presentes em todos os momentos importantes da minha vida.

Ao meu amigo-irmão Felipe Kersten, sempre generoso e pronto para conversar, debater e apoiar. As nossas reflexões sobre direito, política, economia e sobre a vida estão implícitas em todas as linhas deste livro. Também agradeço à minha família de coração, meus amados Daniel, Elisa e Lívia. Muito obrigado!

A todos os amigos e colegas que, de alguma forma, estiveram presentes nessa longa caminhada e me auxiliaram a seguir em frente.

Àqueles que são a minha base, meus pais e irmãos: Valter, Inês, Delx e Roben. Obrigado, por tudo!

À família que a minha esposa me deu, João, Magale, Rodrigo e Joanna, que, com sua alegria e energia contagiante são inspiração para eu me tornar uma pessoa melhor.

Aos meus amados Luca e Sofia, pedaços de mim, minhas melhores obras, que vieram ao mundo durante o doutoramento, que me ensinaram tantas coisas e me deram uma nova perspectiva de vida, novos hábitos, novos saberes, novas alegrias, que me mostraram o caminho para descobrir aquilo que vale a pena na vida, e que ela deve ser vivida e aproveitada todos os dias.

À Gabi, minha esposa, que me deu todo o suporte necessário para que eu a desenvolvesse e que soube suportar todas as minhas angústias nesse período tão importante de imersão na pesquisa. Além de ser minha companheira em todos os momentos, fez uma revisão fundamental neste livro, tornando-o muito melhor. Preciso registrar aqui que lhe sou eternamente grato por tudo!

A todos vocês, meu mais sincero muito obrigado!

Brasília, dezembro de 2019.

Fabrício Castagna Lunardi

Lista de Abreviaturas

a.	Ano
ABCP	Associação Brasileira de Ciência Política
AC	Ação cautelar
AC	Acre
ACO	Ação cível originária
ACP	Ação civil pública
ADC	Ação declaratória de constitucionalidade
ADI	Ação direta de inconstitucionalidade
ADPF	Ação de descumprimento de preceito fundamental
AGU	Advocacia-Geral da União
AI	Agravo de Instrumento
AL	Alagoas
Al.	Alínea
AMB	Associação dos Magistrados Brasileiros
ANC	Assembleia Nacional Constituinte
Art.	Artigo
CF	Constituição da República Federativa do Brasil de 1988
CNJ	Conselho Nacional de Justiça
CPC	Código de Processo Civil
CPP	Código de Processo Penal

CR	Carta Rogatória
CUT	Central Única dos Trabalhadores
DEM	Partido Democratas
Des.	Desembargador
Desa.	Desembargadora
DIVULG.	Divulgado em
DJ	Diário da Justiça
DJe	Diário da Justiça Eletrônico
DJU	Diário da Justiça da União
DNA	Ácido Desoxirribonucleico
DOU	Diário Oficial da União
EC	Emenda Constitucional
Ed.	Edição
EUA	Estados Unidos da América
FGV	Fundação Getulio Vargas
HC	*Habeas Corpus*
HD	*Habeas Data*
IBAMA	Instituto Brasileiro do Meio Ambiente e dos Recursos Naturais Renováveis
IBOPE	Instituto Brasileiro de Opinião e Estatística
ICJBrasil	Índice de Confiança da Justiça Brasileira
i.e.	Isto é (*Id est*)
Inc.	Inciso
INSS	Instituto Nacional do Seguro Social
IPEA	nstituto de Pesquisa Econômica Aplicada
j.	Julgado
MC	Medida cautelar
MDB	Partido Movimento Democrático Brasileiro
MI	Mandado de Injunção
Min.	Ministro
MPF	Ministério Público Federal

MS	Mandado de Segurança
MS	Mato Grosso do Sul
MST	Movimento dos Trabalhadores Rurais Sem Terra
MT	Mato Grosso
MG	Minas Gerais
n.	número
NCPC	Novo Código de Processo Civil
OAB	Ordem dos Advogados do Brasil
p.	Página
P. ex.	Por exemplo
P/	Para
PDT	Partido Democrático Trabalhista
PEC	Proposta de Emenda Constitucional
PEN	Partido Ecológico Nacional
PGR	Procuradoria-Geral da República
PL	Projeto de Lei
pp.	Páginas
PPS	Partido Popular Socialista
PSB	Partido Socialista Brasileiro
PSDB	Partido da Social Democracia Brasileira
PSOL	Partido Socialismo e Liberdade
PT	Partido dos Trabalhadores
PUBLIC.	Publicado em
RE	Recurso extraordinário
Rede	Partido Rede Sustentabilidade
Rel.	Relator
REsp	Recurso especial
RHC	Recurso Ordinário em *Habeas Corpus*
RJ	Rio de Janeiro
RMS	Recurso Ordinário em Mandado de Segurança
Segs.	seguintes

STF	Supremo Tribunal Federal
STJ	Superior Tribunal de Justiça
T.	Turma
TJ	Tribunal de Justiça
Trad.	Tradução
TRF	Tribunal Regional Federal
TRT	Tribunal Regional do Trabalho
TST	Tribunal Superior do Trabalho
UnB	Universidade de Brasília
v.	volume
§	Parágrafo

Sumário

Capítulo 2

Capítulo 3

Apresentação

Diversos pesquisadores de direito constitucional comparado têm se dedicado a investigar a atuação das Cortes Constitucionais em diferentes contextos, mas comumente as análises são realizadas considerando poucos casos julgados, dos quais extraem conclusões sobre a atuação de cada Tribunal Constitucional. Algo semelhante acontece no Brasil, onde os estudos sobre a atuação do STF costumam se centrar em alguns casos e em aspectos puramente normativos ou argumentativos, sem que se analisem os contextos institucionais, políticos e a atuação da Corte em termos mais amplos, ou seja, sem que sejam considerados o comportamento dos diversos atores no cenário político e a atuação estratégica do Tribunal Constitucional brasileiro nesse intrincado jogo, dominado pelas relações de poder e pela barganha política. E é exatamente nesse intervalo ainda pouco explorado que se desenvolve este livro, para além das investigações convencionais.

Desse modo, nesta obra, pretende-se investigar como o contexto político e as estruturas das instituições brasileiras influenciam nas decisões do STF e como a Corte Constitucional brasileira atua frente à classe política, seja para resistir às pressões políticas ou para conformar os interesses governistas ou das elites políticas.

As possíveis respostas para o problema não podem ser buscadas apenas analisando-se as disposições constitucionais dos diversos países ou alguns acórdãos de suas cortes constitucionais, mas através de uma análise mais profunda, que leve em conta a produção global de determinado tribunal constitucional, em certo espaço de tempo e contexto, na sua inter-relação com os diversos atores. Em razão disso, no presente trabalho, pretende-se conectar a pesquisa ao cenário internacional e, a partir dos esforços dos teóricos de direito constitucional comparado, focar na investigação empírica de como a Corte Constitucional brasileira se insere neste contexto. Além disso, embora se reconheça a importância dos estudos de caráter mais normativo sobre a temática, a investigação que ora se propõe pretende ampliar os horizontes para além do direito constitucional, permitindo-se buscar respostas aos problemas em outros campos, como o das ciências sociais e, especialmente, o da ciência política. Com isso, não se pretende minimizar a importância dos estudos jurídicos de caráter normativo sobre as cortes constitucionais e as suas decisões. Pelo contrário, diversos estudos da ciência política que focam apenas em aspectos institucionais, comportamentais e nos jogos de poder esquecem que o direito e a cultura jurídica são também determinantes na maioria das decisões. No entanto, o problema aqui proposto requer uma análise mais ampla que a puramente normativa, de modo que é necessário investigar questões que ultrapassam a fronteira do sistema jurídico, sem deixar de reconhecer que o direito, a racionalidade normativa e a cultura jurídica são fatores também determinantes nas decisões do STF em questões políticas.

De outro lado, a pesquisa desenvolvida nesta obra não se confunde com o realismo jurídico, tampouco pretende se prolongar na discussão *standard* sobre judicialização da política e politização do Judiciário. Muito além disso, parte da premissa de que o direito não deve ser entendido como um organismo independente, senão como parte integrante do sistema social. Ademais, procura investigar as atitudes e os comportamentos dos juízes constitucionais e dos diversos atores políticos no ambiente da decisão judicial. Nesse sentido, também estuda o comportamento judicial com foco na relação entre os membros dos Poderes Constituídos.

Sabe-se, de antemão, que, mesmo no âmbito doméstico, é pragmaticamente impossível descrever todas as relações de poder entre os atores políticos e os ministros da Suprema Corte brasileira, pois essas relações não se dão inteiramente às claras. Todavia, as hipóteses de que existem relações entre os ministros do STF e atores políticos, de que há suporte político à atuação do Tribunal Constitucional brasileiro, que molda a sua própria competência constitucional, e de que elites políticas reagem a decisões que lhes são desfavoráveis podem ser comprovadas ou não de forma empírica, analisando-se qualitativa e quantitativamente a produção do STF, considerando as medidas liminares monocráticas, o controle do *timing* do processo, as decisões que são tomadas para admitir recursos ou suspender ações, os pedidos de vista, as questões que não são pautadas para julgamento etc. E é nesta seara que a presente pesquisa se desenvolve.

Desse modo, analisar concretamente como o STF atua no plano macro, bem como quais são os interesses envolvidos e se age dentro das regras do jogo pode revelar se esta instituição realmente está cumprindo o seu papel constitucional ou, em vez disso, se também apresenta certas disfuncionalidades dentro de contextos políticos disfuncionais. Vale dizer, ao se investigar a real capacidade do STF para corrigir problemas de instituições políticas, é preciso considerar que ele próprio pode se revelar uma Corte política, onde opções partidárias, compromissos políticos e barganhas também têm espaço, em maior ou menor grau.

Para atingir os seus escopos, a presente obra foi dividida em cinco capítulos. O primeiro destina-se a mostrar que existe sustentação política às cortes constitucionais, bem como descortinar as relações de poder entre STF e elites políticas. Para tanto, passa-se, inicialmente, a buscar explicações político-institucionais acerca da disseminação dos tribunais constitucionais. Afere-se como elas se sustentam no projeto constitucional, na relação com os demais Poderes Constituídos e qual é o seu suporte político. São problematizadas a judicialização da política e a politilização do STF, ressaltando-se os seus riscos e mostrando-se os seus desafios. Na sequência, são analisadas, a partir de casos concretos e de teorias constitucionais contemporâneas, a força e as fraquezas das Cortes constitucionais, diante do julgamento de algumas causas que envolvem direitos estruturais e interesses governistas ou de elites políticas, o que auxiliará a delimitar e a entender melhor o problema. Por "elites políticas", conceito amplamente utilizado nesta obra, pretende-se designar o conjunto de indivíduos que detêm mais poder em determinado grupo, capazes de participar diretamente do processo de tomada de decisão, incluindo a não decisão[1], de modo que as suas escolhas podem ser impostas à população, ou seja, afetam um grande número de pessoas.[2]

No segundo capítulo, tem-se por objetivo problematizar a questão da atuação do STF na política a partir de uma métrica internacional, sobretudo comparativamente a tribunais constitucionais dos demais países latino-americanos, a fim de investigar possíveis origens comuns de problemas políticos e estruturais semelhantes, o que permitirá entender melhor os infortúnios vivenciados pela Corte brasileira sobretudo a partir da crise política que se iniciou em 2013. Para tanto, mostra-se, inicialmente, como teorias constitucionais *standard* são subcomplexas para investigar problemas de atuação de cortes constitucionais em regimes autoritários, bem como em democracias mais recentes ou mais frágeis. Considerando perspectivas de direito constitucional comparado, investiga-se como as cortes constitucionais e o próprio constitucionalismo são, paradoxalmente, adotados no *design* constitucional de países com regimes autoritários. Será demonstrado como, nesses regimes, a existência de uma constituição e de uma Corte Constitucional pode servir de instrumento para que governos autoritários passem uma aparência de normalidade institucional e de segurança jurídica, sobretudo em relação a direitos de propriedade, para minimizar a pressão de organismos internacionais e fomentar a confiança de investidores externos. São abordadas, ainda, as mazelas vivenciadas pelas democracias latino-americanas, o que pode trazer importantes luzes sobre a origem de alguns problemas do sistema político e da democracia brasileira. Nesse contexto, busca-se investigar qual tem sido e qual deve ser o papel das cortes constitucionais latino-americanas na política, apresentando-se os principais problemas enfrentados e os seus desafios. A seguir, buscam-se explicações para o novo papel desempenhado pelo STF na política e na democracia, analisando-se a estrutura de oportunidades constitucionais e de incentivos sociopolíticos à judicialização, e o comportamento do Supremo em matéria de revisão judicial de questões de natureza política, na sua inter-relação com os demais atores políticos.

No terceiro capítulo, a partir de uma perspectiva crítica acerca do constitucionalismo abusivo e seletivo, inicia-se a investigação do problema da atuação do STF na política a partir da prática da Corte em situações concretas, sobretudo com base na crise política que se iniciou em 2013, o que colocará novas luzes sobre a tematização, trazendo novas perspectivas e, inclusive, derrubando diversas conclusões já feitas em pesquisas empíricas no Brasil. Nesse aspecto, interessam, sobretudo, os casos em que o STF mudou de entendimento acerca de determinadas matérias ao levar em consideração os interesses envolvidos e as partes do processo, o que se denomina "fulanização" dos julgamentos; ou quando alguns ministros da Corte entraram no jogo político como *players*, muitas vezes transformando o STF numa arena política. É necessário analisar, ainda, a prática do STF de suspender direitos constitucionais para beneficiar interesses governistas, mediante o mecanismo da repercussão geral, o que se denomina de contraconstitucionalismo supremo. Investiga-se, também, a prática da Corte Constitucional brasileira de se utilizar ilegitimamente de mecanismos legítimos para encobrir o seu déficit de legitimidade, forma de agir que se chama de constitucionalismo de camuflagem judicial. Enfim, pretende-se investigar como, na prática, ministros do STF atuam na política, em benefício de interesses governistas ou de atores políticos, utilizando-se abusivamente e seletivamente do constitucionalismo, o que talvez coloque em xeque a própria função da Corte Constitucional na democracia e no Estado de Direito.

No quarto capítulo, busca-se investigar o exercício do poder político individual por ministros do STF. Com isso, o problema da atuação do Supremo na política será colocado em questão a partir da análise de como os seus membros agem individualmente, investindo-se de um poder que é constitucionalmente assegurado ao órgão colegiado. Desse modo, será analisado o exercício político do poder individual dos juízes constitucionais brasileiros, a partir do deferimento de medidas liminares e do uso estratégico do processo pelo relator. Também será investigado como os ministros se comportam de forma solipsista mesmo nas decisões colegiadas, o que se denomina individualismo decisional nos julgamentos colegiados. Serão objeto de investigação, ainda, o poder de pauta do presidente do STF e como ele tem sido utilizado ultimamente para controlar o *timing* do julgamento. A seguir, também serão aferidos quanti e qualitativamente os pedidos de vista, sobretudo quando realizados arbitrariamente para impedir que o plenário do STF conclua o julgamento, o que talvez confira a cada ministro um poder absoluto de veto à deliberação. Diante dessas situações, será investigado aquilo que se denomina de desmembramento constitucional judicial, na medida em que os ministros do STF, ao se utilizarem autoritariamente de um poder individual que não lhes foi concedido, subtraído do pleno da Corte, acabam ferindo o próprio núcleo essencial da Constituição Federal. Nesse aspecto, pretende-se mostrar como os membros da Corte Constitucional brasileira subtraem do órgão colegiado e decidem monocraticamente diversas questões, utilizando-se de um poder hipertrófico que não foi outorgado pela Constituição e, individualmente, modificam todo o sistema jurídico.

O quinto e último capítulo, além de crítico e reflexivo, também pretende ser propositivo. Assim, após serem mostrados os problemas estruturais e conjunturais do Tribunal Constitucional brasileiro, buscam-se investigar possíveis soluções para mitigar a influência de elites políticas na Corte, para fazer cumprir as suas decisões quando contrariam o poder político e para punir a corrupção na política. Para atingir esses escopos, inicia-se a investigação analisando a atual forma de nomeação dos ministros do STF, como eles fazem uma verdadeira "campanha" política para chegar ao cargo. Utilizando-se a experiência de outros países e diversas propostas já realizadas no Brasil para modificação desse quadro, pretende-se apresentar alternativas para se chegar a um processo de nomeação mais público, mostrando-se como o *design* institucional de cortes constitucionais de diversos países – como a sua forma de composição, mais independente da classe política – contribuiu para que esses tribunais pudessem ter maior blindagem e evitar o risco de captura pelas elites políticas. Além disso, mostra-se como os "problemas" da sobrecarga e da morosidade processual são utilizados retoricamente para que ministros do STF, individualmente considerados, ampliem as suas estratégias, com um alto custo para o constitucionalismo, para o Estado de Direito, para a democracia e para toda a sociedade. A seguir, analisam-se a real capacidade do STF para combater o problema da corrupção nos altos escalões da República e como os próprios ministros da Corte podem se enredar na intrincada teia da política. Nesse tocante, coloca-se foco no problema que se denomina de "justiça telefônica", que, em determinados casos, por ação individual de juízes constitucionais, pode colocar abaixo todo o sistema de justiça dedicado ao combate à corrupção. Também será analisado como a opinião pública pode ser utilizada para fortalecer a atuação do STF quando as suas decisões contrariam interesses governistas ou de poderosos políticos, e como ela pode exercer um importante controle da atividade da Corte Constitucional brasileira, sem se desconhecer os seus riscos. Por fim, analisam-se os problemas da atuação do STF na política, como se comporta e como deveria se comportar considerando a teia das relações de poder, bem como quais são os seus riscos e desafios.

Portanto, nesta obra, pretende-se agregar mais complexidade em relação às análises das diversas questões que cercam a temática, razão pela qual se propõe avançar um pouco mais nas investigações, buscando-se analisar aprofundadamente o problema. Assim, não se pretende apenas aferir abstratamente o sistema de freios e contrapesos, senão discutir como as elites políticas do Legislativo e do Executivo podem se utilizar da Corte Constitucional brasileira para a manutenção e a ampliação das suas prerrogativas; não como os direitos e as garantias estão disciplinados na Constituição, mas como a Suprema Corte brasileira, sob o argumento de implementação de direitos fundamentais, tem, em vez disso, protegido interesses corporativos e de elites políticas (fulanização de julgamentos e constitucionalismo abusivo e seletivo); não se pretende apenas analisar abstratamente a importância das audiências públicas para o *judicial review*, mas como elas têm sido utilizadas como um constitucionalismo de camuflagem judicial. O objetivo não é simplesmente analisar se a Corte Constitucional brasileira é política, mas como seus ministros atuam como *players* nas disputas políticas nacionais, com poder de barganha e capacidade para alterar as forças do jogo político. Nessa linha, o foco não é analisar abstratamente a legitimidade da revisão judicial pelo Tribunal Constitucional, mas como os ministros do STF se utilizam individualmente de um poder hipertrófico que não lhes foi outorgado pela Constituição para decidir questões políticas importantes para o país, ferindo o próprio núcleo essencial da Constituição (desmembramento constitucional). Além dessa investigação crítica, esta obra também pretende ser propositiva, a partir de um experimentalismo institucional e de perspectivas de direito comparado, a fim de buscar possíveis alternativas para os problemas relacionados à atuação da Corte Constitucional brasileira na crise política, à nomeação política dos seus membros, ao uso estratégico do tempo do processo, à possiblidade de (des)cumprimento de decisões judiciais, à justiça telefônica, à baixa responsividade do STF. Enfim, pretende-se agregar mais variáveis à complexidade do papel da Corte Constitucional brasileira, aferindo-se, de forma contextualizada, a sua atuação e os resultados alcançados, a fim de investigar a complexidade da atuação do STF na política, e como a política também influencia o STF.

O presente trabalho, contudo, não tem por objetivo avaliar a atuação do STF na perspectiva da hermenêutica constitucional, tampouco tem como prioritária a análise das suas decisões do ponto de vista argumentativo-normativo, mas pretende investigar, sobretudo a partir das relações de poder, como é a atuação do STF nos casos que envolvem atores, interesses ou questões políticas. Além disso, a presente investigação não pretende buscar respostas para o problema em teorias da legislação nem em teorias da decisão judicial, tampouco analisar as decisões do STF a partir de teorias da argumentação, senão investigar o problema precipuamente à luz das questões políticas, de desenho institucional e dos comportamentos dos ministros da Corte e dos demais atores políticos, na sua inter-relação. O escopo principal não é abordar o fundamento jurídico exposto na decisão judicial, senão aquilo que está por trás, encoberto, subliminar, que não é dito expressamente.

Portanto, esta obra pretende ser um convite à reflexão sobre a atuação do STF na política, e como ele também é impactado pela política, buscando levar o leitor a chegar às suas próprias conclusões.

1

A sustentação política das cortes constitucionais e o problema do enfrentamento de elites políticas

Há diversos constitucionalistas brasileiros que afirmam que o Supremo Tribunal Federal estaria se imiscuindo nas funções do Legislativo ou do Executivo, que haveria uma "ditadura do Judiciário"[1] ou uma "supremocracia"[2]. Dizem que se vive em tempos de ativismo judicial, citando os julgamentos referentes ao aborto de feto anencefálico[3], ao reconhecimento de união estável entre casais homoafetivos[4], dentre outros. Pesquisadores como Jeremy Waldron[5], Cass

---

1 DELMANTO, Roberto. A ditadura do Judiciário. *Migalhas*, 15-3-2018. Disponível em: <http://www.migalhas.com.br/dePeso/16,MI276327,101048--A+ditadura+do+Judiciario>. Acesso em: 18-8-2018.

2 VILHENA, Oscar. Supremocracia. *Revista de Direito do Estado*, Rio de Janeiro, a. 3, n. 12, p. 55-75, out.-dez. 2008. p. 59-60.

3 BRASIL. Supremo Tribunal Federal. Ação de Descumprimento de Preceito Fundamental n. 54. Relator: Ministro Marco Aurélio. Tribunal Pleno. Julgado em 12-4-2012. *DJE* n. 77, 20-4-2012.

4 BRASIL. Supremo Tribunal Federal. Ação Direta de Inconstitucionalidade n. 4277. Relator: Ministro Ayres Britto. Tribunal Pleno. Julgado em 5-5-2011. *DJe*-198, 14-10-2011; e BRASIL. Supremo Tribunal Federal. Ação de Descumprimento de Preceito Fundamental n. 132. Relator: Ministro Ayres Britto. Tribunal Pleno. Julgado em 5-5-2011. *DJe*-198, 14-10-2011.

5 WALDRON, Jeremy. *Law and Disagreement*. Oxford: Oxford University Press, 2004.

Sunstein[6], Adam Prezeworski[7], Mark Tushnet[8] e Laurence Tribe[9], que desenvolvem estudos sob o ponto de vista da teoria da legislação, costumam defender que o Legislativo seria o órgão mais adequado para tomar decisões sobre direitos, bem como que o Judiciário deveria adotar uma postura de autocontenção em relação ao Parlamento.

Embora essas teses não sejam incorretas, cotejando essas afirmações com os estudos recentes de direito constitucional comparado e com a realidade político-institucional brasileira, parece que os membros dos demais Poderes Constituídos não estão tão preocupados com a crescente judicialização da política. Pelo contrário, em alguns casos, aparentemente, o Executivo e o Legislativo não só toleram, como também fomentam a revisão judicial.

Desse modo, considerando uma perspectiva dinâmica e contextualizada, é preciso investigar como a Corte Constitucional brasileira atua quando tem de decidir questões estruturais ou que afetam interesses governistas ou de elites políticas, e como a classe política reage a essas decisões.

Essa investigação contextualizada, a partir de casos concretos, talvez mostre uma Corte Constitucional bem mais frágil do que as teorias de ativismo judicial e as teorias da legislação costumam apresentar, e bem mais estratégica e política do que as teorias jurídico-constitucionais são capazes de mostrar. É nesse contexto e considerando esse espaço não explorado pelas teorias citadas anteriormente que se pretende, neste capítulo, problematizar e iniciar a investigação

---

6 SUNSTEIN, Cass R. *Legal Reasoning and Political Conflict*. New York: Oxford University Press, 1996.

7 PREZEWORSKI, Adam. *Qué esperar de la democracia:* límites y posibilidades del autogobierno. Buenos Aires: Siglo XXI, 2010.

8 TUSHNET, Mark. Democracy *versus* Judicial Review: Is It Time to Amend the Constitution?. *Dissent*, Philadelphia, v. 52, n. 2, p. 59-63, Spring 2005.

9 TRIBE, Laurence H. In: TRIBE, Laurence H; WALDRON, Jeremy; TUSHNET, Mark. On Judicial Review: Laurence H. Tribe, Jeremy Waldron, and Mark Tushnet debate. *Dissent*, Philadelphia, v. 52, n. 3, p. 81-86, Summer 2005.

sobre a atuação do Supremo Tribunal Federal na política, e acerca da influência e das reações da classe política às decisões judiciais.

Para tanto, inicialmente, buscam-se explicações político-institucionais acerca da disseminação das cortes constitucionais, ou seja, de como elas se sustentam no projeto constitucional e, sobretudo, qual é o seu suporte político. Após, passa-se ao estudo da problemática da crescente judicialização da política ao redor do mundo. Na sequência, são analisadas, a partir de teorias constitucionais contemporâneas, a força e as fraquezas das cortes constitucionais perante as elites políticas e, no contexto da crise política brasileira que se iniciou em 2013, como o STF atuou em causas que envolviam interesses governistas ou de poderosos atores políticos, o que permitirá contextualizar e delimitar adequadamente o objeto de investigação do presente livro.

1.1. EXPLICAÇÕES POLÍTICO-INSTITUCIONAIS À DISSEMINAÇÃO E AO FORTALECIMENTO DO *JUDICIAL REVIEW*

Para entender o fortalecimento e a disseminação da revisão judicial sobre questões políticas ao redor do mundo, é preciso analisar o conjunto de causas, o que demanda uma pesquisa que vai além da análise jurídica sobre o texto constitucional e as decisões da Corte Constitucional. É preciso indagar, por exemplo: Quais são as partes realmente envolvidas no conflito e o que elas estão efetivamente buscando? Como o tribunal constitucional angaria poder para decidir e fazer cumprir as suas decisões? Como os atores políticos relevantes atuam para contornar as decisões ou retaliar o tribunal? Como a Corte Constitucional acumula capital político para se fortalecer e decidir contra interesses do governo ou de atores políticos relevantes? Quais interesses, efetivamente, o tribunal constitucional protege? Qual é a influência da forma de nomeação da corte e de outras questões institucionais sobre o comportamento judicial? Quais são os impactos das suas decisões no mundo real? Essas são questões que a análise puramente jurídica do texto constitucional e das decisões judiciais não consegue responder pois deixa de lado aquilo que origina e sustenta o *judicial review* dentro da ordem constitucional e do sistema judicial, que é o sistema político.[10]

Os constitucionalistas que criticam um modelo forte de *judicial review* e o ativismo judicial de cortes constitucionais comumente afirmam que estas estariam usurpando insidiosamente a competência legislativa do Parlamento ou decidindo questões de políticas públicas inerentes ao governo. Entretanto, a historiografia constitucional tem demonstrado que os Poderes Executivo e Legislativo são suficientemente fortes para decidir politicamente os rumos da nação e, inclusive, para legitimamente limitar os poderes do Judiciário quando este os exorbita, dentro do funcionamento normal de um ordenamento constitucional que adota o sistema de freios e contrapesos. Então, quais razões levariam os Poderes Executivo e Legislativo a tolerar – e, inclusive, em alguns casos, a fomentar – o ativismo judicial e um modelo de controle de constitucionalidade forte das cortes constitucionais sobre questões políticas?

Dentro de uma lógica linear, poder-se-ia dizer que há disputa constante de poder entre os membros dos Poderes Executivo, Legislativo e Judiciário. Contudo, talvez um controle de constitucionalidade forte e um ativismo judicial da Corte Constitucional sejam convenientes aos interesses do Chefe do Poder Executivo, dos parlamentares aliados ao governo e dos partidos políticos com maior representatividade no Parlamento. Como adiante se mostrará, o próprio governo e as coalizões políticas majoritárias se servem do controle de constitucionalidade para resolver conflitos políticos.[11]

---

10 HIRSCHL, Ran. Politics and the Constitution: The Ties That Bind. *Review of Constitutional Studies*, NewYork, v. 21, n. 1, p. 3-11, 2016. pp. 6-7.

11 FISHER, Louis. *Constitutional Dialogues:* Interpretation as Political Process. Princeton, New Jersey: Princeton University Press, 1988. pp. 4-5.

1.1.1. A necessidade estrutural e política de cortes constitucionais

Cientistas políticos e constitucionalistas como Keith Whittington[12], Ran Hirschl[13], Louis Fisher[14], Mark Graber[15], Tom Ginsburg[16], Terri Peretti[17], George Lovell[18], Kevin McMahon[19] e Thomas Keck[20], por diferentes caminhos e perspectivas, afirmam que o *judicial review* é tolerado e muitas vezes incentivado por autoridades políticas eleitas. Segundo eles, a revisão judicial seria um dos muitos instrumentos dos quais os políticos se utilizam para fazer prevalecer os seus propósitos, sob o disfarce de interpretação constitucional. Portanto, tais autores trabalham fora da lógica linear de que as cortes constitucionais tiveram ascensão nas últimas décadas em razão da capacidade dos seus juízes, de que foram criadas e se mantêm em razão da necessidade de assegurar os direitos protegidos nas Constituições

---

12 WHITTINGTON, Keith E."InterposeYour Friendly Hand": Political Supports for the Exercise of Judicial Review by the United States Supreme Court. In: *American Political Science Review*, Princeton, v. 99, n. 4, p. 583-596, nov. 2005.

13 HIRSCHL, Ran. *Toward Juristocracy:* The Origins and Consequences of the New Constitutionalism. Cambridge: Harvard University Press, 2004; HIRSCHL, Ran. The Judicialization of Mega-Politics and the Rise of Political Courts. *The Annual Review of Political Science,* v. 11, p. 93-118, 2008.

14 FISHER, Louis. *Constitutional Dialogues:* Interpretation as Political Process. Princeton, New Jersey: Princeton University Press, 1988.

15 GRABER, Mark A. Constructing judicial review. *Annual review of political Science,* Maryland, Baltimore, v. 8, n. 1, p. 425-451, mar. 2005.

16 GINSBURG, Tom. The global spread of constitutional review. In: WHITTINGTON, Keith E.; KELEMEN, R. Daniel; CALDEIRA, Gregory A. *The Oxford Handbook of Law and Politics.* New York: Oxford University Press, 2008. p. 81-98.

17 PERETTI, Terri. *In Defense of a Political Court.* Princeton: Princeton University Press, 1999.

18 LOVELL, George. *Legislative Deferrals:* Statutory Ambiguity, Judicial Power, and American Democracy. New York: Cambridge, 2003.

19 MCMAHON, Kevin. *Reconsidering Roosevelt on Race:* How the Presidency Paved the Road to Brown. Chicago: University Chicago Press, 2004.

20 KECK, Thomas. *The Most Activist Supreme Court in History:* The Road to Modern Judicial Conservatism. Chicago: University Chicago Press, 2004.

escritas, ou de que o chefe do Executivo e os parlamentares seriam contrários ao *judicial review*. Ao revés, mostram que o componente político é determinante para o fenômeno do aumento do poder dos tribunais constitucionais e para a ampliação, em âmbito mundial, do controle judicial de constitucionalidade.[21]

Quando os agentes políticos eleitos são impedidos de implementar plenamente a sua própria agenda política, eles podem favorecer o exercício ativo da jurisdição constitucional pela Corte, a fim de superar esses obstáculos e romper com o *status quo*.[22] Além disso, autoridades eleitas do governo atual que têm medo de perder o poder podem tentar reforçar a autoridade judicial e colocar os seus aliados nos tribunais, na esperança de que a revisão judicial seja usada contra autoridades do futuro governo.[23]

Seguindo essa mesma lógica, Tom Ginsburg afirma que, para as autoridades políticas eleitas que temem estar fora do poder no futuro, o controle de constitucionalidade por um tribunal independente seria um fórum alternativo para assegurá-los na política, o que mitigaria o risco de perda eleitoral.[24]

---

21 HIRSCHL, Ran. The Judicialization of Mega-Politics and the Rise of Political Courts. *The Annual Review of Political Science*, v. 11, p. 93-118, 2008. p. 109.

22 WHITTINGTON, Keith E. "Interpose Your Friendly Hand": Political Supports for the Exercise of Judicial Review by the United States Supreme Court. In: *American Political Science Review*, Princeton, v. 99, n. 4, p. 583-596, nov. 2005. p. 583.

23 Nos EUA, da mesma forma que no Brasil, a indicação dos juízes da Suprema Corte é feita pelo Presidente da República (WHITTINGTON, Keith E. "Interpose Your Friendly Hand": Political Supports for the Exercise of Judicial Review by the United States Supreme Court. In: *American Political Science Review*, Princeton, v. 99, n. 4, p. 583-596, nov. 2005. p. 583).

24 GINSBURG, Tom. The global spread of constitutional review. In: WHITTINGTON, Keith E.; KELEMEN, R. Daniel; CALDEIRA, Gregory A. *The Oxford Handbook of Law and Politics*. New York: Oxford University Press, 2008. p. 81-98. pp. 83-84.

Essa tese é amparada por evidências empíricas em diversos países, como Palestina[25], Israel[26], Canadá, Nova Zelândia, África do Sul[27] e Egito[28]. Ou seja, quanto mais temerem que possam perder futuras eleições, mais as autoridades políticas preferirão um tribunal constitucional forte.[29]

---

25 Tom Ginsburg relata que, na última sessão parlamentar da autoridade palestina antes da tomada do poder pelo Hamas, foi aprovada a lei que criou um tribunal constitucional com poderes para derrubar a legislação, um caso notável de preservação hegemônica – embora a resposta imediata do novo parlamento empossado tenha sido substituir essa lei (GINSBURG, Tom. The global spread of constitutional review. In: WHITTINGTON, Keith E.; KELEMEN, R. Daniel; CALDEIRA, Gregory A. *The Oxford Handbook of Law and Politics*. New York: Oxford University Press, 2008. p. 91).

26 Ran Hirschl apresenta o caso de Israel, onde, com a Revolução Constitucionalista de 1992, foi estabelecido o *judicial review* com o objetivo de apoiar políticos que representavam a burguesia secular de Israel, cuja hegemonia política se tornava cada vez mais ameaçada. Assim, os representantes políticos desse grupo encontraram na delegação de formulação de políticas ao tribunal uma maneira eficiente de superar crescentes reações populares contra a sua hegemonia ideológica e evitar consequências negativas do seu contínuo declínio no controle da arena de tomada de decisões majoritárias (HIRSCHL, Ran. The Political Origins of Judicial Empowerment through Constitutionalization: Lessons from Four Constitutional Revolutions. *Law & Social Inquiry*, Chicago, v. 25, n. 1, p. 91-149, jan. 2000. p. 106).

27 Ran Hirschl afirma, em estudo comparado, que, no Canadá, na Nova Zelândia e na África do Sul, a constitucionalização pode ser mais bem entendida como uma estratégia para elites políticas ameaçadas se manterem no poder, através do isolamento da formulação de políticas contra a ameaça democrática de pressões populares (HIRSCHL, Ran. The Political Origins of Judicial Empowerment through Constitutionalization: Lessons from Four Constitutional Revolutions. *Law & Social Inquiry*, Chicago, v. 25, n. 1, p. 91–149, jan. 2000. pp. 138-139).

28 Ozan Varol mostra que, no Egito, mesmo após Mubarak ter sido deposto, o Tribunal Constitucional continuou tomando decisões que parecem promover configurações políticas que existiam durante a autocracia de Mubarak, como julgamentos que proíbem a irmandade muçulmana (VAROL, Ozan O. Stealth Authoritarianism. *Iowa Law Review*, University of Iowa College of Law, Iowa City, v. 100, n. 4, p. 1673-1742, May 2015. p. 1691).

29 SHAPIRO, Martin. Judicial Review in Developed Democracies. In: GLOPPEN, Siri; GARGARELLA, Roberto; SKAAR, Elin (Org.). *Democratization and the Judiciary:* The Accountability Function of Courts in New Democracies. London: Routledge, 2005. p. 5-18. p. 7.

Embora algum exagero possa ser cometido quando se ressalta apenas um aspecto da questão para subsidiar uma tese, já que esse fenômeno é comumente influenciado por diversas variáveis dentro da situação específica de cada país, os casos citados anteriormente reforçam a ideia de que as elites políticas dominantes, diante da incerteza política, se utilizam do fortalecimento da Corte Constitucional para se manterem no poder.

Além disso, como bem aponta Keith Whittington, há três barreiras comuns à bem-sucedida ação do governo federal e das elites políticas em que o *judicial review* se torna extremamente útil, quais sejam: a) o federalismo; b) os interesses entrincheirados (*entrenched interests*); e c) a heterogeneidade da coalizão política. Com efeito, cada um desses obstáculos à agenda política do governo federal pode ser superado como o auxílio da Corte Constitucional, o que justificaria o suporte político ao controle de constitucionalidade, já que o ativismo judicial da Corte Constitucional pode ser extrememante útil à política em determinados casos.[30]

Considerando o caso dos Estados Unidos, Whittington mostra que o contexto federativo talvez tenha sido o mais importante fator para gerar apoio das autoridades federais ao *judicial review*. Com efeito, a Corte Constitucional, cujos membros são nomeados pelo Presidente, pode auxiliar na agenda do governo federal contra Estados recalcitrantes que obstaculizam objetivos políticos nacionais. A esse respeito, Whittington ressalta que a Suprema Corte norte-americana derrubou as políticas estaduais e locais em bem mais de 1.100 casos, enquanto rejeitou políticas federais em apenas mais de 150 casos.[31] Assim, fica claro que o *judicial review* possibilita o con-

---

30 WHITTINGTON, Keith E. "Interpose Your Friendly Hand": Political Supports for the Exercise of Judicial Review by the United States Supreme Court. In: *American Political Science Review*, Princeton, v. 99, n. 4, p. 583-596, nov. 2005. p. 585-586.

31 WHITTINGTON, Keith E. "Interpose Your Friendly Hand": Political Supports for the Exercise of Judicial Review by the United States Supreme Court. In: *American Political Science Review*, Princeton, v. 99, n. 4, p. 583-596, nov. 2005. p. 586.

trole das leis estaduais pela Suprema Corte, a fim de "assegurar a supremacia da Constituição".

Ademais, em sistemas federativos, como no Brasil e nos EUA, inexiste sobreposição do Ente federal sobre o estadual. Desse modo, nesses sistemas, é necessária a existência de um tribunal constitucional independente para decidir os conflitos federativos, sem que isso represente – ao menos explicitamente – a sobreposição do ente federal sobre o estadual.[32]

Uma segunda barreira à agenda das coligações políticas – que também pode ser superada pelo *judicial review* – é, como já se expôs, a existência de interesses entrincheirados (*entrenched interests*). Assim, tribunais constitucionais poderiam ser um importante instrumento a serviço do governo e do parlamento para contornar mais facilmente obstáculos legislativos e evitar desgastes nas coalizões políticas ou na base governista.[33]

A terceira barreira à pauta do governo ou das elites políticas, que pode ser superada pelo *judicial review*, é a turbulência de coalizões políticas heterogêneas. Nesse tocante, imperioso observar que há algumas questões com as quais os políticos não podem lidar facilmente. Os eleitores dos parlamentares individuais podem estar fortemente divididos sobre determinado assunto, ou ser hostis a uma política que o parlamento gostaria de adotar. Assim, as lideranças partidárias, incluindo Presidentes e líderes no Legislativo, devem, por vezes, igualmente gerenciar coalizões políticas profundamente divididas e internamente pressionadas. Nesses casos, as autoridades eleitas do Executivo e do Legislativo preferem procurar o Judiciário para resolver a questão política, mesmo que a decisão judicial possa

---

32 GINSBURG, Tom. The global spread of constitutional review. In: WHITTINGTON, Keith E.; KELEMEN, R. Daniel; CALDEIRA, Gregory A. *The Oxford Handbook of Law and Politics*. New York: Oxford University Press, 2008. p. 81-98. pp. 83-84.

33 WHITTINGTON, Keith E. "Interpose Your Friendly Hand": Political Supports for the Exercise of Judicial Review by the United States Supreme Court. In: *American Political Science Review*, Princeton, v. 99, n. 4, p. 583-596, nov. 2005. p. 588.

ser incerta ou desfavorável, pois pretendem evitar as consequências políticas e eleitorais negativas que uma deliberação sobre a questão lhes acarretaria. Diante da impopularidade da decisão que precisa ser tomada, os líderes da coalizão e os políticos, pressionados, preferem transferir a culpa da decisão controversa para o tribunal constitucional, a fim de preservar o seu apoio eleitoral e a unidade da coalizão.[34]

Assim, a Corte Constitucional pode ser capaz de "interpor sua mão amiga" para ajudar na tarefa política dos líderes políticos e seus afiliados, por intermédio do exercício do "poder independente" de revisão judicial.[35] Contudo, como bem ressalta Whittington, um "amigável" controle de constitucionalidade não significa necessariamente que o tribunal simplesmente atenderá as vontades dos líderes políticos.

Com efeito, os políticos não sabem com certeza o que os juízes farão quando questionada a constitucionalidade de determinada legislação. Embora os líderes políticos possam esperar que o tribunal agirá de determinada maneira em dado caso, ele poderá muito bem "decepcioná-los".[36] Os juízes podem muito bem decidir com base nos seus próprios entendimentos acerca do direito constitucional, mesmo quando tais entendimentos não são compartilhados pelos líderes políticos, ou quando os seus efeitos não são por estes desejáveis.

---

34 WHITTINGTON, Keith E. "Interpose Your Friendly Hand": Political Supports for the Exercise of Judicial Review by the United States Supreme Court. In: *American Political Science Review*, Princeton, v. 99, n. 4, p. 583-596, nov. 2005. p. 591-592.

35 WHITTINGTON, Keith E. "Interpose Your Friendly Hand": Political Supports for the Exercise of Judicial Review by the United States Supreme Court. In: *American Political Science Review*, Princeton, v. 99, n. 4, p. 583-596, nov. 2005. p. 594.

36 WHITTINGTON, Keith E. "Interpose Your Friendly Hand": Political Supports for the Exercise of Judicial Review by the United States Supreme Court. In: *American Political Science Review*, Princeton, v. 99, n. 4, p. 583-596, nov. 2005. p. 585.

Nesses casos em que o resultado do controle judicial de constitucionalidade se torna indesejável para o Presidente ou para líderes políticos, a lógica será bem diferente da exposta até aqui. Se a obstrução da Corte Constitucional aos interesses das coalizões políticas for relativamente pequena, o capital político acumulado pela corte pode encorajar apenas que os líderes políticos cedam à posição judicial ou busquem contornar a decisão do tribunal. Todavia, nos casos em que a obstrução é mais grave, tal como nas situações em que a corte obstaculiza as principais políticas do governo, a reação política pode ser mais grave e a força do tribunal pode ser testada.

Assim, nem todos os casos de revisão judicial se traduzem no atendimento dos interesses dos líderes políticos, mas a possibilidade de controle de constitucionalidade favorável aos seus interesses os leva a tolerar os casos em que as decisões judiciais lhes são indesejáveis politicamente e a incentivá-los quando a corte se comporta de maneira politicamente útil aos seus interesses.[37]

Tudo isso mostra como talvez não seja verdadeira a conclusão de que o exercício contramajoritário da revisão judicial desagrada os líderes políticos atuais. Além disso, explica como uma postura ativista da Corte Constitucional é tolerada e muitas vezes incentivada pelas autoridades políticas eleitas do Executivo e do Legislativo.

Esse aporte teórico e a perspectiva comparada permitem comparações e reflexões importantes, considerando as peculiaridades do sistema político e dos arranjos institucionais brasileiros.

1.1.2. O suporte político ao STF no sistema de justiça brasileiro

Como se pode observar, há diversos estudos contemporâneos que sugerem que, em diversos contextos, não haveria uma oposição verdadeira da classe política em relação aos tribunais constitucionais.

---

37 WHITTINGTON, Keith E. "Interpose Your Friendly Hand": Political Supports for the Exercise of Judicial Review by the United States Supreme Court. In: *American Political Science Review*, Princeton, v. 99, n. 4, p. 583-596, nov. 2005. p. 585.

Ou seja, há sérias dúvidas sobre se a classe política e os demais Poderes Constituídos seriam realmente contrários a um sistema forte de controle de constitucionalidade. Assim, no âmbito brasileiro, é preciso, ao menos, questionar: se a Corte Constitucional brasileira é tão antidemocrática, o que a sustentaria institucionalmente no cenário político nacional? Se a Corte é realmente tão invasiva nas atribuições do Executivo e do Legislativo, o que faria os seus líderes políticos sustentarem uma revisão judicial forte no Brasil? Há razões para que o partido de governo fortaleça e fomente o poder de revisão judicial do STF?

A partir desses questionamentos e das teorias e análises que foram desenvolvidas anteriormente, é imprescindível analisar de que forma o controle de constitucionalidade realizado pelo Supremo Tribunal Federal no Brasil foi ampliado nos planos normativo e pragmático. Para tanto, exige-se uma análise institucional e interna, isto é, sob a perspectiva das instituições brasileiras e de como os Poderes Constituídos se relacionam entre si. De qualquer forma, o aporte teórico da ciência política e uma análise comparativa em relação a outros países podem trazer importantes contribuições para a aferição do contexto brasileiro.

Razões semelhantes às que foram expostas anteriormente talvez sirvam para explicar como, no Brasil, a Constituição Federal de 1988 e algumas emendas constitucionais posteriores ampliaram o controle judicial de constitucionalidade. Talvez não haja uma verdadeira disputa de poder entre o Presidente da República, os congressistas e os membros do Supremo Tribunal Federal, senão uma acomodação de interesses políticos. Isto é, no Brasil, assim como em outros países, talvez o controle de constitucionalidade realizado pela Corte Constitucional seja últil aos líderes políticos do congresso e ao governo federal, sobretudo para superar os entraves do federalismo, dos interesses entrincheirados (*entrenched interests*) – que impedem o desenvolvimento de determinados setores – e da heterogeneidade da coalizão política.

Em primeiro lugar, no Brasil, os ministros do Supremo Tribunal Federal também são nomeados pelo Presidente da República, após aprovação do Senado Federal (art. 101, p. único, CF). Assim, não é difícil constatar que o Chefe do Executivo historicamente nomeia para esse cargo pessoas com quem possui alguma relação pessoal, ou que têm um perfil consentâneo com a política governamental, ou, mais especificamente, que possuem entendimentos favoráveis à política governamental, ao partido do governo ou aos seus líderes partidários. Com efeito, a indicação de determinada pessoa para o cargo de ministro do STF comumente ocorre após uma conversa reservada com o Presidente da República e, em alguns casos, após grandes campanhas[38]. A seguir, a indicação feita pelo Presidente será submetida a uma sabatina no Senado Federal, onde os senadores indagarão o candidato sobre diversos temas, inclusive sobre casos importantes que estão submetidos ao julgamento do STF.

Tais considerações sobre a forma política de nomeação para o cargo de ministro do STF demonstram que talvez, no Brasil, o chefe do Executivo e os parlamentares da mesma coalizão política do governo não sejam contrários ao controle de constitucionalidade realizado pelo Supremo, pois, de certa forma, podem moldar o perfil da Corte de acordo com os seus interesses políticos.

Além disso, é possível que a Corte Constitucional brasileira também sirva aos interesses do governo federal contra os Estados-membros. No Brasil, não existe sobreposição de lei federal em detrimento de lei estadual ou municipal, mas apenas uma divisão de competências legislativas, estabelecidas pela Constituição Federal, entre a União, os Estados, o Distrito Federal e os Municípios.[39] Entretanto, em diversos casos, a definição dos limites da competência legislativa de cada ente federado fatalmente acaba necessitando de interpretação constitucional. Nesse sentido, sendo questionada a

---

38 MELLO, Patrícia Perrone Campos. Comportamento ideológico e estratégico no Supremo Tribunal Federal. In: SARMENTO, Daniel (Coord.). *Jurisdição constitucional e política*. Rio de Janeiro: Forense, 2015. p. 273-310. pp. 288-289.

39 O art. 22 da Constituição Federal estabelece a competência legislativa privativa da União; o art. 24, a competência legislativa concorrente entre União, Estados e Distrito Federal; e o art. 30, inc. I, a competência legislativa dos Municípios.

constitucionalidade de uma dessas leis em razão da invasão da competência legislativa do outro ente federado, caberá ao STF decidir a questão no controle de constitucionalidade.

Ademais, havendo, por outra razão (não legislativa), conflito federativo entre os entes federados, há competência originária do Supremo para julgar a causa.[40] Assim, o STF, integrante do Poder Judiciário da União[41], composto por ministros nomeados pelo Presidente da República após aprovação da indicação pelo Senado Federal, é quem julgará a controvérsia federativa. Pela análise dessa sistemática, já é intuitivo que haverá uma prevalência dos interesses da União sobre os interesses dos Estados e dos Municípios.

Em pesquisa empírica, demonstrou-se que, no período analisado (junho de 1999 a maio de 2010, da ADI 2010 à ADI 4009), 30% (582) das ações diretas de inconstitucionalidade foram propostas contra atos normativos federais; 1% (27) contra atos normativos municipais; e 69% (1303) das ADIs foram propostas contra atos normativos estaduais.[42] Esses dados demonstram que a grande maioria das ações diretas de inconstitucionalidade volta-se contra atos normativos dos Estados, o que reforça a conclusão de que o controle abstrato de constitucionalidade revela-se útil para o federalismo e, sobretudo, aos interesses da União.

Isso talvez explique por que o controle abstrato de constitucionalidade realizado pelo Supremo Tribunal Federal é tolerado pelo governo federal e pelos congressistas, sendo inclusive desejado um certo ativismo judicial, pois podem ser úteis aos seus interesses.

O controle de constitucionalidade também tem sido um mecanismo utilizado no Brasil para superar o problema dos "interesses

---

40 Art. 102, inc. I, al."f", da Constituição Federal.

41 Art. 92, inc. I, da Constituição Federal.

42 COSTA, Alexandre Araújo; BENVINDO, Juliano Zaiden; ALVES, André Gomes; MEDEIROS FILHO, João Telésforo N. de. A quem interessa o controle concentrado de constitucionalidade? Um perfil das decisões de procedência em ADIs. In: *Anais do 7º Encontro da Associação Brasileira de Ciência Política (ABCP)*. São Paulo: ABCP, 2010.

intrincheirados" (*entrenched interests*), ou seja, quando a própria base aliada ou a coalização política majoritária está dividida internamente. Não havendo consenso sobre determinada questão que precisa ser legislada, o Congresso Nacional comumente fica inerte, desejando que o Supremo Tribunal Federal resolva a questão.

Isso aconteceu, por exemplo, com o direito de greve dos servidores públicos. Nesse tocante, diante da divisão existente dentro da base aliada ao governo, nunca foi editada lei para regular essa matéria. O STF, no julgamento conjunto dos Mandados de Injunção n. 670[43], n. 708[44] e n. 712[45], em 2007, determinou que houvesse a aplicação das Leis n. 7.701/1988 e n. 7.783/1989, que disciplinavam o direito de greve dos trabalhadores em geral, aos servidores públicos civis, haja vista a falta de disciplina legal a esta categoria, enquanto o Congresso Nacional não legislasse sobre a matéria. A questão é que, mesmo após essa decisão, o parlamento nunca conseguiu consenso mínimo para votar a matéria, nem mesmo dentro da própria base aliada ao governo.

De outro lado, o controle de constitucionalidade realizado pelo STF também se revela útil aos interesses das lideranças políticas no que se refere à superação da pressão interna existente nas coalizões políticas em razão da insuperável controvérsia sobre certos temas. Com efeito, é comum que parlamentares e inclusive eleitores tenham divergências intransponíveis acerca de determinadas questões. O parlamento, composto por membros das mais diversas classes é, ao menos em tese, mais capacitado para internalizar as discordâncias e

---

43 BRASIL. Supremo Tribunal Federal. Mandado de Injunção n. 670. Relator: Ministro Maurício Corrêa. Relator p/ Acórdão: Ministro Gilmar Mende. Tribunal Pleno. Julgado em 25-10-2007. *DJe*-206, 31-10-2008. *Revista Trimestral de Jurisprudência*, Brasília, v. 207-01, p. 11.

44 BRASIL. Supremo Tribunal Federal. Mandado de Injunção n. 708. Relator: Ministro Gilmar Mendes. Tribunal Pleno. Julgado em 25-10-2007. *DJe*-206, 31-10-2008. *Revista Trimestral de Jurisprudência*, Brasília, v. 207-02, p. 471.

45 BRASIL. Supremo Tribunal Federal. Mandado de Injunção n. 712. Relator: Ministro Eros Grau. Tribunal Pleno. Julgado em 25-10-2007. *DJe*-206, 31-10-2008, v. 2339-03, p. 384.

tomar uma melhor decisão política sobre a questão. No entanto, haveria um ônus político para o partido, em razão da possibilidade da sua cisão ou do rompimento da coalizão, e para os parlamentares eleitos, em razão da impopularidade da medida a ser adotada. Em razão disso, também no Brasil há algumas questões com as quais os políticos não conseguem lidar facilmente.

Nesses casos, embora o parlamento seja o fórum próprio para tais discussões, os parlamentares desejarão que o Judiciário tome uma decisão e assuma o ônus político da impopularidade da medida. É o caso, por exemplo, da questão do aborto de fetos anencefálicos[46], do reconhecimento da instituição da união estável aos casais homoafetivos[47], dentre outras. Nesse tocante, observa-se que o chefe do Executivo e os congressistas deliberadamente deixaram de analisar temas extremamente controversos, não só permitindo como também desejando que a decisão final da questão ficasse a cargo do STF.

Portanto, deve ser desfeito o mito de que os parlamentares e o chefe do Executivo seriam sempre contrários a um modelo forte de controle judicial de constitucionalidade. A análise institucional leva a outra conclusão, qual seja, a de que frequentemente o chefe do Executivo, as coalizões políticas ligadas ao governo e os parlamentares toleram e, inclusive, em alguns casos, fomentam o controle judicial de constitucionalidade realizado pelo STF.

Todavia, dizer que autoridades políticas eleitas frequentemente desejam um controle judicial de constitucionalidade forte realizado pelo STF não é o mesmo que afirmar que isso é útil à democracia e aos interesses da sociedade. Como afirma Louis Fischer, "para os membros do Congresso, fugir destas questões, alegando que o Tribu-

---

46 BRASIL. Supremo Tribunal Federal. Ação de Descumprimento de Preceito Fundamental n. 54. Relator: Ministro Marco Aurélio. Tribunal Pleno. Julgado em 12-04-2012. *DJE* n. 77, 20-04-2012.

47 BRASIL. Supremo Tribunal Federal. Ação Direta de Inconstitucionalidade n. 4277. Relator: Ministro Ayres Britto. Tribunal Pleno. Julgado em 5-5-2011. *DJe*-198, 14-10-2011; e BRASIL. Supremo Tribunal Federal. Ação de Descumprimento de Preceito Fundamental n. 132. Relator: Ministro Ayres Britto. Tribunal Pleno. Julgado em 05-05-2011. *DJe*-198, 14-10-2011.

nal deve tomar a decisão final é tentador, mas irresponsável".[48] Com efeito, a permanente tensão entre os Poderes Executivo, Legislativo e Judiciário é imprescindível para que seja resguardada a democracia e para que o Estado não se degenere para uma autocracia, sempre indesejável. Então, se os membros dos Poderes Constituídos não resguardarão, por si sós, o equilíbrio e a tensão permanente e produtiva que deve haver, será preciso pensar em mecanismos e instituições que resguardem esse equilíbrio, ou um maior equilíbrio possível.

A esse respeito, é fundamental analisar as causas e as consequências da judicialização da política no Brasil, bem como seus riscos e desafios, o que se fará a seguir.

1.2. JUDICIALIZAÇÃO DA POLÍTICA OU "POLITIZAÇÃO SUPREMA": RISCOS E DESAFIOS

Há diversos estudos sobre a excessiva judicialização da política no Brasil. Todavia, não é algo que esteja acontecendo somente no âmbito doméstico, senão um fenômeno mundial.[49] Desde os anos 2000, Alec Stone Sweet afirma que, na Europa, a supremacia parlamentar, tal como entendida tradicionalmente, perdeu sua vitalidade, de modo que o trabalho dos governos e dos parlamentos passou a ser estruturado por uma rede cada vez maior de restrições constitucionais, estando suas políticas sujeitas à judicialização, sendo esse processo irreversível.[50] Como observa Ran Hirschl, mesmo países

---

48 Tradução livre da seguinte frase: "For members of Congress to shy away from these issues, claiming that the Court must make the ultimate determination, in tempting but irresponsible" (FISHER, Louis. *Constitutional Dialogues:* Interpretation as Political Process. Princeton, New Jersey: Princeton University Press, 1988. p. 5).

49 Em artigo publicado em 1994, Torbjörn Vallinder já mostrava que a judicialização da política era um fenômeno que estava acontecendo, em geral, no mundo inteiro (VALLINDER, Torbjörn. The Judicialization of Politics. A Worldwide Phenomenon: Introduction. *International Political Science Review*, v. 4, n. 2, p. 91-99, April 1994. pp. 97-98).

50 SWEET, Alec Stone. *Governing with Judges:* Constitutional Politics in Europe. Oxford: Oxford University Press, 2000. p. 1.

como Canadá, Israel, Grã-Bretanha e Nova Zelândia, conhecidos como os últimos bastiões da soberania parlamentar, há bastante tempo aderiram ao modelo da constitucionalização e têm passado pelo fenômeno da judicialização.[51] Na América Latina em geral, também é algo que pode ser observado, inclusive em países em que a independência judicial é consideravelmente menor.[52]

Além disso, a atuação dos tribunais constitucionais, nesses contextos, também é inerentemente política, pois, além de resolver disputas jurídicas específicas, as cortes também definem, em conjunto com os demais Poderes Constituídos, a forma como uma constituição deve ser entendida, auxiliando a estabelecer a identidade política de uma comunidade. Ademais, mediante o controle de constitucionalidade, a Corte Constitucional atua com um forte componente discricionário, de escolha entre duas ou mais opções possíveis interpretativamente e igualmente viáveis politicamente. Um terceiro aspecto da atuação política da Corte diz respeito ao fato de que ela age estrategicamente, no sentido de avaliar o impacto de suas decisões, antecipar possíveis reações dos diversos atores políticos, bem como viabilizar a sua eficácia.[53]

Desse modo, é possível observar um novo papel desempenhado pelos tribunais na seara política, limitando a atuação legislativa do parlamento, regulando a atividade política do Executivo, enfim, construindo novos padrões de comportamento para o governo, para os órgãos públicos, para o parlamento, para partidos políticos e grupos de interesse.[54] A própria paisagem da política é modificada

---

51 HIRSCHL, Ran. The New Constitutionalism and the Judicialization of Pure Politics Worldwide. *Fordham Law Review*, New York, v. 75, n. 2, p. 721-753, nov. 2006. p. 721.

52 HELMKE, Gretchen; STATON, Jeffrey K. The Puzzling Judicial Politics of Latin America: A Theory of Litigation, Judicial Decisions, and Interbranch Conflict. In: HELMKE, Gretchen; RÍOS-FIGUEROA, Julio (Org.). *Courts in Latin America*. New York: Cambridge University Press, 2011. p. 306-331. p. 312.

53 MENDES, Conrado Hübner. Fighting for Their Place: Constitutional Courts as Political Actors. A Reply to Heinz Klug. *Constitutional Court Review*, v. 3, p. 33-44, 2010. pp. 34-35.

54 FEREJOHN, John. Judicializing Politics, Politicizing Law. *Law and Contemporary Problems*, Durham, North Carolina, v. 65, n. 3, p. 41-68, Summer 2002. p. 41.

pela jurisdição constitucional, pois o governo e as legislaturas passam a levar em conta as normas constitucionais ao elaborar seus programas.[55] Desse modo, a judicialização possui grande impacto na política, mesmo quando a questão não é judicializada.

A par disso, Ran Hirshl diferencia três categorias amplas de judicialização da política: a) a difusão do discurso, do jargão jurídico, das regras e dos procedimentos jurídicos na esfera pública, nos fóruns e nos processos de formulação de políticas; b) a judicialização da formulação de políticas públicas por meio de revisão judicial ordinária; e c) a judicialização da "política pura", ou seja, a transferência para os tribunais de assuntos de natureza política e a sua significância, incluindo a legitimidade do regime central e as questões de identidade coletiva que definem políticas inteiras.[56]

A judicialização da política pura ou da megapolítica (controvérsias políticas centrais que definem políticas inteiras) inclui, por exemplo, a judicialização de processos eleitorais, a revisão judicial de prerrogativas do Poder Executivo no planejamento macroeconômico e questões de segurança nacional, a corroboração judicial da transformação do regime e, sobretudo, a judicialização da identidade coletiva formativa, que compreende o processo de construção da nação e lutas políticas pela própria definição, ou seja, a razão da própria política. Essa seria a judicialização da política no mais alto grau. Para Hirshl, considerando uma análise comparativa entre os diversos países do globo, atualmente, essa forma de judicialização da política, mais frequentemente do que antes, é apoiada, implícita ou explicitamente, por poderosos atores políticos, o que mostra a transição para uma espécie de "juristocracia".[57]

---

55 FEREJOHN, John. Judicializing Politics, Politicizing Law. *Law and Contemporary Problems*, Durham, North Carolina, v. 65, n. 3, p. 41-68, Summer 2002. p. 42.

56 HIRSCHL, Ran. The New Constitutionalism and the Judicialization of Pure Politics Worldwide. *Fordham Law Review*, New York, v. 75, n. 2, p. 721-753, nov. 2006. p. 723.

57 HIRSCHL, Ran. The New Constitutionalism and the Judicialization of Pure Politics Worldwide. *Fordham Law Review*, New York, v. 75, n. 2, p. 721-753, nov. 2006. p. 727.

Por diversas vezes, questões de megapolítica ou política pura não possuem diretrizes constitucionais. Em tais situações, os juízes constitucionais têm de basear as suas decisões naquilo que seria melhor para a sociedade ou para a nação, e, nesse campo da opção política, não há nada que indique que a sua decisão seja qualitativamente superior à do Executivo e à do Parlamento.[58]

Assim, do ponto de vista da democracia representativa, a judicialização da política pura ou da megapolítica é extremamente problemática, na medida em que a legislatura abdica da sua função de deliberar e a entrega aos tribunais. Essa conduta, que transfere a responsabilidade da decisão política para o Judiciário, beneficia um interesse de curto prazo dos políticos – de evitar decisões impopulares e perder apoio eleitoral – às custas da sua responsabilidade política e da legitimidade democrática (considerando a concepção de democracia representativa).[59] Contudo, como a decisão é tomada pela instituição que não tinha essa atribuição, os efeitos dinâmicos podem ser devastadores, por não resolver problemas estruturais, de modo que, como consequência, podem piorar a estrutura organizacional.[60] Ademais, ainda que, na questão de fundo, a atuação judicial seja bem-sucedida, isso não resolverá os problemas subjacentes da abdicação[61] e do enfraquecimento da responsabilidade política.[62]

---

58 HIRSCHL, Ran. The New Constitutionalism and the Judicialization of Pure Politics Worldwide. *Fordham Law Review*, New York, v. 75, n. 2, p. 721-753, nov. 2006. p. 752.

59 HIRSCHL, Ran. The New Constitutionalism and the Judicialization of Pure Politics Worldwide. *Fordham Law Review*, New York, v. 75, n. 2, p. 721-753, nov. 2006. p. 752.

60 LANDAU, David. Political support and structural constitutional law. *Alabama Law Review*, Tuscaloosa, Alabama, v. 67, n. 4, p. 1069-1124, 2016. p. 1083.

61 LANDAU, David. Political support and structural constitutional law. *Alabama Law Review*, Tuscaloosa, Alabama, v. 67, n. 4, p. 1069-1124, 2016. p. 1085.

62 GRABER, Mark A. Constructing judicial review. *Annual review of political Science*, Maryland, Baltimore, v. 8, n. 1, p. 425-451, mar. 2005. p. 447.

Diversos autores criticam a "juristocracia" analisando somente o comportamento do tribunal constitucional, afirmando que juízes constitucionais seriam famintos de poder e que estariam usurpando decisões políticas da legislatura. Contudo, é preciso centrar essa crítica nos diversos outros fatores que levam à judicialização da política. Com efeito, a existência de um tribunal constitucional ativo é condição necessária, mas não suficiente para explicar a judicialização da política.[63]

No Brasil, embora haja exagero na afirmação de que o STF se tornou a principal arena política, é certo que, com a judicialização da política, aumentam-se os filtros do direito. Ao formularem políticas públicas e aprovarem leis, os atores políticos terão de fazer um controle *ex ante*, de modo que elas passem pelos filtros da constitucionalidade e da legalidade[64], incluindo entendimentos jurisprudenciais do Supremo e outros tribunais, a fim de que sejam reduzidos os riscos de serem derrubados pelo Judiciário. Embora não se possa dizer genericamente que a judicialização da política seja um fator que gera ou não o recrudescimento da democracia e do Estado de Direito, sob pena de simplificar demasiadamente a questão, é possível afirmar, nesse ponto específico, que ela, ao impor que a política passe previamente pelo filtro da constitucionalidade e da legalidade, contribui para a democracia brasileira e para o Estado de Direito.

Além disso, é preciso considerar que alguns tipos de políticas são mais propensos a ter contestação política do que outros. Por exemplo, nas últimas duas décadas, políticas como privatização e reforma previdenciária foram, de acordo com pesquisa empírica, as que mais geraram contestação na vida política brasileira e, também, nos tribunais.[65]

---

63 HIRSCHL, Ran. The New Constitutionalism and the Judicialization of Pure Politics Worldwide. *Fordham Law Review*, New York, v. 75, n. 2, p. 721-753, nov. 2006. pp. 752-753.

64 Também nesse sentido: FEREJOHN, John. Judicializing Politics, Politicizing Law. *Law and Contemporary Problems*, Durham, North Carolina, v. 65, n. 3, p. 41-68, Summer 2002. p. 41.

65 TAYLOR, Matthew M.. *Judging Policy*: Courts and Policy Reform in Democratic Brazil. Redwood City: Stanford University Press, 2014. p. 156.

Ademais, a contestação política e judicial de determinadas políticas públicas pode ser influenciada pelo partido ou coalização política que está no poder. Por exemplo, se o partido governista ou a sua coalização política possui apoio de sindicatos, da classe trabalhadora e têm uma base aliada mais robusta, possivelmente as reformas a serem adotadas terão menos contestação política e sofrerão menos judicialização. A título de exemplo, a reforma previdenciária realizada pelo governo Lula se beneficiou da sua ligação com os sindicatos e a classe trabalhadora, bem como de uma oposição mais fraca à sua base.[66]

De outro lado, diante do crescimento da judicialização da política, o governo, o parlamento e as elites políticas tentarão cada vez mais controlar as nomeações para os tribunais, bem como influenciar os juízes nomeados. Assim, existe uma tendência de que a judicialização da política produza a politilização dos tribunais. Desse modo, mesmo com a judicialização, a questão política tende a ser resolvida por decisão política, ainda que tomada pelo Judiciário. Como aponta John Ferejohn, com a judicialização da política, a tomada de decisão judicial tende a tornar-se uma política realizada por outros meios.[67]

Assim, sobretudo nas democracias menos maduras, diante dos incentivos irresistíveis para que os governos intervenham no poder judicial, é preciso se atentar para os riscos da judicialização da política, a fim de que não se torne simples politização da justiça e o Judiciário não seja transformado em apenas mais uma arena da política.[68]

A judicialização da política gera impactos significativos para o Estado de Direito e para a democracia, o que, em determinadas situações, pode desafiar o próprio papel do STF em manter e aprimo-

---

66 TAYLOR, Matthew M.. *Judging Policy*: Courts and Policy Reform in Democratic Brazil. Redwood City: Stanford University Press, 2014. p. 156.

67 FEREJOHN, John. Judicializing Politics, Politicizing Law. *Law and Contemporary Problems*, Durham, North Carolina, v. 65, n. 3, p. 41-68, Summer 2002. p. 63-64.

68 COUSO, Javier. Consolidación democrática y poder judicial: los riesgos de la judicialización de la política. *Revista de Ciencia Política*, Santiago, v. 24, n. 2, p. 29-48, 2004. pp. 45-46.

rar a ordem democrática, como se observará a seguir. Para tanto, são necessárias análises que transbordam estudos normativos.

A maioria dos estudos no Brasil sobre a atuação das cortes constitucionais possui caráter eminentemente normativo ou de análise de discurso, mesmo os que utilizam o direito constitucional comparado. Entretanto, como afirma Gilberto Bercovici, não é possível "entender a Constituição fora da realidade política, com categorias exclusivamente jurídicas", pois "a Constituição não é exclusivamente normativa, mas também política; as questões constitucionais são também questões políticas".[69] Segundo Ran Hirschl, uma das perplexidades mais desconcertantes dos estudos constitucionais contemporâneos "é a divisão disciplinar e a consequente falta de comunicação entre o direito constitucional e as ciências sociais", especialmente entre a "ciência política, os estudos sobre constituições e o constitucionalismo".[70] Portanto, a divisão estreita entre ciência política e direito pode limitar desnecessária e artificialmente a análise do problema.[71]

Desse modo, é preciso investigar a atuação da Corte Constitucional brasileira na política de forma mais global, internalizando problematizações além do paradigma jurídico, a fim de que se analise como os diversos *players* se comportam, como ocorre a atuação do STF frente a elites políticas, quais os riscos e as dificuldades da Corte quando confronta os interesses dos políticos e do governo, quais são as respostas das demais instituições e dos próprios atores políticos. Esses questionamentos permitirão uma investigação mais global acerca da problematização – embora não se ignorem os seus aspectos normativos –, o que se pretende fazer a seguir.

---

69 BERCOVICI, Gilberto. Constituição e política: uma relação difícil. *Lua Nova*, São Paulo, n. 61, p. 5-24, 2004. p. 24.

70 HIRSCHL, Ran. Politics and the Constitution: The Ties That Bind. *Review of Constitutional Studies*, New York, v. 21, n. 1, p. 3-11, 2016. p. 3.

71 HIRSCHL, Ran. Politics and the Constitution: The Ties That Bind. *Review of Constitutional Studies*, New York, v. 21, n. 1, p. 3-11, 2016. pp. 3-4.

1.3. A FORÇA E AS FRAQUEZAS DAS CORTES CONSTITUCIONAIS

Em razão de teses sobejamente ativistas e expansionistas da função judicial, alguns autores falam numa "ditadura" do Poder Judiciário[72]. Oscar Vilhena critica essa expansão da autoridade do Supremo Tribunal Federal em relação aos demais Poderes da República, chamando esse fenômeno de "supremocracia". Para o autor, a Corte Constitucional brasileira estaria exercendo uma espécie de poder moderador, uma vez que teria a prerrogativa de dar a última palavra sobre inúmeras questões de natureza substantiva, por vezes substituindo escolhas majoritárias. Segundo Vilhena, o problema não estaria nas atribuições conferidas ao STF, mas na escala e na natureza das suas intervenções em temas cujas soluções não seriam ou não deveriam ser de natureza puramente jurídica ou constitucional[73].

De outro lado, os autores que apoiam o avanço do controle judicial de constitucionalidade em detrimento das opções políticas legislativas comumente fundamentam as suas teses em casos em que o Judiciário tomou decisões que protegeram os direitos fundamentais, ou que foram vistas como justas e corretas.[74] Os casos repetidos são quase sempre os mesmos: a) declaração de constitucionalidade da Lei de Biossegurança, que permitiu a realização de pesquisas com células-tronco embrionárias[75]; b) declaração de constitucionalidade da política de cotas raciais em universidades

---

72 DELMANTO, Roberto. A ditadura do Judiciário. *Migalhas*, 15-3-2018. Disponível em: <http://www.migalhas.com.br/dePeso/16,MI276327,101048--A+ditadura+do+Judiciario>. Acesso em: 18-8-2018.

73 VILHENA, Oscar. Supremocracia. *Revista de Direito do Estado*, Rio de Janeiro, a. 3, n. 12, p. 55-75, out.-dez. 2008. p. 59-60.

74 BARROSO, Luís Roberto. *Curso de direito constitucional contemporâneo:* os conceitos fundamentais e a construção do novo modelo. 3. ed. São Paulo: Saraiva, 2011.

75 BRASIL. Supremo Tribunal Federal. Ação Direta de Inconstitucionalidade n. 3510. Relator: Ministro Ayres Britto. Tribunal Pleno. Julgado em 29-05-2008. *DJe*-096, 28-05-2010. *Revista Trimestral de Jurisprudência*, Brasília, v. 214. p. 43.

públicas;[76] c) descriminalização do abordo de feto anencefálico[77]; d) reconhecimento de existência de união estável entre casais homoafetivos[78]; e) declaração de inconstitucionalidade da cláusula de barreira que dificultaria a criação e reduziria o funcionamento parlamentar dos partidos menores[79].

Contudo, nos dois primeiros casos, há sérias dúvidas se houve realmente uma postura ativista ou, ao contrário, de autocontenção, pois o STF reconheceu a constitucionalidade das leis impugnadas.[80] No terceiro e no quarto casos, está-se diante de proteção de direitos individuais, algo que seria inerente à sua própria missão constitucional. No último caso, haveria a intromissão do STF na seara política, para "proteger minorias partidárias", mas diversos ministros da Corte já

---

76 BRASIL. Supremo Tribunal Federal. Ação de Descumprimento Fundamental n. 186. Relator: Ministro Ricardo Lewandowski. Julgado em 26-04-2012, *DJE* n. 86, 04-05-2012.

77 BRASIL. Supremo Tribunal Federal. Ação de Descumprimento de Preceito Fundamental n. 54. Relator: Ministro Marco Aurélio. Tribunal Pleno. Julgado em 12-04-2012. *DJE* n. 77, 20-04-2012.

78 BRASIL. Supremo Tribunal Federal. Ação Direta de Inconstitucionalidade n. 4277. Relator: Ministro Ayres Britto. Tribunal Pleno. Julgado em 05-05-2011. *DJe*-198, 14-10-2011; e BRASIL. Supremo Tribunal Federal. Ação de Descumprimento de Preceito Fundamental n. 132. Relator: Ministro Ayres Britto. Tribunal Pleno. Julgado em 5-5-2011. *DJe*-198, 14-10-2011.

79 BRASIL. Supremo Tribunal Federal. Ação Direta de Inconstitucionalidade n. 1351. Relator: Ministro Marco Aurélio. Tribunal Pleno. Julgado em 7-12-2006. *DJ* 30-03-2007. *Revista Trimestral de Jurisprudência*, Brasília, v. 207-01, p. 116.

80 Em tais casos, existe a discussão se o STF atuou com uma postura de autocontenção, porque reconheceu os seus próprios limites de atuação, ou se julgou constitucional as leis porque entendeu que, se estivesse legislando, faria a mesma coisa. Nesta situação, Diego Arguelhes e João Marcelo Lima entendem que "não há realmente deferência em jogo; nesses casos, a lei foi mantida justamente porque o juiz se colocou na posição de legislador, sem qualquer deferência" (ARGUELHES, Diego Werneck; LIMA, João Marcelo da Costa e Silva. Políticas públicas, interpretação judicial e as intenções do legislador: o ProUni e o "cripto-ativismo" do Supremo Tribunal Federal. *Revista de Investigações Constitucionais*, Curitiba, v. 4, n. 2, p. 163-192, mai.-ago. 2017. p. 164).

reconheceram que essa decisão foi um erro, pelas consequências negativas que gerou.[81] Portanto, a análise qualitativa demanda uma investigação um pouco mais aprofundada e menos isolacionista.

Ademais, se considerados os dados estatísticos sobre ações diretas de inconstitucionalidade, do ano 2000 até 4-11-2017, observa-se que apenas 25,85% delas foram julgadas procedentes, e 6,82% foram parcialmente procedentes.[82] De outro lado, considerando os dados estatísticos das ações declaratórias de constitucionalidade do ano 2000 até 4-11-2017, observa-se que apenas 25,00% delas foram julgadas improcedentes.[83] Isso sugere que, ao menos quantitativamente, o grau de intervenção do STF para derrubada da legislação em geral e de ativismo judicial não é tão alto assim, embora esses números possam dar ensejo a diversas interpretações.[84]

---

81 Nesse sentido, o Ministro Alexandre de Moraes (SENADO FEDERAL. Senado Notícias. Moraes: STF"substituiu legislador"ao derrubar cláusula de barreira para partidos. 21-2-2017. Disponível em: <https://www12.senado.leg.br/noticias/materias/2017/02/21/moraes-stf-substituiu-legislador2019-ao-derrubar-clausula-de-barreira-para-partidos>. Acesso em: 19-9-2018.) e o Ministro do STF Gilmar Mendes (CÂMARA DOS DEPUTADOS. Gilmar Mendes diz que STF errou em decisão sobre cláusula de barreira. 21-3-2017. Disponível em: <http://www2.camara.leg.br/camaranoticias/noticias/POLITICA/526598-GILMAR-MENDES-DIZ-QUE-STF-ERROU-EM-DECISAO-SOBRE-CLAUSULA-DE-BARREIRA.html>. Acesso em: 19-9-2018). O mesmo entendimento já foi exposto pelo Ministro Dias Toffoli (CONJUR. Toffoli defende criação de cláusula de barreira e fim de coligações partidárias. 20-4-2017. Disponível em: <https://www.conjur.com.br/2017-abr-20/toffoli-defende-criacao-clausula-barreira-fim-coligacoes>. Acesso em: 19-9-2018).

82 SUPREMO TRIBUNAL FEDERAL. Estatísticas do STF. ADI. Disponível em: <http://www.stf.jus.br/portal/cms/verTexto.asp?servico=estatistica&pagina=adi>. Acesso em: 4-11-2017.

83 SUPREMO TRIBUNAL FEDERAL. Estatísticas do STF. ADC. Disponível em: <http://www.stf.jus.br/portal/cms/verTexto.asp?servico=estatistica&pagina=adi>. Acesso em: 4-11-2017.

84 ARGUELHES, Diego Werneck; RIBEIRO, Leandro Molhano. Preferências, Estratégias e Motivações: Pressupostos institucionais de teorias sobre comportamento judicial e sua transposição para o caso brasileiro. *Revista Direito e Práxis*, v. 4, n. 7, p. 85-121, 2013. p. 89.

Além disso, pragmaticamente, essas teses de "ditadura do Poder Judiciário"[85] e "supremocracia"[86] servem para realçar um problema relacionado ao avanço do Judiciário em determinadas áreas, mas, em verdade, não condizem com a atuação da Corte Constitucional brasileira frente às elites políticas ou sobre questões estruturais[87], e, se não contextualizadas, dizem pouco sobre a complexidade que cerca a questão.

As teorias constitucionais contemporâneas que propõem um sistema fraco ou forte de *judicial review*, descritas em item anterior, possuem várias divergências sobre o papel do Judiciário e, sobretudo, em relação ao grau de intervenção que o tribunal constitucional estaria autorizado a fazer. Mas elas convergem ao menos num ponto, qual seja, o de que as cortes constitucionais devem ter por meta corrigir as disfunções das instituições políticas quando estas atuam em detrimento da democracia. Contudo, considerando a complexidade das questões em que os tribunais constitucionais intervêm e as grandes dificuldades pragmáticas que enfrentam frequentemente, a sua real capacidade de melhorar as instituições políticas é muito mais limitada do que a doutrina tradicional de direito constitucional e as teorias acima referidas sugerem.

A par disso, reconhecer a vulnerabilidade do Judiciário não implica retirar a sua autoridade. Pelo contrário, como afirma Charles Franklin, "um Judiciário sábio conhece bem sua vulnerabilidade e

---

85 DELMANTO, Roberto. A ditadura do Judiciário. *Migalhas*, 15-3-2018. Disponível em: <http://www.migalhas.com.br/dePeso/16,MI276327,101048--A+ditadura+do+Judiciario>. Acesso em: 18-8-2018.

86 VILHENA, Oscar. Supremocracia. *Revista de Direito do Estado*, Rio de Janeiro, a. 3, n. 12, p. 55-75, out.-dez. 2008. p. 59-60

87 As questões estruturais, por vezes chamadas de direitos estruturais, regras estruturais ou estrutura constitucional, dizem respeito à forma de estruturação das instituições, suas competências e poderes, formas de inter-relacionamento e controle. São questões estruturais, por exemplo, as que se referem às competências dos Poderes Constituídos, aos seus poderes, ao federalismo, ao sistema de governo, ao sistema de freios e contrapesos (VAROL, Ozan O. Structural Rights. *Georgetown Law Journal*, v. 105, n. 4, p. 1001-1054, April 2017).

deve agir para proteger sua autonomia, ao mesmo tempo em que afirma essa independência".[88]

Assim, é mais produtivo analisar a questão de forma dinâmica, de modo que sejam considerados o contexto político em que os tribunais constitucionais se inserem; as estratégias do governo e das elites políticas para descumprirem, direta ou indiretamente, as decisões judiciais; as estratégias políticas de que se utiliza a Corte Constitucional para aumentar as probabilidades de sucesso no exercício da revisão judicial e no cumprimento de suas decisões. Enfim, é preciso investigar como, na seara do direito constitucional comparado e no âmbito doméstico, ela acumula capital político para tomar decisões contrárias às elites políticas, e como estas, na prática, buscarão descumprir, reverter ou se evadir das decisões judiciais.

1.3.1 A atuação do STF frente a elites políticas: qual é o problema?

A historiografia recente da atuação do STF em relação à crise político-institucional e às elites políticas pode trazer importantes contribuições para a investigação da força e das fraquezas da Corte Constitucional brasileira. Analisar casos julgados pela Corte Constitucional brasileira no contexto dessa crise será fundamental para mostrar a centralidade do tema e problematizá-lo adequadamente.

A então Presidenta Dilma Rousseff, no auge da crise política do seu governo, nomeou para o cargo de Ministro da Casa Civil o ex-Presidente Luiz Inácio Lula da Silva (em 16-3-2016). Alguns ana-

---

88 Tradução livre extraída do seguinte texto: "A wise judiciary knows its vulnerability well and must act to protect its autonomy even as it asserts that independence" (FRANKLIN, Charles H.. Behavioral Factors Affecting Judicial Independence. In: BURBANK, Stephen B.; FRIEDMAN, Barry (Eds). *Judicial Independence at the Crossroads:* An Interdisciplinary Approach. Thousand Oaks: Sage Publications, 2002. p. 148-159. p. 148).

listas[89] e políticos[90] afirmavam que esse ato seria a "última cartada" de Dilma para reunificar a base aliada (que estava descontente com a sua forma de governar) em razão do grande poder de articulação de Lula com diversos partidos e atores políticos. Os críticos, todavia, afirmavam que esse ato teria como objetivo conceder-lhe privilégio de foro (em razão do cargo de Ministro de Estado), a fim de que as investigações e os processos criminais contra ele fossem deslocados da 13ª Vara Federal de Curitiba (cujo titular era o Juiz Sergio Moro) para o Supremo Tribunal Federal, o que daria vantagens para Lula.[91]

Ocorre que havia sido autorizada judicialmente a interceptação telefônica de Lula e, no mesmo dia da nomeação foi divulgada ao público uma conversa entre Lula e Dilma, em que esta dizia que estaria enviando àquele antecipadamente um termo de posse como um salvo-conduto para o caso de ser expedido um mandado de prisão contra Lula pela Justiça Federal de primeira instância. Diante da divulgação dos áudios, foram realizados diversos protestos populares contra esse ato.[92]

Com isso, não tardou para que partidos políticos impugnassem tal ato no Supremo Tribunal Federal. Em 18-3-2016, o Ministro do

---

89 PEREIRA, Thomaz. Lula ministro e o silêncio do Supremo. *Jota*, 22-12-2016. Disponível em: <https://jota.info/colunas/supra/lula-ministro-e-o-silencio-supremo-22122016>. Acesso em: 13-8-2018.

90 MARCHESINI, Lucas; RESENDE, Thiago; CUNTO, Raphael Di. Planalto confirma Lula como ministro da Casa Civil; posse será terça. *Valor Econômico*, 16-3-2016. Disponível em: <https://www.valor.com.br/politica/4484478/planalto-confirma-lula-como-ministro-da-casa-civil-posse-sera-terca>. Acesso em: 24-7-2018.

91 PUTTI, Alexandre. Nomeação de Lula como ministro divide opinião de juristas. *Justificando*, 16-3-2016. Disponível em: <http://justificando.cartacapital.com.br/2016/03/16/nomeacao-de-lula-como-ministro-divide-opiniao-de-juristas/>. Acesso em: 29-8-2018.

92 G1. Moro divulga grampo de Lula e Dilma; Planalto fala em Constituição violada São Paulo, 16-3-2016. Disponível em: <http://g1.globo.com/politica/noticia/2016/03/moro-divulga-grampo-de-lula-e-dilma-planalto-fala-em-constituicao-violada.html>. Acesso em: 13-8-2018.

STF Gilmar Mendes, um crítico ostensivo do governo petista[93], determinou a suspensão da nomeação de Lula para o cargo, fundamentando que existiu desvio de finalidade. Para Mendes, a então Presidenta Dilma apenas teria nomeado Lula a fim de que eventual processo criminal contra ele fosse julgado originariamente pelo STF, onde há foro por prerrogativa de função dos Ministros de Estado.[94]

Essa decisão monocrática do Ministro Gilmar Mendes, que talvez não refletisse a opinião da maioria do Tribunal, foi determinante para mudar os rumos políticos do país num contexto em que a então Presidenta Dilma tinha perdido a sua base política aliada, havia crise econômica, escândalos de corrupção e protestos populares pedindo o seu *impeachment*. Enfim, essa decisão monocrática pode ter sido determinante para a cassação do seu mandato, ou, ao menos, contribuiu para acelerar esse processo.[95]

Outra decisão do STF impactaria no destino político do país. Em 5-5-2016, o Supremo, por seu órgão pleno, ao analisar a medida liminar na Ação Cautelar n. 4.070[96], decidiu, por unanimidade, suspender o mandato do então Deputado Federal Eduardo Cunha (MDB-RJ) e afastá-lo da presidência da Câmara dos Deputados e do

---

93 SCHREIBER, Mariana. Gilmar Mendes, o polêmico ministro no caminho de Dilma e do PT. Brasília: BBC Brasil, 6-10-2015. Disponível em: <http://www.bbc.com/portuguese/noticias/2015/10/150921_perfil_gilmar_ms_ab>. Acesso em: 13-8-2018.

94 BRASIL. Supremo Tribunal Federal. Mandado de Segurança n. 34070, Medida Cautelar. Liminar. Relator: Min. Gilmar Mendes. Julgado em 18-3-2016. *DJe*-054, divulg. 22-3-2016, public 28-3-2016.

95 Essa decisão liminar do Ministro Gilmar Mendes, que foi determinante para os rumos políticos do país, jamais teve o seu mérito julgado. Com efeito, em 11-5-2016, um dia antes do afastamento temporário da Presidenta Dilma Rousseff, em razão da admissibilidade da denúncia pelo Senado (ocorrido em 12-5-2016), ela exonerou diversos Ministros, inclusive o ex-Presidente Lula. Com base nisso, em 16-5-2016, o Ministro Gilmar Mendes julgou prejudicado o mérito dos referidos mandados de segurança, de modo que o Pleno do STF nunca chegou a apreciar o referido pedido liminar.

96 A Procuradoria-Geral da República havia ajuizado a Ação Cautelar n. 4.070 em 16-12-2015 contra o Deputado Federal Eduardo Cunha, para afastá-lo do cargo.

exercício do mandato parlamentar. Na decisão, o principal fundamento era de que havia contra ele ações penais em andamento e ele estaria dificultando as investigações.[97]

O Supremo tomou essa decisão contra um poderoso político do país, mas o fez com grande apoio popular, da mídia e, inclusive, de outros parlamentares. Eduardo Cunha era alvo de denúncias e investigações por corrupção. Além disso, havia contra ele forte rejeição popular, pois, nos diversos protestos pelo país, os manifestantes pediam a sua saída do poder. No âmbito político, chegou-se a questionar a demora do STF ao decidir a medida liminar, já que o Deputado Federal Eduardo Cunha foi um ator político relevante no *impeachment* da ex-Presidenta Dilma Rousseff, e a decisão que o afastou somente foi proferida seis meses após a ação ter sido ajuizada, quando o processo de *impeachment* já havia sido admitido pela Câmara dos Deputados e encaminhado para o Senado Federal.[98]

Entretanto, a mesma força não socorreu a Corte Constitucional brasileira no julgamento da ADPF n. 402[99] e no caso do Senador

---

97 BRASIL. Supremo Tribunal Federal. Ação Cautelar n. 4070. Referendo. Relator: Ministro Teori Zavascki. Tribunal Pleno. Julgado em 5-5-2016. Acórdão eletrônico. *DJe*-225, divulg 20-10-2016, public 21-10-2016.

98 BARROSO, Luís Roberto; BENVINDO, Juliano Zaiden; OSORIO, Aline. Developments in Brazilian Constitutional Law: The Year 2016 in Review. Blog of the International Journal of Constitutional Law and Constitution-Making.org. October 2017. Disponível em: <http://www.iconnectblog.com/2017/10/developments-in-brazilian-constitutional-law-the-year-2016-in-review/#_edn3>. Acesso em: 13-8-2018.

99 Nessa ação, o Partido Rede postulava que o STF determinasse que réus em processos criminais não poderiam ocupar cargos que estivessem na linha sucessória da Presidência da República. Fundamentava que, como a Constituição Federal (art. 86, § 1º, inc. I) estabelece que, admitida a denúncia contra o Presidente da República, ele fica afastado do cargo, por uma interpretação analógica, réus em processos criminais não poderiam ser substitutos eventuais do Presidente da República (BRASIL. Supremo Tribunal Federal. Ação de Descumprimento Fundamental n. 402. Relator: Ministro Marco Aurélio. Acompanhamento processual. Disponível em: <http://www.stf.jus.br/portal/processo/verProcessoAndamento.asp?incidente=4975492>. Acesso em: 20-8-2018)

Renan Calheiros. Em 5-12-2016, o Ministro do STF Marco Aurélio Mello, de forma monocrática, determinou liminarmente o afastamento de Renan Calheiros da Presidência do Senado.[100] Em sua decisão, fundamentou que, como o Senador Renan Calheiros se tornou réu em ação de natureza penal, estaria impedido de ocupar qualquer cargo que o deixasse na linha sucessória da Presidência da República.[101] Ocorre que, no dia seguinte (6-12-2016), a Mesa Diretora do Senado decidiu que não cumpriria a decisão judicial, bem como que aguardaria um julgamento pelo Pleno do STF.[102] Em outras palavras, houve um descumprimento direto da decisão judicial, bem como clara afronta à autoridade da Corte brasileira. Esse era o prenúncio de mais um episódio em que a fraqueza da Corte seria evidenciada. Após diversas conversas entre ministros da Corte com parlamentares[103], a Ministra Cármen Lúcia, então Presidente do STF, se comprometeu a apressar o julgamento de mérito da ação[104]. Assim,

---

100 BRASIL. Supremo Tribunal Federal. Ação de Descumprimento Fundamental n. 402. Medida Cautelar. Decisão monocrática. Relator: Ministro Marco Aurélio. Julgado em 5-12-2016. Disponível em: <http://www.stf.jus.br/portal/processo/verProcessoAndamento.asp?incidente=4975492>. Acesso em: 20-8-2018.

101 BRASIL. Supremo Tribunal Federal. Ação de Descumprimento Fundamental n. 402. Medida Cautelar. Decisão monocrática. Relator: Ministro Marco Aurélio. Julgado em 5-12-2016. Disponível em: <http://www.stf.jus.br/portal/processo/verProcessoAndamento.asp?incidente=4975492>. Acesso em: 20-8-2018.

102 GARCIA, Gustavo; RAMALHO, Renan. Senado decide descumprir liminar para afastar Renan e aguardar plenário do STF. Brasília: G1, 6-12-2016. Disponível em: <https://g1.globo.com/politica/noticia/renan-senado-decide-nao-cumprir-liminar-e-aguardar-decisao-do-plenario-do-stf.ghtml>. Acesso em: 13-8-2018.

103 RAMALHO, Renan. Cármen Lúcia ouve ministros e marca para esta quarta decisão sobre Renan. Brasília: G1, 6-12-2016. Disponível em: <https://g1.globo.com/politica/noticia/carmen-lucia-ouve-ministros-e-marca-para-esta-quarta-decisao-sobre-renan.ghtml>. Acesso em: 13-8-2018.

104 PONTES, Felipe. Cármen Lúcia diz que dará urgência à análise da liminar que afastou Renan. Brasília: EBC Agência Brasil, 6-12-2016. Disponível em: <http://agenciabrasil.ebc.com.br/politica/noticia/2016-12/carmen-lucia-diz-que-dara-urgencia-analise-da-liminar-que-afastou-renan>. Acesso em: 13-8-2018.

ficou em evidência a fragilidade da Corte diante de elites políticas, bem como que, a depender da decisão do Pleno do STF, poderia se instaurar uma grave crise institucional.

Nesse contexto de grande tensão entre as instituições, em 7-12-2016, o Pleno do STF decidiu voltar atrás e manter o Senador Renan Calheiros no mandato parlamentar e também como Presidente do Senado Federal, apenas impedindo-o de exercer o cargo de Presidente da República no caso de afastamento do seu titular.[105] A fragilidade da Corte Constitucional ficou ainda mais evidente porque o STF, poucos meses antes, no julgamento da ação contra o Deputado Eduardo Cunha, havia fixado entendimento oposto.[106] Assim, pressionado pelas elites políticas, o STF voltou atrás no seu entendimento quando do julgamento do pedido de afastamento do Senador Renan Calheiros, bem como revogou liminar proferida pelo Ministro Marco Aurélio, a qual, inclusive, havia sido acintosamente descumprida pelo Senado.

A força da Corte Constitucional brasileira seria novamente testada no ano seguinte, e mais uma vez sucumbiu.

A Primeira Turma do STF, em 26-9-2017, no julgamento da ação cautelar proposta pela Procuradoria-Geral da República contra o Senador Aécio Neves, decidiu por indeferir o pedido de prisão preventiva, mas aplicar as medidas cautelares de "suspensão do exercício das funções parlamentares ou de qualquer outra função pública"; "proibição de contatar qualquer outro investigado ou réu no conjunto dos feitos em tela"; "proibição de se ausentar do País, devendo entregar seus passaportes" e de "recolhimento domiciliar no período noturno".[107] Tratava-se, entretanto, de um parlamentar

---

105 BRASIL. Supremo Tribunal Federal. Ação de Descumprimento Fundamental n. 402. Medida Cautelar. Referendo. Relator: Ministro Marco Aurélio. Julgado em 22-6-2017. *Dje*-140, divulge. 26-6-2017, public. 27-6-2017.

106 BRASIL. Supremo Tribunal Federal. Ação Cautelar n. 4070. Referendo. Relator: Ministro Teori Zavascki. Tribunal Pleno. Julgado em 5-5-2016. Acórdão eletrônico. *DJe*-225, divulg 20-10-2016, public 21-10-2016.

107 BRASIL. Supremo Tribunal Federal. Ação Cautelar n. 4327. Agravo regimental. Relator: Ministro Marco Aurélio, Relator p/ Acórdão: Ministro

muito influente no Senado e no país, que mais uma vez colocaria em xeque a autoridade da Corte Constitucional brasileira.

Embora houvesse entendimento pacificado do STF no sentido de que a aplicação dessas medidas cautelares ao parlamentar não precisaria de autorização da Casa Legislativa respectiva, o Senado marcou para o dia 3-10-2017 sessão para debater a questão. Assim, sinalizou que poderia descumprir as medidas cautelares fixadas pelo Supremo ao Senador.

Diante da crise institucional que se avizinhava, a Corte brasileira se apressou em pautar o julgamento da ADI n. 5526[108], que discutia abstratamente a questão e já tramitava desde 16-5-2016. Entretanto, ainda assim, havia diversos Senadores que pretendiam que o Senado decidisse sobre a questão, mesmo sem esperar pelo julgamento da referida ADI. Diante disso, foi marcada para o dia 2-10-2017 uma reunião entre a Presidente do STF, Ministra Cármen Lúcia, e o Presidente do Senado, Senador Eunício Oliveira. Nesta reunião, a Ministra Cármen Lúcia teria se comprometido a apressar o julgamento da ADI n. 5526, que discutia abstratamente a questão, e o Senador Eunício Oliveira a adiar no Senado a discussão sobre as medidas cautelares impostas ao Senador Aécio Neves. [109]

Roberto Barroso. Primeira Turma. Julgado em 26-9-2017. *DJe*-247, divulg. 26-10-2017, public. 27-10-2017.

108 A ADI 5526 foi ajuizada em 16-5-2016, na qual os partidos Progressista (PP), Social Cristão (PSC) e Solidariedade postulavam que fosse dada interpretação conforme a Constituição para que a aplicação das medidas cautelares, quando impostas a parlamentares, fossem submetidas, em 24 horas, à deliberação da Casa Legislativa respectiva. Ou seja, pretendiam que fosse aplicada a mesma condicionante estabelecida na Constituição para a hipótese de prisão em flagrante de crime inafiançável. Nesta situação, o art. 53, § 2º, da CF prevê que os autos deverão ser remetidos à Casa legislativa respectiva para que a maioria dos membros delibere sobre a prisão.

109 CASADO, Letícia; FERNANDES, Talita. Cármen Lúcia se reúne com presidente do Senado para tratar caso Aécio. Brasília, 2-10-2017. Disponível em: <http://www1.folha.uol.com.br/poder/2017/10/1923541-carmen-lucia-se-reune-com-presidente-do-senado-para-tratar-caso-aecio.shtml>. Acesso em: 13-8-2018.

Então, em 11-10-2017, o STF, ao julgar a referida ADI, por maioria de 6 a 5, recuou em seu entendimento anterior[110], para fixar a tese de que o "Poder Judiciário dispõe de competência para impor, por autoridade própria, as medidas cautelares a que se refere o art. 319 do Código de Processo Penal", mas "que se encaminhará à Casa Legislativa a que pertencer o parlamentar", Câmara dos Deputados ou Senado Federal, "para os fins a que se refere o art. 53, § 2º da Constituição, a decisão pela qual se aplique medida cautelar, sempre que a execução desta impossibilitar, direta ou indiretamente, o exercício regular de mandato parlamentar".[111] Vale dizer, aplicadas as medidas cautelares que impliquem restrição ao mandato parlamentar, os autos do processo devem ser remetidos, dentro de vinte e quatro horas, à Casa Legislativa respectiva, para que, pelo voto da maioria de seus membros, decida se suspende ou não as medidas judiciais aplicadas ao parlamentar. Assim, voltou atrás em relação ao entendimento que havia recentemente sido firmado no julgamen-

110 Quando da imposição das medidas cautelares e da suspensão do Deputado Eduardo Cunha do seu mandato, havia um forte movimento popular nas ruas pedindo a sua cassação. No momento do julgamento da ADI 5526, existe um cenário em que a maioria dos membros da Câmara do Deputados e do Senado está sendo investigada, além do próprio Presidente da República Michel Temer. Além disso, no momento deste julgamento pelo STF, está marcada para menos de uma semana depois sessão do Senado para, na prática, definir se cumpre ou não as medidas cautelares impostas pelo STF. Ou seja, o próprio STF está emparedado, ou seja, uma decisão idêntica à que foi tomada no julgamento da ação cautelar em relação ao deputado Eduardo Cunha poderia significar em seu não cumprimento pelo Senado, o que geraria grave crise institucional. Segundo diversas fontes, isso, aliás, teria sido algo que pesou muito no voto de minerva da Ministra Cármen Lúcia, que, neste julgamento, agora como presidente da Corte, tinha maior responsabilidade de manter a estabilidade da relação institucional entre os poderes, razão pela qual desempatou em favor do parlamento, ou seja, decidiu de forma oposta do que havia feito quando do julgamento da ação cautelar 4070, há um ano antes.

111 BRASIL. Supremo Tribunal Federal. Ação Direta de Inconstitucionalidade n. 5526, Relator p/ acórdão: Ministro Alexandre de Moraes, julgado em 11-10-2017.

to da Ação Cautelar n. 4070[112] (em 5-5-2016), contra o Deputado Federal Eduardo Cunha.

Essa decisão do STF representava, mais uma vez, o prenúncio da vitória do poder político. Em 17-10-2017, o Senado Federal afastou as medidas cautelares de recolhimento noturno e de afastamento do mandato parlamentar impostas pela Corte ao Senador Aécio Neves.[113]

Além dessas formas de descumprimento direto e de pressão da classe política em relação à Corte Constitucional, também não são incomuns medidas políticas para contornar os impactos das decisões judiciais.

O STF, ao julgar a ADI n. 4650, em 17-9-2015, decidiu por proibir doações de pessoas jurídicas a candidatos,[114] ou seja, reduziu muito as possibilidades de financiamento privado de campanhas políticas.

As respostas do Congresso Nacional não tardariam. A fim de contornar a deficiência de recursos para as campanhas, diversas foram as propostas legislativas para encontrar saídas aos impactos gerados pela decisão do STF. Nesse contexto, foi editada a Lei n. 13.487, de 6-10-2017, que criou o Fundo Especial de Financiamento de Campanha (FEFC). As estimativas eram de que o valor desse fundo, constituído de verbas públicas, seria, para as campanhas de 2018, no importe de R$ 1,7 bilhão.[115] Além disso, houve um au-

---

112 BRASIL. Supremo Tribunal Federal. Ação Cautelar n. 4070. Relator: Ministro Teori Zavascki, Tribunal Pleno, Referendo, julgado em 5-5-2016, acórdão eletrônico *DJe*-225, divulg. 20-10-2016, public. 21-10-2016.

113 AGÊNCIA SENADO. Plenário rejeita medidas cautelares contra Aécio Neves e senador retoma mandato. Senado notícias, 17-10-2017. Disponível em: <https://www12.senado.leg.br/noticias/materias/2017/10/17/senado-devolve-mandato-a-aecio-neves>. Acesso em: 13-8-2018.

114 BRASIL. Supremo Tribunal Federal. Ação Direta de Inconstitucionalidade n. 4650. Relator: Ministro Luiz Fux. Tribunal Pleno. Julgado em 17-09-2015. *DJe*-034, divulg. 23-2-2016, public. 24-2-2016.

115 BBC BRASIL. Entenda o novo fundo público para campanhas eleitorais aprovado na Câmara. 4-10-2017. Disponível em: <http://www.bbc.com/portuguese/brasil-41507850>. Acesso em: 13-8-2018.

mento considerável do valor destinado ao Fundo Partidário (constituído de verba pública), chegando-se ao importe de R$ 888 milhões[116], embora houvesse pressão do Congresso Nacional por um valor ainda maior. Assim, a classe política encontrou uma alternativa para contornar a redução de recursos de campanha decorrente da decisão do Supremo de proibir o financiamento de campanhas eleitorais por pessoas jurídicas, mas sobrecarregou ainda mais os cofres públicos.

Além das ameaças de descumprimento das decisões do STF, seja de forma direta ou indireta, expressa ou velada, a classe política também tem promovido diversas medidas de reversão de decisões da Corte e também de retaliação.

A sobreposição do Congresso a decisões do STF, através da reversão, ficou evidente no caso da vaquejada.[117]

O STF, em 6-10-2016, julgou procedente a Ação Direta de Inconstitucionalidade n. 4.983, proposta pelo Procurador-Geral da República contra a Lei n. 15.299/2013 do Estado do Ceará, que regulamentava a vaquejada como prática desportiva e cultural no âmbito deste Estado. O principal fundamento foi o de que o inciso VII do § 1º do artigo 225 da Constituição Federal veda as práticas que submetam animais à crueldade, e a denominada vaquejada implicaria "crueldade manifesta", sendo incompatível com a Constituição Federal.[118]

Então, como resposta à decisão do STF, o Congresso Nacional, em 6-6-2017, aprovou a Emenda Constitucional n. 96 que acrescen-

---

116 G1. Governo reserva quase R$ 900 milhões para fundo partidário. 4-9-2017. Disponível em: <http://g1.globo.com/jornal-nacional/noticia/2017/09/governo-reserva-quase-r-900-milhoes-para-fundo-partidario.html>. Acesso em: 13-8-2018.

117 De acordo com a Lei n. 15.299, de 8 de janeiro de 2013, do Estado do Ceará,"considera-se vaquejada todo evento de natureza competitiva, no qual uma dupla de vaqueiro a cavalo persegue animal bovino, objetivando dominá-lo" (art. 2º, *caput*).

118 BRASIL. Supremo Tribunal Federal. Ação Direta de Inconstitucionalidade n. 4983. Relator: Ministro Marco Aurélio. Tribunal Pleno. Julgado em 6-10-2016. *DJe*-087, divulg. 26-4-2017, public. 27-4-2017.

tou o parágrafo 7º ao artigo 225 da Constituição Federal, para permitir "as práticas desportivas que utilizem animais, desde que sejam manifestações culturais".

Em 13-6-2017, o Fórum Nacional de Proteção e Defesa Animal ajuizou a Ação Direta de Inconstitucionalidade n. 5728 perante o STF, para questionar a referida Emenda Constitucional (EC n. 96/2017).[119] Um dos argumentos da associação autora é o de que "a emenda questionada teve por motivação contornar a declaração de inconstitucionalidade de lei do Ceará que legalizava a prática da vaquejada, em decisão proferida pelo STF em outubro de 2016".[120] Além disso, a Procuradoria-Geral da República, em 12-9-2017, também ajuizou a ADI n. 5772, com o mesmo objeto.[121]

Apesar do claro objetivo de reverter a decisão do STF, este não apreciou os pedidos de medida cautelar formulados nas referidas ADIs.[122] E talvez essa inércia seja motivada pela estratégia de não haver desgaste da Corte com o Congresso Nacional, pois o STF já tinha decidido o caso em outra ADI que questionava lei estadual.

---

119 BRASIL. Supremo Tribunal Federal. Ação Direta de Inconstitucionalidade n. 5728. Acompanhamento Processual. Disponível em: <http://stf.jus.br/portal/processo/verProcessoAndamento.asp?numero=5728&classe=ADI&origem=AP&recurso=0&tipoJulgamento=M>. Acesso em: 10-7-2018.

120 SUPREMO TRIBUNAL FEDERAL. Notícias STF. ADI questiona emenda constitucional que permite a prática de vaquejada. Notícias STF, 3-7-2017. Disponível em: <http://stf.jus.br/portal/cms/verNoticiaDetalhe.asp?idConteudo=348571>. Acesso em: 8-8-2018.

121 BRASIL. Supremo Tribunal Federal. Ação Direta de Inconstitucionalidade n. 5772. Acompanhamento Processual. Disponível em: <http://portal.stf.jus.br/processos/detalhe.asp?incidente=5259991>. Acesso em: 18-9-2018.

122 BRASIL. Supremo Tribunal Federal. Ação Direta de Inconstitucionalidade n. 5728. Acompanhamento Processual. Disponível em: <http://stf.jus.br/portal/processo/verProcessoAndamento.asp?numero=5728&classe=ADI&origem=AP&recurso=0&tipoJulgamento=M>. Acesso em: 10-7-2018; BRASIL. Supremo Tribunal Federal. Ação Direta de Inconstitucionalidade n. 5772. Acompanhamento Processual. Disponível em: <http://portal.stf.jus.br/processos/detalhe.asp?incidente=5259991>. Acesso em: 18-9-2018.

As retaliações também têm sido um instrumento utilizado pela classe política em meio à crise que se instalou no cenário político brasileiro, diante da investigação criminal no STF em relação a diversas autoridades da República.

Em 5-7-2016, o Senador Renan Calheiros, alvo de diversas investigações criminais no STF, propôs o denominado Projeto de Lei de Abuso de Autoridade (Projeto de Lei do Senado n. 280/2016), que, apesar do nome, mais parecia uma tentativa de limitar as investigações criminais e a atuação do Ministério Público e do Judiciário. Em que pese o jogo retórico com o nome desse projeto de lei (Projeto de Lei do "Abuso de Autoridade"), houve forte desaprovação do público em geral (98,34% de desaprovação popular).[123] Diante da forte pressão popular, mas firme no propósito de retaliar o Judiciário, o Senado, em 26-4-2017, decidiu aprovar um substitutivo ao referido Projeto de Lei, de autoria do Senador Roberto Requião[124], que mantém a maioria das disposições iniciais, mas retira do texto o que era muito criticado dentre juristas, o chamado "crime de hermenêutica".[125]

Em 10-11-2016, o então Presidente do Senado, Senador Renan Calheiros, instalou comissão para investigar os chamados "supersa-

---

123 No sítio eletrônico do Projeto de Lei 280/2016, de autoria do Senador Renan Calheiros, na consulta pública realizada, houve 277.507 pessoas que se manifestaram contrários ao referido projeto de lei, enquanto apenas 4.672 eram favoráveis, ou seja, 98,34% de desaprovação popular ao referido projeto de lei. (SENADO FEDERAL. Consulta Pública. Projeto de Lei do Senado n° 280, de 2016. Disponível em: <https://www25.senado.leg.br/web/atividade/materias/-/materia/126377 >. Acesso em: 17-10-2017)

124 SENADO FEDERAL. Parecer da Comissão de Constituição, Justiça e Cidadania, sobre os Projetos de Lei do Senado n. 280, de 2016, do Senador Renan Calheiros, e n. 85, de 2017, do Senador Randolfe Rodrigues, que definem os crimes de abuso de autoridade e dão outras providências. Disponível em: <http://legis.senado.leg.br/sdleg-getter/documento?dm=5239240&disposition=inline>. Acesso em: 13-8-2018.

125 AGÊNCIA SENADO. Senado aprova projeto que altera Lei de Abuso de Autoridade. Senado Notícias, 28-4-2017. Disponível em: <https://www12.senado.leg.br/noticias/materias/2017/04/26/senado-aprova-projeto-que-altera-lei-de-abuso-de-autoridade>. Acesso em: 17-10-2017.

lários", tendo como alvo membros do Poder Judiciário[126], o que foi visto por presidentes de tribunais e associações de magistrados e membros do Ministério Público como mais uma medida de retaliação, para tentar desgastar a imagem do Poder Judiciário perante a sociedade.[127] Sem se adentrar na questão de fundo da medida, certamente se tratava de mais uma forma de retaliação, mas que encontraria apoio popular.

Assim, em meio à crise política que se iniciou em 2013, é possível observar uma classe política acuada e uma Corte Constitucional que, na prática, intervém analisando os seus próprios limites e as possibilidades de efetivação das suas decisões.

Se as teses de "supremocracia"[128] ou de "ditadura do Poder Judiciário"[129] não são condizentes com esse contexto, as teorias constitucionais contemporâneas que propõem um sistema fraco ou forte de *judicial review* são subcomplexas para investigar essa questão. Considerando a complexidade da relação da Corte Constitucional com os demais Poderes Constituídos, a sua real capacidade de enfrentar elites políticas é muito mais limitada do que as teorias tradicionais de direito constitucional sugerem.

Os casos citados anteriormente deixam em aberto diversas questões: Qual é a relação da Corte Constitucional com a política e quais devem ser os limites dessa relação? Qual é o grau de indepen-

---

126 SARDINHA, Edson. De olho no Judiciário, Renan instala comissão para frear supersalários. Congresso em foco, 10-11-2016. Disponível em: <http://congressoemfoco.uol.com.br/noticias/de-olho-no-judiciario-renan-instala-comissao-para-frear-supersalarios/>. Acesso em: 1º-11-2017.

127 MOURA, Rafael Moraes; BONFIM, Isabela. TJs veem retaliação em comissão de supersalários. Estadão, 16-11-2016. Disponível em: <http://politica.estadao.com.br/noticias/geral,tjs-veem-retaliacao-em-comissao-de-supersalarios,10000088443>. Acesso em: 1º-11-2017.

128 VILHENA, Oscar. Supremocracia. *Revista de Direito do Estado*, Rio de Janeiro, a. 3, n. 12, p. 55-75, out.-dez. 2008. p. 59-60

129 DELMANTO, Roberto. A ditadura do Judiciário. *Migalhas*, 15-3-2018. Disponível em: <http://www.migalhas.com.br/dePeso/16,MI276327,101048-A+ditadura+do+Judiciario>. Acesso em: 18-8-2018.

dência do STF para tomar suas decisões quando contrariam interesses governistas ou de elites políticas? Qual é a real capacidade de a Corte Constitucional brasileira implementar as suas decisões? Como atua para angariar capital político a fim de efetivar as suas decisões? Quais são as variáveis que devem ser consideradas nos diferentes casos, quando o STF se sobrepõe e quando sucumbe às elites políticas? Enfim, de onde vem a força e quais são as fraquezas da Corte Constitucional brasileira?

1.3.2. STF **versus** *poder político: questionamentos acerca da efetividade das decisões da Corte no enfrentamento de elites políticas*

Nas situações em que a decisão da Corte Constitucional não atinge questões constitucionais estruturais nem interesses de elites políticas ou do governo, comumente não há grandes preocupações com a sua efetivação. Além disso, como já se mostrou em item anterior, há casos em que a Corte Constitucional conta com um grande suporte político. No entanto, as situações de interesse para esta investigação são aquelas em que existe um ambiente difícil, quando há algum impacto relevante para elites políticas. Então, a questão que se coloca é como as elites políticas buscam descumprir, se evadir e contornar decisões judiciais e retaliar o tribunal constitucional.[130] Nessas situações, de que forma os tribunais constitucionais podem angariar apoio de outras elites políticas e outros atores, como o público em geral e as instituições internacionais, para fazer frente a

---

130 Em situações extremas, o descontentamento do governo ou de atores políticos com a Corte Constitucional pode ser tão grande que eles podem tentar fechar a corte, destituir seus membros ou reduzir drasticamente as suas competências. No entanto, como referem Gretchen Helmke e Jeffrey Staton, não haveria incentivos para destituir os membros de um tribunal quando o governo e atores políticos relevantes podem, com menor custo, pode simplesmente ignorar uma decisão (HELMKE, Gretchen; STATON, Jeffrey K. The Puzzling Judicial Politics of Latin America: A Theory of Litigation, Judicial Decisions, and Interbranch Conflict. In: HELMKE, Gretchen; RÍOS-FIGUEROA, Julio (Org.). *Courts in Latin America*. New York: Cambridge University Press, 2011. p. 306-331. p. 327).

esses instrumentos de pressão de elites políticas? Quais são as ferramentas que utilizam? Essas questões, que comumente passam à margem das discussões jurídico-normativas, acabam sendo centrais na tomada de decisão dos tribunais constitucionais.

Do ponto de vista político-institucional, a revisão judicial é algo que pode criar tensão política, sobretudo quando derruba iniciativas políticas consideradas importantes por uma parte significativa das elites políticas.[131] Quando a Corte Constitucional decide sobre questões estruturais, tais como as relativas à separação dos poderes ou à distribuição de poder político no âmbito federal, estadual e/ou municipal, há maior risco de descumprimento ou retaliação por parte dos atores políticos.[132] Também haverá maior possibilidade de descumprimento quando as decisões contrariarem os interesses de certos políticos ou partidos com muito poder. Assim, por exemplo, uma decisão que limite o poder presidencial, que reduza prerrogativas parlamentares ou que, em processo criminal, determine a restrição da liberdade ou de direitos de algum político influente certamente encontrará pela frente possibilidade de descumprimento ou, ao menos, de retaliação.

Nessas situações, em que julgamentos do tribunal constitucional afetam diretamente interesses governistas ou de elites políticas, a sua efetividade poderá ficar comprometida, podendo o exercício da revisão judicial se tornar algo perigoso para a própria corte e para o cumprimento das suas decisões. Com efeito, esses atores políticos, se pressionados, atuarão para descumprir, se evadir ou contornar a decisão judicial, ou, ainda, impor represálias, o que pode enfraquecer o tribunal constitucional.

O descumprimento direto ocorre quando há a recusa expressa ou o fracasso na efetivação de uma decisão judicial.[133] Essa forma de

---

131 TUSHNET, Mark. Preserving Judicial Independence in Dominant Party States. *New York Law School Law Review*, v. 60, n. 1, p. 107-124, 2016. p. 109.

132 LANDAU, David. Political support and structural constitutional law. *Alabama Law Review*, Tuscaloosa, Alabama, v. 67, p. 1069-1124, 2016. p. 1074.

133 LANDAU, David. Political support and structural constitutional law. *Alabama Law Review*, Tuscaloosa, Alabama, v. 67, p. 1069-1124, 2016. p. 1073.

descumprimento é a que mais fragiliza a, pois coloca em xeque a própria autoridade das suas decisões, podendo gerar verdadeira crise institucional. Por isso, comumente, quando cortes constitucionais precisam tomar decisões contrárias aos interesses de elites políticas, ou se utilizam de um capital político acumulado e/ou da opinião pública ao seu favor, ou, então, adotam uma postura de autocontenção.

As represálias também se constituem em recurso muito utilizado pelas classes políticas contra o tribunal constitucional, seja para reduzir garantias de independência, prerrogativas do cargo, direitos relativos à remuneração, ou para gerar desgaste na imagem do Judiciário perante a população em geral.

Entretanto, o descumprimento direto e as represálias não são os únicos problemas que enfrentam as cortes constitucionais. Há possibilidade de que a decisão judicial seja formalmente cumprida, mas os atores políticos encontrem outro caminho para conseguirem os fins almejados, desviando ou contornando a decisão. É o que a doutrina estadunidense em geral chama de saída "hidráulica", que consiste em, diante da proibição de certa conduta ou havendo certa forma de regulação, o ente político responder mudando para outro caminho. Isto, pragmaticamente, é bastante comum ocorrer no âmbito do direito fiscal, do direito penal, bem como diante de reformas no financiamento de campanha ou na lei eleitoral.[134] Embora as saídas hidráulicas sejam analisadas em diversos contextos há mais tempo, são bem mais recentes e ainda muito escassos os estudos sobre como um juiz se antecipa a uma resposta hidráulica e como isso pode afetar a sua tomada decisão.[135]

Apesar da variada terminologia proposta por estudiosos das respostas legislativas a uma revisão judicial "indesejada", Luke

---

134 LANDAU, David. Political support and structural constitutional law. *Alabama Law Review*, Tuscaloosa, Alabama, v. 67, p. 1069-1124, 2016. p. 1075.

135 MILLIGAN, Luke M. Congressional End-Run: The Ignored Constraint on Judicial Review. *Georgia Law Review*, v. 45, n. 1, p. 211-274, Fall 2010. pp. 252-254.

Milligan mostra que cada uma das restrições do Congresso sobre a revisão judicial abordada pela literatura pode ser classificada como um freio (*curb*) ou uma sobreposição (*override*).[136] O freio (*curbing*) seria, segundo o autor, uma resposta punitiva à revisão judicial adversa, um ato formal do parlamento destinado a limitar a independência do tribunal constitucional, para garantir que futuras decisões sejam proferidas de acordo com as preferências do Congresso. Esses freios seriam indiretos e assimétricos, destinando-se a negar aos juízes certos poderes ou independência para casos futuros. Seriam exemplos de freios a utilização do Senado para confirmar a indicação de certos juízes que comporão tribunais; emendas constitucionais para mudar a estrutura ou o procedimento do tribunal; *impeachment* de juízes; retirada da competência do tribunal para apreciar determinadas matérias; alteração do processo de seleção e remoção de juízes; exigência de maiorias extraordinárias para declarações de inconstitucionalidade; instrumentos para tornar o tribunal "mais representativo" (aumentando as indicações políticas); retirada do poder de revisão judicial; cortes no orçamento; alterações do tamanho do tribunal. Além disso, o autor também aponta como exemplos desses freios (*curbs*) o poder do Congresso para congelar os salários dos juízes, ajustar o orçamento em relação ao pagamento de pessoal, exigir o dever de autocontenção judicial, coletar e publicar informações depreciativas sobre juízes e especificar o número de votos necessários para exercer o poder de revisão judicial.[137]

A sobreposição (*override*), por sua vez, seria, segundo Milligan, o poder de anular os atos de revisão judicial. Ocorreria quando o Congresso sobrepõe a sua própria interpretação da constituição à da Corte Constitucional. Para o autor, a sobreposição poderia ocorrer de duas formas, ou por emenda constitucional, ou quando o Congresso desconsiderasse, por ação ou omissão, qualquer interpretação

---

136 MILLIGAN, Luke M. Congressional End-Run: The Ignored Constraint on Judicial Review. *Georgia Law Review*, v. 45, n. 1, p. 211-274, Fall 2010. pp. 231-232.

137 MILLIGAN, Luke M. Congressional End-Run: The Ignored Constraint on Judicial Review. *Georgia Law Review*, v. 45, n. 1, p. 211-274, Fall 2010. pp. 233-234.

não desejada. Para o autor, esse segundo tipo de substituição evocaria a observação de Hamilton de que o Judiciário "pode verdadeiramente dizer que não tem força nem vontade, mas sim um juízo".[138]

Milligan está tratando do caso estadunidense, de modo que não se pode pretender aplicar essas formas de freio e de sobreposição, em termos de direito comparado, sem a necessária compatibilização com o contexto institucional e político do país que se considera. Por exemplo, no Brasil, as emendas constitucionais também podem ser uma forma de sobreposição, mas é preciso lembrar que o STF pode fazer a revisão judicial da emenda constitucional tendo como paradigma as chamadas "cláusulas pétreas".[139] No entanto, essas formas de freios e de sobreposição podem, com as devidas ressalvas contextuais, ser objeto de investigação também em outros países. Aliás, como já se pôde observar no subitem anterior, muitas delas já foram e estão sendo utilizadas, no Brasil, pelas elites políticas em face do STF.

É claro que essas tentativas de contornar a decisão judicial comumente são acompanhadas por respostas do Poder Judiciário, que podem buscar fechar as saídas para o descumprimento ou aumentar os custos para outras rotas alternativas pelas quais os atores políticos tentam desviar. Nos EUA, estudiosos do tema têm recentemente desenvolvido a chamada doutrina antievasão, que procura criar mecanismos para fechar os caminhos deixados abertos pelas regras existentes, ou seja, para evitar que ocorra o cumprimento formal da decisão mediante desvios finalísticos, em que os seus destinatários buscam rotas de fuga indevidas.[140]

---

138 Tradução livre da frase: "This second type of override evokes Hamilton's observation that the judiciary 'may truly be said to have neither FORCE nor WILL, but merely judgment'." (MILLIGAN, Luke M. Congressional End-Run: The Ignored Constraint on Judicial Review. *Georgia Law Review*, v. 45, n. 1, p. 211-274, Fall 2010. pp. 236-237)

139 ARGUELHES, Diego Werneck; RIBEIRO, Leandro Molhano. Preferências, Estratégias e Motivações: Pressupostos institucionais de teorias sobre comportamento judicial e sua transposição para o caso brasileiro. *Revista Direito e Práxis*, v. 4, n. 7, p. 85-121, 2013. p. 110.

140 LANDAU, David. Political support and structural constitutional law. *Alabama Law Review*, Tuscaloosa, Alabama, v. 67, p. 1069-1124, 2016. p. 1079.

Ocorre que, para a Corte Constitucional, talvez não seja estrategicamente aconselhável a utilização desses mecanismos antievasão em determinados casos. Ao utilizar esses instrumentos, precisa admitir, em alguma medida, que as suas decisões estão sujeitas a descumprimento, ou seja, que é possível o direito ceder diante do poder. Assim, é preciso considerar os impactos que esses mecanismos antievasão podem ter sobre o direito constitucional.[141] Além disso, para o tribunal constitucional, utilizar essas doutrinas em suas decisões implica reconhecer, em alguma medida, a má-fé dos membros dos outros Poderes Constituídos,[142] e isso pode abalar a sua relação com eles. A utilização desses mecanismos pode, ainda, levar a corte a "legislar", pois é preciso prever possíveis condutas futuras de descumprimento e dizer como o outro órgão terá de se comportar, o que pode abrir um outro flanco para críticas à atuação judicial. Nesse ínterim, os mecanismos antievasão implicam determinações adicionais que talvez sejam desnecessárias, que podem tornar a decisão judicial ainda mais polêmica ou, ainda, que também sejam contornadas, porque dificilmente conseguirá a Corte Constitucional fechar todas as saídas. Por fim, se as elites políticas utilizarem mecanismos para contornar a decisão judicial, evadindo-se dela, talvez a evasão não gere tantos impactos negativos para a autoridade da Corte Constitucional quanto um descumprimento direto.

Assim, quando a Corte Constitucional toma uma decisão e analisa a conjuntura política para assegurar que ela seja cumprida, ou deixa algumas saídas abertas para os órgãos políticos, esse "é um tipo de avaliação de risco que procura obter precauções ótimas (em vez de máximas)", como apontam Brannon Denning e Michael Kent.[143]

---

141 DENNING, Brannon P.; KENT, Michael B. Jr. Anti-Anti-Evasion in Constitutional Law. *Florida State University Law Review*, v. 41, n. 2, p. 397-434, Winter 2014. p. 420.

142 DENNING, Brannon P.; KENT, Michael B. Jr. Anti-Anti-Evasion in Constitutional Law. *Florida State University Law Review*, v. 41, n. 2, p. 397-434, Winter 2014. p. 420.

143 Tradução livre da frase: "Just as AEDs suggest that the Court's doctrinal formation is a type of risk assessment that seeks to achieve optimal (rather

Quando se fala em riscos de descumprimento, direto ou indireto, é preciso ainda considerar um complexo de variáveis, que dependem sobretudo do contexto institucional e político de determinado país em dado tempo. Por exemplo, instituições e atores políticos mais fracos terão menos condições de repelir ou contornar decisões judiciais do que aqueles com maior poder político.

Além disso, as cortes constitucionais terão mais facilidade para obter êxito no cumprimento das suas decisões quando contarem com o apoio de outros políticos, de outras instituições ou de grupos da sociedade civil, que podem fazer pressão para que a decisão seja efetivada. Assim, o nível de apoio político desses setores ao tribunal constitucional é uma variável importante na própria tomada de decisão, quando ela pode contrariar interesses de elites políticas.[144]

Se o tribunal constitucional conseguir obter apoio popular, aumentará os custos políticos para aqueles que pretendam descumprir ou evadir-se à decisão judicial. Assim, a Corte Constitucional pode acumular capital político ao longo do tempo. Nesse ponto, a agenda de direitos humanos, por exemplo, costuma servir para o tribunal constitucional angariar capital político diante do público e de organismos internacionais. Ações envolvendo igualdade de oportunidades e igualdade de gênero comumente são acompanhadas por grupos ativistas, com alta capacidade de mobilização, e, quando a Corte Constitucional decide favoravelmente a esses grupos, costuma obter muito capital político.

De outro lado, decisões sobre questões institucionais estruturais não possuem o mesmo engajamento popular. David Landau confirma essas afirmações citando exemplos de casos julgados pelas Cortes Co-

---

than maximal) precautions, the decision not to create an AED suggests that the Court believes adequate (even if incomplete) protections already exist without the need for additional decision rules" (DENNING, Brannon P.; KENT, Michael B. Jr. Anti-Anti-Evasion in Constitutional Law. *Florida State University Law Review*, v. 41, n. 2, p. 397-434, Winter 2014. p. 432).

144 LANDAU, David. Political support and structural constitutional law. *Alabama Law Review*, Tuscaloosa, Alabama, v. 67, n. 4, p. 1069-1124, 2016. pp. 1071-1072.

lombiana, Mexicana e Estadunidense e a sua repercussão popular.[145] Segundo Landau, recentes defesas da revisão judicial têm se concentrado no papel do tribunal constitucional como um mecanismo de "alarme de incêndio", ou seja, as decisões judiciais podem servir para alertar o público de que os atores políticos estão extrapolando e, portanto, devem se mobilizar e prestar mais atenção às ações dos políticos.[146]

Uma estratégia por vezes utilizada pelos tribunais constitucionais, ao decidir questões estruturais, é o desenvolvimento argumentativo acerca de um conjunto de princípios constitucionais que estão na consciência popular. A esse respeito, David Landau exemplifica com o caso do Tribunal Constitucional Colombiano, em que a decisão que impediu o Presidente do país de legislar por decretos foi fundamentada em argumentos como as violações a direitos humanos e os abusos ocorridos em momento pretérito pelos governos em contextos de estado de emergência.[147]

Do ponto de vista do direito constitucional comparado, a revisão judicial ocorre, na prática, de forma diversa da que é concebida pelas teorias constitucionais clássicas. Em questões estruturais, a revisão judicial será mais efetiva quando possui suporte externo significativo em outros lugares do sistema político e que, quando esse apoio faltar, os tribunais terão poucas chances de sucesso, mesmo com grande esforço ou sofisticação doutrinária.[148] De outro lado, como aponta Landau, os tribunais possuem alguma habilidade para construir apoio para as suas decisões, quando elas faltam no princí-

---

145 LANDAU, David. Political support and structural constitutional law. *Alabama Law Review*, Tuscaloosa, Alabama, v. 67, n. 4, p. 1069-1124, 2016. p. 1121-1122.

146 LANDAU, David. Political support and structural constitutional law. *Alabama Law Review*, Tuscaloosa, Alabama, v. 67, n. 4, p. 1069-1124, 2016. p. 1121.

147 LANDAU, David. Political support and structural constitutional law. *Alabama Law Review*, Tuscaloosa, Alabama, v. 67, n. 4, p. 1069-1124, 2016. p. 1122.

148 LANDAU, David. Political support and structural constitutional law. *Alabama Law Review*, Tuscaloosa, Alabama, v. 67, n. 4, p. 1069-1124, 2016. p. 1110.

pio. Podem, por exemplo, tomar decisões para obter apoio de instituições políticas, ou obter apoio de substitutos dessas instituições, no nível internacional ou perante o público em geral.[149]

No caso de o tribunal constitucional receber esses suportes, há diminuição do risco de descumprimento direto ou de represálias contra a decisão judicial, pois os tornam mais visíveis, além de aumentarem o seu custo político frente às demais instituições e ao eleitorado.[150] Ocorre que, muitas vezes, essa retaliação pode vir de forma sub-reptícia, oculta, o que pode dificultar a atuação judicial.

Assim, a complexidade com que se estruturam as instituições de determinado país oferecem diferentes maneiras de atores políticos se evadirem da decisão judicial para atingir seus objetivos, ainda que não a descumpram diretamente. No entanto, com isso, os esforços judiciais para melhorar as instituições podem, por vezes, causar ainda mais disfunções estruturais.

Além disso, o sistema de governo acaba por ser um preditor significativo do comportamento legislativo na maioria dos contextos políticos modernos. Por exemplo, em sistemas presidencialistas, os parlamentares, individualmente considerados, podem não ter incentivos para efetivamente controlar o Executivo. De outro lado, se as instituições legislativas estiverem nas mãos de partidos fortes que se opõem ao Executivo, será muito provável que o Legislativo exerça mais o seu papel.[151]

Assim, a forma como essa inter-relação entre os Poderes Constituídos ocorre depende dos contextos políticos de cada país em dado momento. Em alguns países e contextos, a organização das instituições relevantes e os incentivos atuarão para que a separação de poderes e o sistema de freios e contrapesos funcione relativamente

149 LANDAU, David. Political support and structural constitutional law. *Alabama Law Review*, Tuscaloosa, Alabama, v. 67, n. 4, p. 1069-1124, 2016. p. 1110.

150 LANDAU, David. Political support and structural constitutional law. *Alabama Law Review*, Tuscaloosa, Alabama, v. 67, p. 1069-1124, 2016. p. 1075.

151 LANDAU, David. Political support and structural constitutional law. *Alabama Law Review*, Tuscaloosa, Alabama, v. 67, n. 4, p. 1069-1124, 2016. p. 1086-1087.

bem, como nos casos em que o chefe de governo e o parlamento são controlados por diferentes partidos. Contudo, quando o Executivo e o parlamento são controlados pela mesma base partidária, ou onde o sistema partidário é fraco, haverá mais propensão a que o sistema de freios e contrapesos funcione mal.[152] Como aponta Mark Tushnet, a posição dominante de um partido permite que ele implemente políticas que prejudicam a independência judicial, sem serem bloqueadas pela oposição, nos órgãos políticos, ou pelos próprios juízes.[153] Neste contexto, será mais difícil uma atuação efetiva da Corte Constitucional para melhorar as condições democráticas, pois o poder político estará concentrado e terá mais instrumentos de manobras para descumprir ou se evadir das decisões.

Em perspectiva de direito constitucional comparado, David Landau analisa a atuação dos Tribunais Constitucionais Colombiano e Mexicano. Landau aponta que, ao decidir impor limites ao poder do Executivo em relação aos poderes de emergência, o Tribunal Constitucional Colombiano recebeu apoio de atores políticos externos, o que foi fundamental para que houvesse a prevalência dessa decisão; de outro lado, ao abordar o tema da dominância do Executivo e da fraqueza do Legislativo, o Tribunal não recebeu apoio, em razão da natureza do sistema partidário. Em contraste, as ações da Suprema Corte Mexicana que limitaram poderes regulatórios do Presidente foram levadas a efeito e tiveram como consectário a distribuição do poder, porque o parlamento, liderado pelos outros dois grandes partidos, estava pronto para assumir a tarefa de elaboração de políticas nacionais.[154]

No Brasil, a força e as fraquezas do seu Tribunal Constitucional também têm ficado em evidência, sobretudo a partir da crise

---

152 LANDAU, David. Political support and structural constitutional law. *Alabama Law Review*, Tuscaloosa, Alabama, v. 67, n. 4, p. 1069-1124, 2016. p. 1111-1112.

153 TUSHNET, Mark. Preserving Judicial Independence in Dominant Party States. *New York Law School Law Review*, v. 60, n. 1, p. 107-124, 2016. p. 108.

154 LANDAU, David. Political support and structural constitutional law. *Alabama Law Review*, Tuscaloosa, Alabama, v. 67, n. 4, p. 1069-1124, 2016. p. 1113.

política que iniciou em 2013, em que presidentes, ex-presidentes e mais da metade dos parlamentares federais eram investigados criminalmente. Questões constitucionais foram decididas pelo STF em meio a um contexto de crise, considerando mais os envolvidos e as consequências imediatas da decisão do que o paradigma constitucional.

Essa investigação teórica e empírica, considerando casos emblemáticos de intervenção do STF na política e nos rumos do país, de um lado, e de outro, a Corte Constitucional brasileira se curvando às elites políticas, aponta que algumas absolutizações como "supremocracia"[155] e "ditadura do Judiciário"[156] não se sustentam em todas as situações, e que análises teoréticas sobre revisão judicial forte ou fraca são subcomplexas. Contudo, não se pode aqui, somente com base nesses casos e nas teorias expostas, concluir sobre como seria a atuação global da Corte Constitucional brasileira, tampouco que ela seria subserviente à política ou que teria (ou não) capacidade para corrigir as disfunções democráticas, sob pena de se incorrer no mesmo erro.

Pesquisas sobre o desempenho de tribunais constitucionais comumente se desenvolvem a partir de dois cenários em abstrato: num deles, os juízes são independentes e podem decidir livremente, sem sofrer sanções; no segundo cenário, os juízes não possuem independência de fato, pois podem sofrer sanções dos governos quando as suas decisões os afrontarem. Segundo essas pressuposições, quando os governos são incapazes de punir os juízes, estes poderiam decidir de acordo com as suas preferências sinceras; de outro lado, quando os governos são capazes de realizar punições, os juízes seriam estrategicamente deferentes *ex ante*, de modo que os políticos teriam pouca necessidade de sancioná-los *ex post*.[157]

---

155 VILHENA, Oscar. Supremocracia. *Revista de Direito do Estado*, Rio de Janeiro, a. 3, n. 12, p. 55-75, out.-dez. 2008. p. 59-60

156 DELMANTO, Roberto. A ditadura do Judiciário. *Migalhas*, 15-3-2018. Disponível em: <http://www.migalhas.com.br/dePeso/16,MI276327,101048-A+ditadura+do+Judiciario>. Acesso em: 18-8-2018.

157 HELMKE, Gretchen; STATON, Jeffrey K. The Puzzling Judicial Politics of Latin America: A Theory of Litigation, Judicial Decisions, and Interbranch

Entretanto, como adiante se demonstrará, na América Latina e, especificamente, no Brasil, essas duas situações hipotéticas quase nunca se concretizam puramente, pois a realidade se apresenta de forma muito mais complexa. A título de exemplo, há diversas situações em que tribunais de países latino-americanos tomaram decisões contra governos e sofreram severas sanções. Nesse tocante, é possível observar que as Cortes Constitucionais da Argentina, Bolívia, Equador[158], Peru e Venezuela[159] foram alvo de ataques dos governos nas últimas décadas, já em regime democrático. Mesmo em democracias mais estáveis, como Chile, Uruguai e Honduras, os tribunais constitucionais também sofreram diversos ataques em passado recente.[160]

No Brasil, ainda que tradicionalmente os ataques da classe política tenham sido, em termos estatísticos, menos contundentes do que em outros países latino-americanos[161], algo diferente pode ser obser-

---

Conflict. In: HELMKE, Gretchen; RÍOS-FIGUEROA, Julio (Org.). *Courts in Latin America.* New York: Cambridge University Press, 2011. p. 306-331. p. 308.

158 HELMKE, Gretchen; STATON, Jeffrey K. The Puzzling Judicial Politics of Latin America: A Theory of Litigation, Judicial Decisions, and Interbranch Conflict. In: HELMKE, Gretchen; RÍOS-FIGUEROA, Julio (Org.). *Courts in Latin America.* New York: Cambridge University Press, 2011. p. 306-331. p. 308.

159 HELMKE, Gretchen; STATON, Jeffrey K. The Puzzling Judicial Politics of Latin America: A Theory of Litigation, Judicial Decisions, and Interbranch Conflict. In: HELMKE, Gretchen; RÍOS-FIGUEROA, Julio (Org.). *Courts in Latin America.* New York: Cambridge University Press, 2011. p. 306-331. pp. 311-312.

160 HELMKE, Gretchen; STATON, Jeffrey K. The Puzzling Judicial Politics of Latin America: A Theory of Litigation, Judicial Decisions, and Interbranch Conflict. In: HELMKE, Gretchen; RÍOS-FIGUEROA, Julio (Org.). *Courts in Latin America.* New York: Cambridge University Press, 2011. p. 306-331. pp. 308-309.

161 Segundo pequisa empírica realizada por Gretchen Helmke and Jeffrey Staton, as Cortes Constitucionais do Brasil e do Uruguai foram as que menos sofreram ataques por parte dos governos, no período analisado, de 1985 a 2008 (HELMKE, Gretchen; STATON, Jeffrey K. The Puzzling Judicial Politics of Latin America: A Theory of Litigation, Judicial Decisions, and Interbranch Conflict. In: HELMKE, Gretchen; RÍOS-FIGUEROA, Julio (Org.). *Courts in Latin America.* New York: Cambridge University Press, 2011. p. 306-331. p. 310).

vado desde a crise política que se instaurou em 2013. Desde o início da crise, diversas decisões do STF que desagradaram as maiorias políticas foram alvo de descumprimento, direto ou indireto, e geraram reações sancionatórias por parte da classe política contra a Corte.

Além disso, diversas situações apontam que ministros da Corte Constitucional brasileira atuaram estrategicamente, seja para corrigir disfuncionalidades na política e coibir a corrupção, seja para salvaguardar a "velha política". Se o STF, em muitas situações, parece ter adotado uma postura republicana e democrática, observa-se que, em outras, pela conduta individual de seus ministros, se utilizou de práticas de constitucionalismo abusivo, de constitucionalismo de camuflagem e de contraconstitucionalismo. É com base nesse conjunto intrincado de fatores e contextos que se desenvolvem os próximos capítulos, buscando-se verificar a atuação do STF na política e a influência da política no STF.

2

O novo papel do STF na política: causas, riscos e estratégias em perspectiva comparada

Diversos estudos contemporâneos sobre tribunais e controle de constitucionalidade se desenvolvem a partir de teorias constitucionais que consideram os contextos estadunidense e/ou europeu, extraindo conclusões para problemas teóricos ancorados em situações ideais. Contudo, essas teorias constitucionais *standard* costumam ser subcomplexas para investigar problemas de revisão judicial em democracias mais recentes ou mais frágeis. Nesse contexto, é possível observar que não dão respostas satisfatórias para os problemas vivenciados, por exemplo, pela Corte Constitucional brasileira quando atua na política, diante dos riscos de ataques e das estratégias para enfrentar elites políticas.

Este capítulo pretende preencher essa lacuna. Após mostrar os diversos papéis de tribunais constitucionais em diferentes países, em contextos autoritários e democráticos, parte-se para a análise das funções desempenhadas pelas cortes no constitucionalismo latino-americano, onde se encontrarão adversidades democráticas e experiências que lançarão luzes sobre o caso brasileiro. A seguir, sob uma perspectiva comparada, pretende-se investigar o novo papel do STF na política e na democracia, as suas dificuldades e seus desafios. Na sequência, passa-se a analisar a estrutura de oportunidades constitucionais e de incentivos sociopolíticos à judicialização da política, que também são determinantes na conformação desse novo papel desempenhado pela Corte Constitucional brasileira. A seguir, a partir de estudos comparados e pequisas empíricas, investiga-se o comportamento judicial do STF, sobretudo como ele tem atuado (se é que tem atuado) para enfrentar o governo e as elites políticas e coibir as disfuncionalidades no ambiente político.

2.1. CORTES CONSTITUCIONAIS EM REGIMES AUTORITÁRIOS E EM DEMOCRACIAS

Para investigar a atuação de Cortes Constitucionais em questões de interesse governamental ou da classe política, é essencial analisar qual é a relação dos tribunais constitucionais e da revisão judicial com regimes democráticos e regimes autoritários, bem como eles, na prática, se comportam nos contextos desses regimes.

Diversos são os estudos que apontam que cortes constitucionais, na grande maioria das vezes, contribuíram para a consolidação e o desenvolvimento de regimes democráticos. Entretanto, com base nessa premissa, não se pode recair na falácia de que cortes constitucionais são sempre simpatizantes de regimes democráticos ou que sempre atuam em direção à democracia[1], tampouco que regimes autoritários não têm interesse em implementar tribunais constitucionais.

Com efeito, na prática, a maioria dos países com regimes autoritários possuem uma constituição e um tribunal constitucional. Atualmente, por regimes autoritários, deve-se entender não somente aqueles em que há ditaduras, mas também aqueles em que existe um "autoritarismo competitivo", como apontam Steven Levitsky e Lucan Way, ou seja, regimes em que "as instituições democráticas formais são amplamente vistas como o principal meio de obter e exercer autoridade política", e nos quais "os governantes violam

---

1 GINSBURG, Tom. Courts and New Democracies: Recent Works. *Law & Social Inquiry*, v. 37, n. 3, p. 720-742, Summer 2012. p. 739.

essas regras com tanta frequência e de tal forma que o regime não cumpre os padrões mínimos para a democracia".[2]

Hodiernamente, o que caracteriza um regime como autoritário não é a ausência de constitucionalismo ou de um tribunal constitucional, mas a forma como as suas instituições trabalham. Nesse ponto, vale aqui uma questão levantada por Mark Tushnet ao analisar regimes autoritários e regimes híbridos: se o constitucionalismo implica limitações ao governo e os regimes autoritários são aqueles em que o governo é ilimitado, por que esses regimes sempre possuem constituições?[3]

Em primeiro lugar, as constituições podem ser utilizadas instrumentalmente em regimes autoritários para que os seus líderes possam se perpetuar no poder. Como mostram Alberto Simpser e Tom Ginsburg, em regimes autoritários, a constituição serve como uma espécie de manual de operação, para que sejam seguidas as instituições do regime; como *outdoors*, com propagandas do regime; e como vitrines para aqueles que observam o país de fora do regime, a fim de que possam conhecê-lo da forma que os governantes pretendem.[4]

Ao investigar o que motiva líderes de governos autoritários a estabelecer instituições judiciais com diferentes graus de autonomia, Tamir Moustafa e Tom Ginsburg identificam cinco funções primárias dos tribunais em Estados autoritários, concluindo que eles podem ser usados para: a) estabelecer o controle social e o controle de adversários políticos; b) reforçar a existência de um regime com legitimidade "jurídica"; c) fortalecer a ideia de cumprimento de normas administrativas dentro do mecanismo burocrático do Estado e resolver problemas de coordenação entre facções dentro do mesmo regime; d) facilitar o

---

2 LEVITSKY, Steven; WAY, Lucan A.. Elections Without Democracy: The Rise of Competitive Authoritarianism. *Journal of Democracy*, Washington, v. 13, n. 2, p. 51-65, April 2002. p. 52.

3 TUSHNET, Mark. Authoritarian Constitutionalism. *Cornell Law Review*, v. 100, n. 2, p. 391-462, jan. 2015. p. 421.

4 GINSBURG, Tom; SIMPSER, Alberto. Introduction. In: GINSBURG, Tom; SIMPSER, Alberto (eds.). *Constitutions in Authoritarian Regimes*. Chicago: Cambridge University Press, 2014. pp. 1-20.

comércio e o investimento; e e) implementar políticas controversas de modo a manter a política distante dos elementos centrais do regime.[5]

A Rússia é um bom exemplo disso. Vladimir Putin (no poder desde 1999) se utilizou da revisão judicial para ajudar a consolidar seu poder. A fim de criar um espaço político unificado, ele autorizou tribunais federais a anular leis regionais inconsistentes com a Constituição. Essa autorização, em uma análise superficial, poderia ser entendida como sendo apenas uma disposição neutra acerca do federalismo, de modo que, a uma primeira vista, seria consistente com outros Estados que adotam sistemas federalistas, como EUA e Brasil. Todavia, na Rússia, essa disposição foi utilizada por Putin para concentrar cada vez mais poder. A esse respeito, Ozan Varol aponta que, no discurso de Putin, a nova autoridade judicial federal, para derrubar as leis regionais, apenas enfatizava o "compromisso da Rússia com a legalidade e o Estado". Ozan Varol aponta que os tribunais federais russos desempenharam o seu novo poder com zelo e derrubaram milhares de leis regionais, o que permitiu que Putin centralizasse e consolidasse seu poder, bem como reduzisse os controles verticais por governos regionais.[6]

A concentração de poder não é a única "utilidade" de cortes constitucionais para regimes autoritários. Em tais regimes, os tribunais constitucionais também podem servir como instrumentos para que governos atraiam investimentos estrangeiros.[7] Com efeito, os investidores precisam da segurança proporcionada por um órgão estatal imparcial que lhes

---

5 GINSBURG, Tom; MOUSTAFA, Tamir. Introduction: The Functions of Courts in Authoritarian Politics. In: GINSBURG, Tom; MOUSTAFA, Tamir (eds.). *Rule by Law:* The Politics of Courts in Authoritarian Regimes. Cambridge University Press, 2008.

6 VAROL, Ozan O. Stealth Authoritarianism. *Iowa Law Review*, University of Iowa College of Law, Iowa City, v. 100, n. 4, p. 1673-1742, May 2015. p. 1689.

7 Aliás, diversas instituições financeiras internacionais e os governos de diversos países, através de financiamentos e doações, ajudaram, direta ou indiretamente, a promover reformas judiciais e a fortalecer o Estado de Direito. Sobre o tema, vide: SANTISO, Carlos. Economic Reform and Judicial Governance in Brazil: Balancing Independence with Accountability. In: GLOPPEN, Siri; GARGARELLA, Roberto; SKAAR, Elin (Org.). *Demo-*

garanta algum sucesso em eventuais demandas contra o Estado, ou, no mínimo, que o seu capital ou a empresa em que investem não sejam confiscados pelo Estado. Esses tribunais, em geral, protegem o direito ao livre mercado e o direito à propriedade, que são essenciais para que haja investimentos externos.[8] No entanto, como aponta Mark Tushnet, em regimes autoritários, os governantes podem até querer assumir compromissos credíveis, mas não conseguem passar tanta credibilidade, precisamente porque podem alterar a constituição sempre que quiserem, e os públicos-alvo sabem que eles podem fazê-lo.[9]

Além disso, cortes constitucionais também são utilizadas em regimes autoritários para que sejam reduzidas as pressões de organismos internacionais relacionadas a direitos humanos.[10]

Em regimes autoritários, os tribunais constitucionais terão certa independência para decidir sobre as mais diversas questões, inclusive para que haja um "verniz" de independência judicial, de separação de poderes, de proteção a direitos e de democracia, como aponta Ozan Varol. Contudo, nesses regimes, dificilmente os tribunais constitucionais tomarão decisões que contrariem direitos estruturais ou que afetem diretamente o regime.[11]

Ademais, um regime autoritário pode se utilizar do tribunal constitucional para fazer prevalecer as suas preferências, transferindo para este a responsabilidade em relação a decisões polêmicas, que afetam deter-

---

cratization and the Judiciary: The Accountability Function of Courts in New Democracies. London: Routledge, 2005. p. 117-143. p. 117.

8 VAROL, Ozan O. Stealth Authoritarianism. *Iowa Law Review*, University of Iowa College of Law, Iowa City, v. 100, n. 4, p. 1673-1742, May 2015. p. 1692.

9 TUSHNET, Mark. Authoritarian Constitutionalism. *Cornell Law Review*, v. 100, n. 2, p. 391-462, jan. 2015. p. 422-423.

10 VAROL, Ozan O. Stealth Authoritarianism. *Iowa Law Review*, University of Iowa College of Law, Iowa City, v. 100, n. 4, p. 1673-1742, May 2015. p. 1692.

11 VAROL, Ozan O. Stealth Authoritarianism. *Iowa Law Review*, University of Iowa College of Law, Iowa City, v. 100, n. 4, p. 1673-1742, May 2015. pp. 1691-1692.

minadas elites ou que atingem atores internacionais, reduzindo os custos políticos e mitigando o desgaste da sua imagem no plano internacional.[12]

Os líderes autoritários, para maquiar seus regimes com legitimidade e legalidade, costumam utilizar uma retórica de Estado de Direito, democracia e constitucionalismo para implementar reformas que chamam de democráticas, mas que, em verdade, contêm medidas antidemocráticas ou de restrições democráticas.[13]

Assim, não se pode afirmar que cortes constitucionais são inerentes a regimes democráticos, nem que buscam sempre implementar valores democráticos. Também não seria possível estabelecer uma relação de necessariedade entre democracia e crescimento da revisão judicial.[14] Países marcadamente autoritários também tiveram aumento do poder de revisão judicial, como se demonstrou anteriormente.

De outro lado, é possível observar um aumento do poder de revisão judicial à medida que a "terceira onda" de democracia[15] avançou pelo mundo, tanto nas democracias estabelecidas, quando nas novas democracias. Nesse tocante, há diversos estudos empíricos que relacionam a atuação ativa de cortes constitucionais a transições democráticas e ao desenvolvimento de democracias. Aliás, há evidências de que existe uma relação muito forte entre transição democrática, Estado de Direito, crescimento econômico, aumento de investimento estrangeiro e qualidade da governança.[16]

---

12 VAROL, Ozan O. Stealth Authoritarianism. *Iowa Law Review*, University of Iowa College of Law, Iowa City, v. 100, n. 4, p. 1673-1742, May 2015. pp. 1692-1693.

13 VAROL, Ozan O. Stealth Authoritarianism. *Iowa Law Review*, University of Iowa College of Law, Iowa City, v. 100, n. 4, p. 1673-1742, May 2015. p. 1715-1717.

14 GINSBURG, Tom. *Judicial Review in New Democracies*. New York: Cambridge University Press, 2003. p. 6.

15 HUNTINGTON, Samuel P. *A Terceira Onda*. São Paulo: Ática, 1994.

16 SANTISO, Carlos. Economic Reform and Judicial Governance in Brazil: Balancing Independence with Accountability. In: GLOPPEN, Siri; GARGARELLA, Roberto; SKAAR, Elin (Org.). *Democratization and the Judiciary:*

Além disso, têm perdido espaço os estudos que tratam da não intervenção judicial e da ideia de soberania do parlamento como necessárias para a democracia.[17] Mesmo em países como o Reino Unido, é possível notar a expansão da revisão judicial.[18] Aliás, a própria ideia de soberania parlamentar como inerente à democracia parece ter sido datada e teve seu contexto, em que havia maior desconfiança em relação aos juízes. Noutros contextos, em que a desconfiança está mais ligada ao Poder Executivo e, muitas vezes, ao próprio Legislativo, a revisão judicial ganha mais espaço.

Num presidencialismo de coalizão, como é o caso do Brasil e de outros países da América Latina, onde as bases governistas são formadas no Congresso Nacional em razão de concessão de cargos de chefia em Ministérios, autarquias e empresas estatais, é comum que exista maior desconfiança em relação aos Poderes eleitos. Em diversos sistemas em que há um presidencialismo de coalização, a revisão judicial tem se mostrado necessária exatamente para coibir a concentração de poder no Presidente em detrimento do Parlamento, ou para preservar a aplicação das próprias regras democráticas. Em democracias menos maduras e com mais problemas de corrupção política e/ou concentração de poder, diversos autores defendem uma maior atuação do Judiciário, para corrigir essas disfuncionalidades democráticas, como adiante se demonstrará.

Em contextos de democracias frágeis, é possível observar que as elites políticas comumente buscam alterar regras constitucionais e infraconstitucionais para, por exemplo, reduzir a competição política, corroer os direitos individuais,[19] aumentar o aporte de

---

The Accountability Function of Courts in New Democracies. London: Routledge, 2005. p. 117-143. p. 117.

17 GINSBURG, Tom. *Judicial Review in New Democracies*. New York: Cambridge University Press, 2003. p. 2.

18 GINSBURG, Tom. *Judicial Review in New Democracies*. New York: Cambridge University Press, 2003. p. 4.

19 PARTLETT, William. Courts and Constitution-Making. *Wake Forest Law Review*, Wake Forest University School of Law, Winston-Salem, CN, v. 50,

recursos estatais para fundos partidários e aprovar medidas de interesse de grupos econômicos que financiam campanhas eleitorais. Em tais situações, fica difícil não concordar que o Judiciário deva ter uma postura mais ativa nas questões de natureza política, sobretudo para corrigir as disfunções na democracia.

Aliás, a experiência de direito constitucional comparado mostra que a constituição não é sempre um momento para deliberação e reflexão democrática. Em diversos países, a elaboração da constituição e as emendas constitucionais são marcadas pelas manipulações das elites para se consolidarem no poder, implementarem benefícios próprios e, inclusive, prejudicarem direitos fundamentais.[20]

Em estudo comparado, Willian Partlett mostra que, em alguns países como Índia, Colômbia e África do Sul, os tribunais atuam de forma independente e como "grandes supervisores do exercício do poder político". Segundo ele, "isto sugere que os tribunais podem desempenhar um papel democraticamente legítimo no projeto constitucional".[21] Contudo, também é preciso ter certo cuidado com a sobrevalorização da atuação de algumas cortes constitucionais em estudos comparados. É comum que, para defender determinada tese, pesquisadores exaltem alguns aspectos, fazendo um corte epistemológico, de modo que outras variáveis relevantes sejam negligenciadas.[22]

Nesse aspecto, o próprio Partlett afirma que existe certo otimismo em relação à possibilidade de tribunais melhorarem a constituição, mas, dentro de uma análise comparativa mais ampla da experiência das

---

p. 921-949, 2015. pp. 922-923.

20 PARTLETT, William. Courts and Constitution-Making. *Wake Forest Law Review*, Wake Forest University School of Law, Winston-Salem, CN, v. 50, p. 921-949, 2015. p. 926.

21 PARTLETT, William. Courts and Constitution-Making. *Wake Forest Law Review*, Wake Forest University School of Law, Winston-Salem, CN, v. 50, p. 921-949, 2015. p. 930.

22 Nesse tocante, parece que são selecionados alguns julgamentos das cortes constitucionais desses países, a fim de se defender a tese de que existe um constitucionalismo do Sul, no qual pode se admitir uma maior intervenção judicial para corrigir distorções democráticas.

cortes constitucionais, observa-se que esses três tribunais (da Índia, da Colômbia e da África do Sul) são a exceção, pois, em diversas outras democracias menos desenvolvidas e "países do Sul",[23] o que mais chama a atenção são problemas familiares de impotência e exploração judicial. Partlett afirma, em primeiro lugar, que a experiência comparativa mostra que os tribunais "são frequentemente ignorados em suas tentativas de regular os processos constitucionais"; em segundo, que "um controle de constitucionalidade robusto pode tornar-se uma ferramenta poderosa para novas elites"; e, em terceiro lugar, que os "tribunais podem se tornar instituições guardiãs que ajudam a proteger uma elite particular das maiorias eleitorais concertadas".[24] Como exemplos de impotência e exploração judicial, podem ser citados os casos das Cortes Constitucionais da Rússia e da Venezuela.

A experiência do Tribunal Constitucional russo na década de 1990 é emblemática para mostrar a fraqueza judicial diante do Parlamento e do Governo. Como aponta Partlett, em 1992 e 1993, o Tribunal Constitucional russo, em alguns casos sensíveis, assumiu um papel mais ativo na tentativa de fazer cumprir as regras constitucionais democráticas. Num dos casos, esse Tribunal derrubou um decreto presidencial que buscava unir a polícia interna e a KGB

---

23 Alguns autores, como Daniel Bonilla Maldonado, que preconizam a existência de um Constitucionalismo do Sul, com uma nova gramática constitucional. Nesse tocante, tem sido dado como exemplo a atuação de três cortes constitucionais, em três diferentes continentes, quais sejam, as Cortes Constitucionais da Colômbia, da África do Sul e da Índia (MALDONADO, Daniel Bonilla. Introduction: Toward a Constitutionalism of the Global South. In: MALDONADO, Daniel Bonilla (ed.). *Constitutionalism of the global South:* the activist tribunals of India, South Africa, and Colombia. New York: Cambridge University Press, 2013. p. 1-37. pp. 21-22). O autor utiliza como exemplo esses três países que, em casos selecionados, tiveram um papel importante no estabelecimento da democracia ou no combate no autoritarismo, o que, segundo ele, indica que a atuação da Corte Constitucional pode, em alguns casos, melhorar as condições democráticas da instituição desses países.

24 PARTLETT, William. Courts and Constitution-Making. *Wake Forest Law Review*, Wake Forest University School of Law, Winston-Salem, CN, v. 50, p. 921-949, 2015. p. 934.

(serviço secreto soviético) em nítida violação à separação de poderes. O Tribunal Constitucional russo limitou o poder presidencial, bem como derrubou extensões inconstitucionais de poder concedidas pelo Parlamento russo. Assim, ao longo do tempo, o Tribunal entrou cada vez mais em choque com o poder presidencial, sendo que o ponto culminante foi essa Corte ter derrubado um decreto do presidente russo que dissolvia a legislatura. Na sequência, como represália, o presidente Boris Yeltsin dissolveu o Tribunal Constitucional e, unilateralmente, impôs uma nova Constituição. Dois anos depois, o Tribunal Constitucional russo foi reaberto, mas com juízes muito mais flexíveis. Portanto, apesar das boas intenções e da tentativa de o Tribunal Constitucional russo fazer o controle dos atos do presidente, no melhor sentido do sistema de freios e contrapesos, ele não conseguiu melhorar as condições democráticas na Rússia governada por Yeltsin.[25]

O fracasso dos tribunais constitucionais em tentativas de melhorar as condições democráticas também pode ser observado em diversos países, como o emblemático caso venezuelano, com problemas que se renovam e se arrastam ao longo do tempo.[26] Na Venezuela, o Presidente Nicolás Maduro, depois de uma crise institucional ocorrida em 2017, passou a não mais reconhecer os membros do *Tribunal Supremo de Justicia*, os quais buscaram exílio em outros países – esses juízes exilados passaram a integrar o que autodenominam de *Tribunal Supremo de Justicia de Venezuela en el exilio*.[27] Em seu lugar, Maduro nomeou juízes que apoiavam o seu governo. Ocorre que esse Tribunal Constitucional foi subserviente

---

25 PARTLETT, William. Courts and Constitution-Making. *Wake Forest Law Review*, Wake Forest University School of Law, Winston-Salem, CN, v. 50, p. 921-949, 2015. p. 935.

26 PARTLETT, William. Courts and Constitution-Making. *Wake Forest Law Review*, Wake Forest University School of Law, Winston-Salem, CN, v. 50, p. 921-949, 2015. p. 936.

27 Os juízes do *Tribunal Supremo de Justicia de Venezuela en el exilio* se encontram exilados na Colômbia, no Chile, nos Estados Unidos e no Panamá e se encontram virtualmente uma vez por semana, pela rede mundial de computadores.

ao regime de Maduro, dando respaldo aos seus diversos atos antidemocráticos e de abuso do poder presidencial. A título de exemplo, em 31-5-2017, o *Tribunal Supremo de Justicia* em exercício declarou legítima a possibilidade de Maduro convocar uma nova Assembleia Nacional Constituinte sem referendo[28], composta apenas com apoiadores do seu governo[29]– posteriormente, cedendo a pressões populares, da oposição e de organismos internacionais, a Constituição elaborada por essa Assembleia Constituinte foi submetida a referendo popular e, no escrutínio dos cidadãos, não foi aprovada[30]. A Secretaria-Geral da Organização dos Estados Americanos (OEA), em 21-8-2018, reconheceu como ilegítimo o Tribunal Supremo de Justiça em exercício na Venezuela[31].

Esses exemplos mostram que o Judiciário se revela um poder mais fraco, dependente de capital político e de outras instituições para impor as suas decisões. Caso os tribunais tentem atuar de forma completamente independente e sem considerar as forças externas que circundam os seus julgamentos, aumentam as chances de que as suas decisões não sejam cumpridas, que elas sejam "contornadas" ou, em situações extremas, que a composição do próprio tribunal seja dissolvida.[32]

---

28 PRESSE, France. Tribunal Supremo venezuelano valida convocação de Constituinte sem referendo. *G1*, 31-5-2017. Disponível em: <https://g1.globo.com/mundo/noticia/tribunal-supremo-venezuelano-valida-convocacao-de-constituinte-sem-referendo.ghtml>. Acesso em: 5-10-2018.

29 PRESSE, France. Parlamento venezuelano respalda sentença de tribunal no exílio contra Maduro. *G1*, 22-8-2018. Disponível em: <https://g1.globo.com/mundo/noticia/2018/08/22/parlamento-venezuelano-respalda-sentenca-de-tribunal-no-exilio-contra-maduro.ghtml>. Acesso em: 5-10-2018.

30 Por 50,7% a 49,2%, as urnas disseram não à reforma constitucional de Hugo Chaves na Venezuela (PEREGIL, F. Venezuela dice "no" a la Constitución de Chávez. *El país*, 3-12-2017. Disponível em: <https://elpais.com/internacional/2007/12/03/actualidad/1196636401_850215.html>. Acesso em: 5-10-2018).

31 PRESSE, France. Parlamento venezuelano respalda sentença de tribunal no exílio contra Maduro. *G1*, 22-8-2018. Disponível em: <https://g1.globo.com/mundo/noticia/2018/08/22/parlamento-venezuelano-respalda-sentenca-de-tribunal-no-exilio-contra-maduro.ghtml>. Acesso em: 5-10-2018.

32 PARTLETT, William. Courts and Constitution-Making. *Wake Forest Law Review*, Wake Forest University School of Law, Winston-Salem, CN, v. 50,

Mas a fraqueza judicial evidenciada ao tentar impor as suas decisões não é o único problema que enfrentam as cortes constitucionais. O cenário também é preocupante quando os tribunais constitucionais são capturados por elites políticas[33] e usados para fazer valer determinados interesses, como a concessão de vantagens a determinados atores políticos ou a redução do poder dos partidos de oposição. Esse risco de captura aumenta nas situações em que existe renovação mais acentuada dos membros da Corte Constitucional (quando foram nomeados e aprovados pelo chefe do Executivo e pela legislatura do momento), diante da necessidade de assumirem certos compromissos, ou, ainda, quando existe risco de a Corte Constitucional perder poder, situação em que há maior possibilidade de que esta ceda em casos específicos para manter as suas competências. Assim, a fraqueza judicial é mais alarmante quando cortes constitucionais são capturadas pelas elites políticas e utilizadas em detrimento da própria democracia.

Assim, considerando as democracias mais recentes, é possível observar que, em certas situações, alguns tribunais constitucionais como os da Índia, da Colômbia e da África do Sul tiveram êxito em enfrentar elites políticas e conseguiram melhorar eficazmente as condições democráticas,[34] mas essa não é a realidade da maioria das cortes constitucionais dos chamados "países do Sul".

A partir disso, surgem diversas outras questões que precisam ser respondidas: Quão eficazes são as soluções de *design* institucional para permitir que os tribunais constitucionais exerçam eficazmente o seu papel? Se e como a opinião pública pode auxiliar tribunais bem-intencionados contra poderosos atores políticos? Quais são os custos políticos assumidos pelos tribunais constitucionais na

---

p. 921-949, 2015. p. 935.

33 PARTLETT, William. Courts and Constitution-Making. *Wake Forest Law Review*, Wake Forest University School of Law, Winston-Salem, CN, v. 50, p. 921-949, 2015. p. 937.

34 MALDONADO, Daniel Bonilla. Introduction: Toward a Constitutionalism of the Global South. In: MALDONADO, Daniel Bonilla (ed.). *Constitutionalism of the global South:* the activist tribunals of India, South Africa, and Colombia. New York: Cambridge University Press, 2013. p. 1-37. pp. 21-22.

revisão judicial e na limitação dos poderes do Presidente? Quão estáveis são os tribunais para atuarem como guardiões da constituição e da democracia ao longo do tempo?[35] Essas são questões que precisam ser investigadas, o que se fará a seguir.

2.2. O NOVO PAPEL DAS CORTES CONSTITUCIONAIS NA AMÉRICA LATINA: DIFICULDADES E DESAFIOS

Fora dos países da América do Norte e da Europa Ocidental, é possível observar que os tribunais constitucionais encontram outros contextos institucionais, com muito mais adversidades, razão pela qual a sua atuação e os seus riscos devem receber também um outro olhar. Em democracias mais jovens com contextos políticos mais instáveis, os tribunais constitucionais se encontram em posições mais arriscadas e são chamados a decidir questões eminentemente políticas, sobretudo quando as instituições competentes estão enfraquecidas ou entrincheiradas. Nessa perspectiva, ocupam um papel mais central do que em democracias mais maduras,[36] ao mesmo tempo em que são maiores os riscos que enfrentam, e mais complexa é a sua atuação.

Desse modo, para analisar a questão da revisão judicial em países da América Latina, não são suficientes proposições altamente abstratas ou que considerem apenas os problemas de contextos institucionais de democracias mais maduras, como a estadunidense.[37] Ao contrário, analisar o papel dos tribunais constitucionais nas democra-

---

35 Diversos desses questionamentos também são feitos por William Partlett (PARTLETT, William. Courts and Constitution-Making. *Wake Forest Law Review*, Wake Forest University School of Law, Winston-Salem, CN, v. 50, p. 921-949, 2015. p. 949).

36 GINSBURG, Tom. Courts and New Democracies: Recent Works. *Law & Social Inquiry*, v. 37, n. 3, p. 720-742, Summer 2012. p. 720.

37 A esse respeito, Ran Hirschl, criticando alguns autores como Mark Tushnet, afirma que, ao se analisar a revisão judicial, não se pode considerar apenas o contexto abstrato ou o contexto institucional dos Estados Unidos. Seria necessário considerar os contextos políticos e judiciais de cada país (HIRSCHL, Ran. Looking Sideways, Looking Backwards, Looking Forwards: Judicial Review vs. Democracy in Comparative Perspective. *University of*

cias latino-americanas exige investigar, também, toda a complexidade em que eles estão inseridos, as suas dificuldades e seus desafios.

Nessa perspectiva, a princípio, é preciso considerar que a concepção clássica de separação de poderes não pode ser colocada como um critério normativo e institucional transcendente e irretorquível, como se qualquer outro desenho institucional não pudesse ser admitido[38] ou fosse algo inconstitucional e antidemocrático. Dentro de uma perspectiva crítica e reflexiva, não se pretende seguir estritamente o modelo clássico de separação de poderes – tampouco se busca propor um novo modelo –, senão utilizá-lo como um parâmetro, a fim de avaliar a dinâmica de como as instituições reais se comportam, como elas se aproximam ou se distanciam desse modelo, quais as consequências disso para o Estado e para a sociedade e quais os rumos institucionais dos diversos países numa perspectiva comparada.

Ao abordar as problemáticas da atuação dos tribunais constitucionais e da expansão da jurisdição constitucional, grande parte dos estudos constitucionais estadunidenses, com foco mais normativo, põe ênfase na chamada "dificuldade contramajoritária"[39], colocando a democracia e o ativismo judicial em tensão. Todavia, nos países latino-americanos, os problemas democráticos são muito maiores e mais complexos do que o da "dificuldade contramajoritária". Aliás, há diversos incentivos para que as decisões de tribunais constitucionais sejam convergentes com a opinião da maioria.[40] Com efeito, decisões

---

Richmond Law Review, Richmond, Virginia, v. 34, n. 2, p. 415-441, 2000. pp. 440-441).

38 RODRIGUEZ, José Rodrigo. *Como decidem as Cortes?*: para uma crítica do direito (brasileiro). Rio de Janeiro: Editora FGV, 2013. pp. 20-21.

39 Trata-se de expressão cunhada e desenvolvida por Alexander Bickel (*The Least Dangerous Branch*. New Haven: Yale University Press, 1986), que norteia grande parte das críticas direcionadas por constitucionalistas à revisão judicial de disposições normativas aprovadas por maiorias parlamentares.

40 MELLO, Patrícia Perrone Campos. Quando julgar se torna um espetáculo: a interação entre o Supremo Tribunal Federal e a opinião pública, a partir de reflexões da literatura estrangeira. *Revista de Direito Internacional*, Brasília, v. 14, n. 1, p. 402-423, 2017. p. 420.

contramajoritárias podem desgastar a imagem da Corte e diminuir o seu capital político, bem como dificultar o cumprimento da decisão judicial. Portanto, em países da América Latina, a dificuldade contramajoritária está longe de ser o principal problema democrático vivenciado pela atuação dos tribunais constitucionais.

Então, para entender o papel dos tribunais constitucionais nas democracias latino-americanas, é imprescindível conhecer os contextos em que atuam, os problemas que enfrentam e os seus desafios.

Do ponto de vista empírico, observa-se que, nos países latino-americanos, a redemocratização foi seguida de um aumento do poder dos tribunais constitucionais e de um avanço das suas decisões sobre questões políticas e de implementação de direitos fundamentais. Com isso, não se pretende negar essa tensão entre democracia e ativismo judicial, ou entre democracia e constitucionalismo, senão colocar um ponto de interrogação na aplicabilidade das teorias que têm na sua base o contexto dos países do Norte ou que pressupõem contextos ideais de democracias mais desenvolvidas e estáveis.[41]

Considerando estudos empíricos em diversos países, não é possível afirmar que cortes constitucionais sempre tiveram um papel ativo na transição democrática ou que sempre atuaram para recrudescer a democracia.[42] Contudo, autores que analisam o papel efetivamente desempenhado pelo Judiciário nas democracias da América Latina sugerem que os tribunais atuaram, predominantemente, na consolidação da transição democrática e em apoio às diversas concepções de democracia.[43] Esses estudos que focam em aspectos empíricos sobre a atuação das cortes constitucionais na consolidação democrá-

---

41 GINSBURG, Tom. Courts and New Democracies: Recent Works. *Law & Social Inquiry*, v. 37, n. 3, p. 720-742, Summer 2012. p. 721.

42 GINSBURG, Tom. Courts and New Democracies: Recent Works. *Law & Social Inquiry*, v. 37, n. 3, p. 720-742, Summer 2012. p. 739.

43 Por exemplo: HELMKE, Gretchen. The Origins of Institutional Crises in Latin America. *American Journal of Political Science*, Washington, v. 54, n. 3, p. 737-750, jul. 2010; RÍOS-FIGUEROA, Julio. Institutions for Constitutional Justice in Latin America. In: HELMKE, Gretchen; RÍOS-FIGUEROA, Julio (Org.). *Courts in Latin America*. New York: Cambridge University Press, 2011. p. 27-54.

tica comumente põem em segundo plano as questões envolvendo a dificuldade contramajoritária e buscam, primariamente, investigar as funções dos tribunais na governança democrática, analisando, sobretudo, como eles complementam instituições políticas.[44]

Assim como ocorreu, de forma geral, em âmbito mundial, o aumento dos papéis das cortes constitucionais em questões políticas também é um fenômeno que pode ser observado nos países latino-americanos. Ao mesmo tempo, as constituições que se sucederam nesses países também aumentaram, em geral, a independência e o poder jurídico dos tribunais constitucionais, sendo possível observar um fortalecimento no plano institucional. Como aponta a pesquisa empírica de Julio Ríos-Figueroa, todos os dezoito países da América Latina, exceto Cuba, vivenciam um aumento da independência e do poder jurídico de seus juízes constitucionais desde 1945.[45]

Nas últimas décadas, os tribunais constitucionais passaram a ocupar um papel central na política latino-americana.[46] Hodiernamente, entram na pauta de julgamento das cortes constitucionais questões como a distribuição de poder entre atores políticos, políticas governamentais e diversos temas relacionados a direitos humanos. Em razão de tudo isso, fica claro que o papel dos tribunais constitucionais na América Latina passou por grande transformação, ainda que sob críticas e represálias em diversos casos.

Essa nova imagem dos tribunais constitucionais dos países latino-americanos, construída sobretudo nas três últimas décadas, sobrepõe-se à antiga percepção de que os tribunais seriam conservadores, fracos, ineficientes, que foram subservientes ou desmontados pelas ditaduras militares, que foram incapazes de tomar decisões

---

44 GINSBURG, Tom. Courts and New Democracies: Recent Works. *Law & Social Inquiry*, v. 37, n. 3, p. 720-742, Summer 2012. p. 735.

45 RÍOS-FIGUEROA, Julio. Institutions for Constitutional Justice in Latin America. In: HELMKE, Gretchen; RÍOS-FIGUEROA (Org.). *Courts in Latin America.* NewYork: Cambridge University Press, 2011. p. 27-54. pp. 28/32-33.

46 HELMKE, Gretchen; RÍOS-FIGUEROA, Julio. Introduction. In: HELMKE, Gretchen; RÍOS-FIGUEROA, Julio (Org.). *Courts in Latin America.* New York: Cambridge University Press, 2011. p. 1-26. p. 1.

contra governos e governantes[47] – ainda que vários problemas persistam ou tenham ganhado novos contornos. As constituições promulgadas no período pós-ditadura na América Latina, na sua maioria, estabeleceram garantias formais de independência, a fim de reduzir a pressão política, bem como previram instrumentos de revisão judicial. O resultado disso foi a ampliação dos papéis das cortes constitucionais em questões políticas.[48]

Entretanto, é preciso reconhecer que, mesmo após a transição de um regime ditatorial para um democrático, o caminho não é sempre progressivo. Crises, instabilidades e retrocessos também são comuns nesse processo. Além disso, empiricamente, observa-se que crises nem sempre trazem ganhos em termos democráticos.[49]

De outro lado, analisando-se a complexidade que cerca a questão, não se pode desenhar uma imagem estanque das cortes constitucionais latino-americanas. Ao mesmo tempo em que não se pode dizer que os tribunais são órgãos inteiramente subservientes, não seria correto afirmar que estejam indenes à classe política. Além disso, a avaliação sobre a atuação de um tribunal constitucional pode mudar ao longo do tempo.

Do ponto de vista empírico, houve e continua havendo uma série de ataques políticos às cortes constitucionais na América Latina[50], para reduzir seus poderes, remover seus juízes ou, de alguma forma, tentar enfraquecê-las, sempre que elas representam entrave

---

47 HELMKE, Gretchen; RÍOS-FIGUEROA, Julio. Introduction. In: HELMKE, Gretchen; RÍOS-FIGUEROA, Julio (Org.). *Courts in Latin America.* New York: Cambridge University Press, 2011. p. 1-26. pp. 1-2.

48 HELMKE, Gretchen; RÍOS-FIGUEROA, Julio. Introduction. In: HELMKE, Gretchen; RÍOS-FIGUEROA, Julio (Org.). *Courts in Latin America.* New York: Cambridge University Press, 2011. p. 1-26. pp. 1-2.

49 STOTZKY, Irwin P. Lessons Learned and the Way Forward. In: GLOPPEN, Siri; GARGARELLA, Roberto; SKAAR, Elin (Org.). *Democratization and the Judiciary:* The Accountability Function of Courts in New Democracies. London: Routledge, 2005. p. 144-146. pp. 145-146.

50 HELMKE, Gretchen. Public Support and Judicial Crises in Latin America. *Journal of Constitutional Law,* v. 13, n. 2, p. 397-411, 2010. pp. 400-401.

ou empecilho para a implementação da agenda governista.[51] Esses ataques continuaram mesmo após o fim do período de ditaduras militares na região.[52]

A esse respeito, Juan Carlos Rodríguez-Raga, em pesquisa realizada na Colômbia, conclui que há evidências empíricas acerca da existência de comportamento estratégico do Tribunal Constitucional colombiano na sua interação com o Poder Executivo. Demonstra que, concretamente, há avaliação pela Corte Constitucional acerca do contexto político em que toma suas decisões, com análise consequencialista sobre possíveis reações adversas do Executivo, bem como aferição dos custos associados a tais reações, o que molda a probabilidade de o Tribunal decidir ou não contra as preferências do governo.[53] Assim, se a decisão judicial tende a desagradar o Executivo ou a classe política, esse é um fator – em maior ou menor grau – sempre relevante no cálculo estratégico que antecede a decisão da Corte Constitucional.

Além disso, há evidências empíricas de que a popularidade do presidente comumente torna mais difícil a revisão judicial,[54] bem como de que os entraves impostos à revisão judicial aumentam na medida em que o presidente possui mais apoio no congresso, comparativamente às situações em que há fragmentação política.[55] No

---

51 HELMKE, Gretchen; RÍOS-FIGUEROA, Julio. Introduction. In: HELMKE, Gretchen; RÍOS-FIGUEROA, Julio (Org.). *Courts in Latin America*. New York: Cambridge University Press, 2011. p. 1-26. pp. 2-3.

52 HELMKE, Gretchen. Public Support and Judicial Crises in Latin America. *Journal of Constitutional Law*, v. 13, n. 2, p. 397-411, 2010. p. 401.

53 RODRÍGUEZ-RAGA, Juan Carlos. Strategic Deference in the Colombian Constitutional Court, 1992–2006. In: HELMKE, Gretchen; RÍOS-FIGUEROA, Julio (Org.). *Courts in Latin America*. New York: Cambridge University Press, 2011. p. 81-98. p. 81.

54 RODRÍGUEZ-RAGA, Juan Carlos. Strategic Deference in the Colombian Constitutional Court, 1992–2006. In: HELMKE, Gretchen; RÍOS-FIGUEROA, Julio (Org.). *Courts in Latin America*. New York: Cambridge University Press, 2011. p. 81-98. p. 95.

55 CHÁVEZ, Rebecca Bill; FEREJOHN, John A.; WEINGAST, Barry R. A Theory of the Politically Independent Judiciary: A Comparative Study of the United States and Argentina. In: HELMKE, Gretchen; RÍOS-FIGUE-

entanto, há outras condicionantes, pois essa fragmentação provavelmente somente levará a um ativismo judicial significativo se também houver dispersão ideológica entre o Presidente e o Congresso, e se o Tribunal estiver posicionado entre esses dois órgãos.[56]

Embora os juízes da Corte Constitucional tenham mais espaço para decidir contra as elites políticas em contextos de poder político fragmentado, isso não quer dizer que eles o farão. Há diversos outros estudos empíricos que mostram que juízes moderadamente conservadores, mesmo nesses contextos, não avançaram para tomar decisões contra o governo.[57]

Portanto, os espaços deixados pelos demais Poderes Constituídos não são os únicos fatores determinantes para a intervenção da Corte Constitucional na agenda política governista ou para a revisão judicial. Os juízes possuem uma concepção subjacente do seu papel no exercício do controle de constitucionalidade. Como a cultura jurídica pode mudar, o próprio papel e a atuação dos tribunais variam no tempo e nos diferentes contextos. Há estudos empíricos que demonstram que diversas cortes constitucionais passaram da cultura baseada no quietismo (*quietism*) para a do ativismo judicial. Isto é, um maior ativismo judicial, a depender dos contextos, pode não estar ligado simplesmente ao fato de que a Corte Constitucional possui mais independência em relação ao governo, senão à mudança da cultura jurídica, referente à predisposição cultural para assumir esse papel.[58]

ROA, Julio (Org.). *Courts in Latin America*. New York: Cambridge University Press, 2011. p. 219-247. p. 220.

56 SÁNCHEZ, Arianna; MAGALONI, Beatriz; MAGAR, Eric. Legalist *versus* Interpretativist: The Supreme Court and the Democratic Transition in Mexico. In: HELMKE, Gretchen; RÍOS-FIGUEROA, Julio (Org.). *Courts in Latin America*. New York: Cambridge University Press, 2011. p. 187-218. p. 188.

57 SCRIBNER, Druscilla. Courts, Power, and Rights in Argentina and Chile. In: HELMKE, Gretchen; RÍOS-FIGUEROA, Julio (Org.). *Courts in Latin America*. New York: Cambridge University Press, 2011. p. 248-277. pp. 268-269.

58 Nesse sentido: HELMKE, Gretchen; RÍOS-FIGUEROA, Julio. Introduction. In: HELMKE, Gretchen; RÍOS-FIGUEROA, Julio (Org.). *Courts in Latin America*. New York: Cambridge University Press, 2011. p. 1-26. p. 17.

Além disso, as instituições também moldam o ambiente em que as cortes constitucionais operam. As regras específicas sobre a composição dos tribunais constitucionais, a forma de indicação dos seus juízes, o tempo do mandato, as suas garantias formais, os mecanismos de sua remoção, as competências das cortes, os instrumentos de provocação, a facilidade (ou não) de acesso, os atores que podem ingressar com a ação para postular direitos, por exemplo, são questões institucionais que podem ser determinantes para a forma de atuação das cortes constitucionais.[59]

Outra questão relevante a ser considerada é que os sistemas presidencialistas adotados pelos países latino-americanos possuem forte tendência de concentração de poder. Na maioria das Constituições latino-americanas, há previsão de edição de decretos pelo presidente, seja decretos executivos (previsão constitucional de o presidente editar decretos sobre determinadas matérias) ou decretos delegados (por delegação do parlamento ao presidente), o que pode servir de instrumento para excluir ou mitigar a participação do parlamento nas políticas do governo.[60] Além disso, nos presidencialismos latino-americanos também existe um histórico de restrições aos demais Poderes Constituídos pelo chefe do Executivo. Desse modo, é comum que o presidente tenha superpoderes e que trabalhe para concentrar ainda mais poder, em detrimento do Poder Legislativo, que resta enfraquecido.[61] Com isso, há sempre um grande potencial

---

59 RÍOS-FIGUEROA, Julio. Institutions for Constitutional Justice in Latin America. In: HELMKE, Gretchen; RÍOS-FIGUEROA, Julio (Org.). *Courts in Latin America*. New York: Cambridge University Press, 2011. p. 27-54. pp. 27-28.

60 SANTISO, Carlos. Economic Reform and Judicial Governance in Brazil: Balancing Independence with Accountability. In: GLOPPEN, Siri; GARGARELLA, Roberto; SKAAR, Elin (Org.). *Democratization and the Judiciary:* The Accountability Function of Courts in New Democracies. London: Routledge, 2005. p. 117-143. p. 121.

61 Há evidências de que Legislaturas na América Latina somente conseguiram restringir ou se contrapor ao abuso do poder presidencial, em situações de extrema concentração de poder, quando houve apoio da sociedade civil. Nesse sentido, por exemplo, Kathryn Hochstetler (Repensando el presi-

para que cortes constitucionais de países latino-americanos entrem em confronto com o governo central, no sentido de limitar o poder do presidente e garantir o equilíbrio entre os poderes.

Isso explica o fato de diversas constituições latino-americanas terem previsto um extenso rol de garantias ao Judiciário e às cortes constitucionais, relacionadas à independência judicial e ao poder jurídico. É claro que as instituições formais não são, por si sós, suficientes para determinar o comportamento judicial,[62] tampouco para proteger os juízes das pressões políticas. No mundo real, as elites políticas e o governo sempre terão instrumentos para constranger juízes a não tomar determinadas decisões que afrontem seus interesses.

Portanto, o estágio atual de estudos sobre o papel das cortes constitucionais na América Latina[63] mostra que, no Brasil, talvez ainda estejam sendo feitas as perguntas erradas. Com efeito, diversas questões permanecem em aberto: Por que tribunais constitucionais buscariam limitar o poder governamental? Se, como e em que medida o *design* institucional da Corte Constitucional pode aumentar as chances de sucesso da revisão judicial no arbitramento de conflitos políticos? Quais são a estrutura de oportunidades consti-

---

dencialismo: desafíos y caídas presidenciales en el Cono Sur. *América Latina Hoy*, Salamanca, v. 49, p. 105-126, Dic. 2008. p. 69).

62 LUTZ, Donald S.. *Principles of Constitutional Design*. Cambridge University Press. New York, 2006. p. 211.

63 O estágio atual de estudos sobre o papel dos tribunais constitucionais latino-americanos na política foi precedido por quatro estágios anteriores, como aponta Matthew Taylor, quais sejam: a primeira onda, focada em reformas judiciais e efeitos dos tribunais sobre o desenvolvimento econômico; a segunda, que colocou ênfase no legado do autoritarismo relacionado à justiça; a terceira, que se dedicou a estudar a contribuição dos tribunais à justiça social; e a quarta onda, focada na política judicial e na judicialização da política. No estágio atual (que se poderia chamar de quinta onda), há diversos pesquisadores da América Latina estudando o papel dos tribunais na formulação de políticas na região (TAYLOR, Matthew M.. *Judging Policy*: Courts and Policy Reform in Democratic Brazil. Redwood City: Stanford University Press, 2014. p. 1).

tucionais e os incentivos sociopolíticos para a revisão judicial de questões políticas? Qual é a importância da cultura jurídica na transformação do papel das cortes constitucionais? Como têm decidido as cortes constitucionais quando as causas envolvem interesses do governo ou de atores políticos relevantes?

2.3. A ATUAÇÃO DO STF NA POLÍTICA: *DESIGN* INSTITUCIONAL, ESTRUTURA DE OPORTUNIDADES CONSTITUCIONAIS E INCENTIVOS SOCIOPOLÍTICOS

Para investigar o novo papel do STF na política, considerando toda a sua complexidade, é preciso ir além do constitucionalismo jurídico – cujos estudos se centram basicamente no texto constitucional e nos tribunais –, pois o problema também precisa ser enfrentado sob o ponto de vista do constitucionalismo político,[64] a fim de se aferir o *design* institucional do STF, a estrutura de oportunidades constitucionais e os incentivos sociopolíticos à judicialização.

O *design* institucional realmente pode gerar mais ou menos incentivos à judicialização ou à tribunalização. Todavia, a natureza dinâmica e intersubjetiva das relações entre os diversos atores e as instituições, a cultura jurídica e o direito constitucional, entre outros fatores, também ocupam papel central nessa análise. Além disso, há vários fatores externos que também são fundamentais, tais como o desenvolvimento e a estabilidade econômica, na medida em que podem reduzir a instabilidade institucional de todos os tipos, incluindo ataques aos tribunais.[65] Portanto, instituições realmente importam, mas não são suficientes para explicar o fenômeno.

No âmbito brasileiro, é preciso investigar quais são as suas causas e por que esse movimento de recrudescimento da revisão

---

64 HIRSCHL, Ran. Politics and the Constitution: The Ties That Bind. *Review of Constitutional Studies*, New York, v. 21, n. 1, p. 3-11, 2016. p. 6.

65 HELMKE, Gretchen. Public Support and Judicial Crises in Latin America. *Journal of Constitutional Law*, v. 13, n. 2, p. 397-411, 2010. p. 405.

judicial pela Corte Constitucional brasileira tem sido crescente. Enfim, quais são os incentivos, no plano formal e comportamental, para que os conflitos políticos cheguem à Corte Constitucional? Quais são os fatores sociopolíticos que podem contribuir para um aumento da revisão judicial de questões políticas?

O *design* institucional da revisão judicial comumente é dado pela Constituição, que determina, por exemplo, a competência do tribunal (tipos de conflitos e de matérias que examina), a natureza e a extensão dos atores que podem provocar a jurisdição constitucional, o grau de controle sobre o próprio processo e os efeitos formais das decisões do tribunal constitucional. A esses elementos que compõem o aspecto formal da estrutura de oportunidades constitucionais, soma-se o comportamento do tribunal em fazer a revisão judicial, a sua disposição para tanto, bem como a real capacidade de obter a efetivação das suas decisões.[66]

Segundo Diana Kapiszewski, é possível sistematizar a estrutura de oportunidades constitucionais dividindo-as em quatro questões centrais: a) como a Constituição distribui o poder entre os atores do governo; b) quais pré-compromissos ideológicos refletem; c) como aloca o poder entre o Estado e a sociedade (em particular, através da concessão de direitos); e d) quais os mecanismos que estabelece para acionar o Judiciário e, especificamente, o tribunal constitucional.[67]

Em primeiro lugar, analisando-se o *design* constitucional da distribuição de poder entre Estado e sociedade (na alocação de direitos sociais e econômicos), observa-se que, quanto maior a amplitude e a imprecisão do texto constitucional e mais internamente contraditórios os direitos incluídos em uma constituição, maior é a

---

66 Em sentido semelhante, Daniel Brinks ("Faithful Servants of the Regime": The Brazilian Constitutional Court's Role under the 1988 Constitution. In: HELMKE, Gretchen; RÍOS-FIGUEROA, Julio (Org.). *Courts in Latin America.* New York: Cambridge University Press, 2011. p. 128-153. p. 132).

67 KAPISZEWSKI, Diana. Power Broker, Policy Maker, or Rights Protector? The Brazilian Supremo Tribunal Federal in Transition. In: HELMKE, Gretchen; RÍOS-FIGUEROA, Julio(Org.). *Courts in Latin America.* New York: Cambridge University Press, 2011. p. 154-186. p. 162.

estrutura de incentivos para a adjudicação de direitos pela Corte Constitucional.[68]

Em segundo lugar, a Constituição brasileira de 1988 previu vários pré-compromissos ideológicos – como o liberalismo e o dirigismo econômico –, uma extensa lista de direitos, numerosos mecanismos de revisão judicial abstrata para acionar o Supremo Tribunal Federal diretamente e vários instrumentos para acessar os demais tribunais e postular a revisão judicial concreta. Além disso, o texto constitucional é bastante vago em algumas partes e bem específico em outras, contendo diversas contradições internas significativas, especialmente em relação aos pré-compromissos econômicos. Como ressalta Diana Kapiszewski, essa estrutura de oportunidades da Constituição Federal brasileira de 1988 convidou a tribunalização dos conflitos sobre "distribuição do poder institucional, governança econômica e direitos", mas, empiricamente, o STF assumiu um papel mais importante nas duas primeiras áreas do que na terceira.[69]

Além disso, quanto mais abrangentes, específicos e internamente inconsistentes os pré-compromissos incorporados a uma Constituição, maior será o seu potencial para servir de base para revisão judicial. No caso brasileiro, a Constituição de 1988 incorporou vários pré-compromissos ideológicos em seu texto, mas muitos deles são contraditórios entre si. Por exemplo, embora tenha consagrado um sistema decididamente democrático, perpetuou certas tendências autoritárias, como através da manutenção das diversas vantagens e prerrogativas aos militares comparativamente aos servidores civis. Ademais, o texto constitucional brasileiro possui contradições em relação a filosofias econômicas, pois, ao mesmo tempo

---

68 KAPISZEWSKI, Diana. Power Broker, Policy Maker, or Rights Protector? The Brazilian Supremo Tribunal Federal in Transition. In: HELMKE, Gretchen; RÍOS-FIGUEROA, Julio (Org.). *Courts in Latin America.* New York: Cambridge University Press, 2011. p. 154-186. pp. 166-167.

69 KAPISZEWSKI, Diana. Power Broker, Policy Maker, or Rights Protector? The Brazilian Supremo Tribunal Federal in Transition. In: HELMKE, Gretchen; RÍOS-FIGUEROA, Julio (Org.). *Courts in Latin America.* New York: Cambridge University Press, 2011. p. 154-186. p. 155.

em que é neoliberal e estabelece a menor participação do Estado na atividade econômica, prevê vários mecanismos de controle estatal sobre a economia.[70]

Essas contradições internas na Constituição brasileira também tiveram reflexos na atuação do STF, pois este deveria incorporar uma reação democrática contra o passado autoritário, fortalecendo o constitucionalismo democrático, mas, nos primeiros anos após a redemocratização, ainda era fortemente influenciado pelo período ditatorial.[71]

No tocante à distribuição de poder institucional (terceiro elemento analisado), diante da especificidade e da imprecisão do texto constitucional, além da turbulência do regime logo após a promulgação da Constituição de 1988, diversos atores políticos buscaram a Corte Constitucional para aumentar seu poder e para testar os limites constitucionais.[72] Dentro desse contexto, a Corte Constitucional brasileira também definiu os contornos do seu próprio poder na nova ordem constitucional.[73]

Em termos de governança econômica, diante das diversas reformas ocorridas na década de 1990 – sobretudo previdenciária, relativas à privatização de empresas e à responsabilidade fiscal –, os partidos de oposição, sindicatos e associações procuraram a Corte

---

70 KAPISZEWSKI, Diana. Power Broker, Policy Maker, or Rights Protector? The Brazilian Supremo Tribunal Federal in Transition. In: HELMKE, Gretchen; RÍOS-FIGUEROA (Org.). *Courts in Latin America.* New York: Cambridge University Press, 2011. p. 154-186. pp. 165-166.

71 BENVINDO, Juliano Zaiden. *On The Limits of Constitutional Adjudication:* Deconstructing Balancing and Judicial Activism. Berlim: Springer, 2010. pp. 92-93.

72 KAPISZEWSKI, Diana. Power Broker, Policy Maker, or Rights Protector? The Brazilian Supremo Tribunal Federal in Transition. In: HELMKE, Gretchen; RÍOS-FIGUEROA, Julio (Org.). *Courts in Latin America.* New York: Cambridge University Press, 2011. p. 154-186. pp. 168-169.

73 KAPISZEWSKI, Diana. Power Broker, Policy Maker, or Rights Protector? The Brazilian Supremo Tribunal Federal in Transition. In: HELMKE, Gretchen; RÍOS-FIGUEROA (Org.). *Courts in Latin America.* New York: Cambridge University Press, 2011. p. 154-186. p. 169.

Constitucional brasileira para as contestar, diante da derrota na arena política, traduzindo reivindicações de natureza ideológica em demandas jurídico-constitucionais.[74] Entretanto, o STF deu aval às políticas governamentais na imensa maioria das ações, sobretudo nas reformas mais significativas.

Analisando-se os mecanismos capazes de ativar a jurisdição do STF, observa-se que a Constituição brasileira previu diversos instrumentos para tal finalidade, bem como uma imensa gama de legitimados.

Com efeito, a Constituição de 1988 ampliou o acesso à Justiça, nos diversos níveis. No tocante à competência originária da Corte Constitucional brasileira, o texto original previu três tipos de ações para provocar o controle concentrado de constitucionalidade, quais sejam, a ação direta de inconstitucionalidade (ADI), a ação direta de inconstitucionalidade por omissão (ADI por omissão) e a ação de descumprimento de preceito fundamental (ADPF). A Constituição de 1988 também ampliou o rol de legitimados para a propositura de tais ações. Ademais, a Emenda Constitucional n. 3/1993 criou a ação declaratória de constitucionalidade (ADC), e a Emenda Constitucional n. 45/2004 ampliou os seus legitimados ativos.

Além de um extenso rol de competências originárias estabelecido no inciso I do artigo 102, a Constituição também previu competência recursal ampla nos incisos II e III do mesmo artigo, com um sistema bastante permissivo de recursos, de modo que se tornou relativamente fácil dar uma roupagem constitucional ao litígio para o levar à Corte Constitucional brasileira.[75]

A diversidade de instrumentos que podem ser utilizados e a divisão das competências – entre plenário, turmas e monocráticas

---

74 KAPISZEWSKI, Diana. Power Broker, Policy Maker, or Rights Protector? The Brazilian Supremo Tribunal Federal in Transition. In: HELMKE, Gretchen; RÍOS-FIGUEROA, Julio (Org.). *Courts in Latin America*. New York: Cambridge University Press, 2011. p. 154-186. pp. 169-170.

75 Também nesse sentido: KAPISZEWSKI, Diana. Power Broker, Policy Maker, or Rights Protector? The Brazilian Supremo Tribunal Federal in Transition. In: HELMKE, Gretchen; RÍOS-FIGUEROA, Julio (Org.). *Courts in Latin America*. New York: Cambridge University Press, 2011. p. 154-186. pp. 167-168.

de ministros – são fatores que incentivam o uso do STF pelos diversos atores. Por exemplo, para se levar uma questão constitucional de natureza penal à Corte, é possível utilizar uma ADI, uma ADC, uma ADPF, uma ação cautelar, uma reclamação constitucional, um mandado de segurança, um recurso extraordinário ou um *habeas corpus*, dentre outros instrumentos.[76]

Além da previsão de diversas ações de controle abstrato de constitucionalidade e do amplo rol de legitimados para as propor, qualquer cidadão pode ajuizar uma demanda individual e fazê-la chegar até o STF pela via recursal.

Assim, o *design* constitucional brasileiro criou uma estrutura de incentivos para os diversos atores da sociedade civil, partidos políticos, órgãos estatais e cidadãos em geral acionarem o Tribunal Constitucional para buscar os seus direitos e para o arbitramento de que disputas políticas. Desse modo, torna-se relativamente fácil acessar o STF, ainda que o tempo de resposta para cada ação ou recurso possa ser muito elevado.

Portanto, o que se observa no Brasil é uma ampla estrutura de oportunidades constitucionais, que convidam à judicialização das diversas questões, inclusive as de natureza política.

Além das oportunidades constitucionais, a estrutura de incentivos sociopolíticos também é um fator que serve para explicar o aumento da utilização da revisão judicial no país.

Segundo Diana Kapiszewski, duas condições relacionadas à estrutura de incentivos sociopolíticos de um tribunal também são importantes para a constitucionalização e o julgamento do conflito,

---

76 O caso do *Habeas Corpus* do ex-presidente Lula e a rediscussão da constitucionalidade da execução da pena após decisão de segunda instância é um bom exemplo disso. Cada peticionante – e, muitas vezes, alguns ministros do STF também, na defesa do seu entendimento – atua como um *player*, conforme o resultado que pretende ser perseguido, dentro e fora do processo. Esse caso, que será melhor explorado no capítulo 3, é um bom exemplo como os diversos instrumentos e procedimentos para acionar a jurisdição constitucional criam incentivos para que as diversas questões ganhem uma roupagem constitucional e cheguem, pelos diversos caminhos e estratégias, ao STF.

quais sejam: a ação ou inação governamental deve ser contrária à constituição; e os litigantes em potencial devem ser habilitados e incentivados a usar os tribunais para contestar as ações do governo, considerando isso algo possível e promissor.[77]

Nesse tocante, observa-se que a Constituição brasileira de 1988 criou uma estrutura de incentivos sociopolíticos para a judicialização dos conflitos. Diante da especificidade e da imprecisão do texto constitucional, há grandes chances de que as políticas do governo – que comumente beneficiam alguma parcela da população, mas desagradam outra – possam estar em conflito com alguma norma constitucional, criando-se incentivos para que os que se sentem prejudicados busquem o Judiciário para obter a revisão da ação ou inação estatal, sob o argumento de violação à Constituição.

Além disso, com a Constituição Federal de 1988 e emendas posteriores, houve o fortalecimento de instituições capazes de controlar atos do governo e postular a revisão judicial. Com efeito, o texto constitucional de 1988 fortaleceu o Ministério Público, concedendo-lhe autonomia financeira e orçamentária, o que possibilitou que seus membros agissem institucionalmente com independência, inclusive na fiscalização de agentes de governo e agentes políticos.[78] Se isso não bastasse, com a Emenda Constitucional n. 45/2004, houve um fortalecimento institucional da Defensoria Pública, instituição com a missão constitucional de defender os necessitados, dando-lhe autonomia administrativa e orçamentária. Com isso, ocorreu a ampliação e a melhor estruturação das Defensorias Públicas estaduais e federal, tornando-se mais fácil à população carente contestar atos políticos, seja de forma individual ou através de ações coletivas.

---

77 KAPISZEWSKI, Diana. Power Broker, Policy Maker, or Rights Protector? The Brazilian Supremo Tribunal Federal in Transition. In: HELMKE, Gretchen; RÍOS-FIGUEROA, Julio (Org.). *Courts in Latin America.* New York: Cambridge University Press, 2011. p. 154-186. p. 155.

78 Também nesse sentido: TAYLOR, Matthew M.. *Judging Policy*: Courts and Policy Reform in Democratic Brazil. Redwood City: Stanford University Press, 2014. p. 28.

Assim, no Brasil, há ao menos duas instituições muito fortes e com independência capaz de contestar ações do governo, o que aumenta a estrutura de incentivos sociopolíticos à judicialização de diversas questões, incluindo as de natureza política. Aliás, há evidências empíricas de que a cooperação de outras instituições com os tribunais constitucionais pode fomentar a revisão judicial, bem como torná-la bem-sucedida.[79]

Observa-se, inclusive, que, diante da ramificação da Justiça de primeira instância, fenômeno observado sobretudo a partir da Constituição de 1988 – que concedeu autonomia financeira e administrativa ao Judiciário –, direitos de natureza constitucional podem ser mais facilmente reivindicados pelos cidadãos brasileiros, que, através de recursos, podem levar a demanda até o STF.

Além disso, alguns instrumentos antigos também ganharam aval constitucional. Por exemplo, com fundamento no descumprimento de alguma norma legal ou da própria moralidade administrativa, qualquer cidadão pode ingressar com uma ação popular para anular ato administrativo (art. 5º, LXXIII, CF), até mesmo se esse ato for praticado pelo Presidente da República[80], perante qualquer juízo de primeira instância. Os diversos órgãos do Ministério Público ou da Defensoria Pública, da União ou dos Estados, associações e entidades de classe, dentre outros legitimados, também podem ingressar com ações civis públicas com a mesma finalidade (art. 129, III, CF; art. 5º, Lei 7.347/1985). Enfim, existe uma estrutura de incentivos sociopolíticos para que os cidadãos, a sociedade civil e determinados

---

79 Como afirma Willian Partlett, uma estratégia-chave para reforçar um papel ativista é a cooperação com outras instituições, ou seja, um tribunal constitucional deve se aliar ativamente com outras instituições e órgãos, a fim de construir apoio popular. Nesse tocante, Partlett ressalta o exemplo da Corte Constitucional Colombiana, que se aliou ao Procurador de Justiça Nacional e ao Procurador-Geral para monitorar a burocracia do Executivo e informações sobre políticas futuras, construindo apoio popular (PARTLETT, William. Courts and Constitution-Making. *Wake Forest Law Review*, Wake Forest University School of Law, Winston-Salem, CN, v. 50, p. 921-949, 2015. p. 947).

80 BRASIL. Supremo Tribunal Federal. Agravo Regimental 6381, Relator Ministro Alexandre de Moraes, Tribunal Pleno, julgado em 11-5-2018, processo eletrônico *DJe*-096, divulg. 16-5-2018, public. 17-5-2018.

órgãos públicos, alegando direitos previstos na Constituição de 1988, ajuízem ações para anular atos administrativos do poder público, inclusive de natureza política, nas diversas esferas do governo.

No entanto, o fato de existir garantias formais de acesso à Justiça não leva, inexoravelmente, à judicialização. Ocorre que o Judiciário também tem sido extremamente permissivo ao admitir a revisão judicial de atos políticos, o que, naturalmente, gera incentivos para que os diversos atores, órgãos públicos e sociedade civil ingressem com ações judiciais. Aliás, a postura permissiva do Judiciário em relação à judicialização de questões de natureza eminentemente política gera a sensação para os atores políticos derrotados de que precisam esgotar, dentro do ambiente institucional, todas as possibilidades de perseguir a sua reivindicação política, a fim de demonstrar aos aliados e aos seus eleitores que defendem a sua posição.[81] Assim, há grandes incentivos para que reivindicações políticas e ideológicas ganhem roupagem constitucional e sejam transformadas em ações judiciais.

A título de exemplo, quando a então Presidenta da República Dilma Rousseff, em 16-3-2016, nomeou o ex-Presidente Lula como Ministro da Casa Civil, foram propostas mais de 110 ações contra tal ato, nas diversas instâncias judiciais, sendo a maioria ações populares ajuizadas na primeira instância, com o fundamento jurídico principal de desvio de finalidade, sob a alegação de que a nomeação teria a única finalidade de gerar foro por prerrogativa de função e retirar o processo contra Lula do julgamento pelo juiz Sergio Moro da primeira instância da Justiça Federal.[82] No dia seguinte à nomeação, mesma data em que ocorreu a posse de Lula (17-3-2018), já havia decisão da Justiça Federal de primeira instância suspendendo

---

81 TAYLOR, Matthew M.. *Judging Policy*: Courts and Policy Reform in Democratic Brazil. Redwood City: Stanford University Press, 2014. pp. 79-80.

82 O GLOBO. Ações contra nomeação de Lula como ministro serão julgadas em Brasília: STJ decidiu que as mais de 110 ações apresentadas em 2016 ainda são pertinentes. 17-6-2017. Disponível em: <https://oglobo.globo.com/brasil/acoes-contra-nomeacao-de-lula-como-ministro-serao-julgadas-em-brasilia-21352678>. Acesso em: 13-4-2018.

tal ato.[83] Além disso, no dia seguinte à nomeação, já haviam sido protocoladas ao menos nove ações no STF para questionar tal ato, incluindo ações de descumprimento de preceito fundamental e mandados de segurança.[84] Em 18-3-2016 (dia seguinte à posse do Presidente Lula como Ministro da Casa Civil, ocorrida às 10h40 do dia 17), o Ministro do STF Gilmar Mendes proferiu decisão em mandado de segurança coletivo, na qual suspendeu a referida nomeação, tendo como principal argumento a ocorrência de desvio de finalidade e violação ao princípio da moralidade administrativa, previsto no art. 37, *caput*, da Constituição Federal.[85]

Observe-se que, na situação apresentada, um ato da então Presidenta da República foi questionado em diversas instâncias judiciais, por vários atores, com utilização das mais variadas ações, sob os fundamentos precípuos de desvio de finalidade e de violação ao princípio constitucional da moralidade administrativa, sendo suspenso por um juiz de primeira instância da Justiça Federal e, no dia seguinte, por um Ministro do STF, monocraticamente.

O caso apresentado demonstra como a previsão constitucional de diversos instrumentos disponíveis para levar ao STF e às demais instâncias judiciais as contendas constitucionais, a imprecisão e a especificidade do texto constitucional, bem como a postura permissiva do Judiciário formam uma estrutura de oportunidades constitucionais e geram incentivos sociopolíticos para a judicialização das diversas contendas, inclusive as que versam sobre questões políticas, dos diversos níveis e esferas de governo.

---

83 ROVER, Tadeu; MARTINES, Fernando. Juiz suspende nomeação de Lula como ministro da Casa Civil. CONJUR. 17-3-2016. Disponível em: <https://www.conjur.com.br/2016-mar-17/juiz-suspende-nomeacao-lula-ministro-casa-civil>. Acesso em: 13-4-2018.

84 ROVER, Tadeu. Pelo menos nove ações no STF contestam nomeação de Lula como ministro. CONJUR. 17-3-2016. Disponível em: <https://www.conjur.com.br/2016-mar-17/cinco-acoes-supremo-contestam-nomeacao-lula>. Acesso em: 13-4-2018.

85 BRASIL. Supremo Tribunal Federal. Mandado de Segurança n. 34070 MC, Relator(a): Min. Gilmar Mendes, Decisão liminar proferida em 18-3-2016, publicada em Processo Eletrônico *DJe*-054, divulg 22-3-2016, public 28-3-2016.

Enfim, a arquitetura constitucional, aliada a uma postura permissiva do STF, formam um campo fértil para a judicialização das disputas políticas, podendo transformar a Suprema Corte brasileira numa verdadeira arena política.

Mas ainda há outro fator que contribui muito para o crescimento da judicialização da política no Brasil: o comportamento do STF. Assim, cabe, a partir de então, analisar qual tem sido o comportamento do Tribunal Constitucional brasileiro frente às situações que envolvem poderosos atores políticos e interesses governistas, o que será fundamental para buscar possíveis respostas acerca da capacidade de a Corte melhorar as condições democráticas do país.

2.4. O COMPORTAMENTO ESTRATÉGICO DO SUPREMO TRIBUNAL FEDERAL NO ARBITRAMENTO DE CONFLITOS POLÍTICOS

As pesquisas sobre comportamento judicial adotam, isolada ou conjuntamente, três modelos de abordagem, quais sejam, o jurídico, o atitudinal e o estratégico. Esses modelos tentam explicar, basicamente, o que motiva ou constrange os juízes a tomar suas decisões. Os juízes que se comportam de acordo com o modelo jurídico tradicional são os que procuram simplesmente seguir o direito (leis em sentido amplo, jurisprudência etc.), de modo que as motivações e as restrições estão basicamente no sistema jurídico. Os julgadores que seguem o modelo atitudinal de comportamento[86] tomam decisões políticas sem maiores restrições e de acordo com as suas preferências políticas ou ideológicas individuais.[87] Os estratégicos, por fim, são os que tomam decisões políticas, mas são limitados por outros ato-

---

86 Este modelo foi mais desenvolvido e ganhou notoriedade pelo trabalho de Jeffrey Segal e Harold Spaeth (SEGAL, Jeffrey A.; SPAETH, Harold J.. *The Supreme Court and the attitudinal model*. New York: Cambridge University Press, 1993).

87 MELLO, Patrícia Perrone Campos. Comportamento ideológico e estratégico no Supremo Tribunal Federal. In: SARMENTO, Daniel (Coord.). *Jurisdição constitucional e política*. Rio de Janeiro: Forense, 2015. p. 273-310. p. 287.

res, como os demais juízes da Corte Constitucional, os outros órgãos políticos e/ou estatais e a opinião pública.[88]

Segundo Helmke e Ríos-Figueroa, o modelo estratégico é o que tem mais influência no estudo sobre a tomadas de decisões pelas cortes constitucionais latino-americanas, comparativamente às demais abordagens.[89]

No caso brasileiro, a abordagem estratégica ganha ainda mais relevância quando se observa que o STF possui competência amplificada, de modo que praticamente qualquer ação pode chegar a ele, seja por meio do controle concentrado, seja pelo controle difuso, através do recurso extraordinário. Considerando a amplitude de competências do Supremo, o extenso rol de legitimados para a revisão judicial e os vários instrumentos para se chegar à Corte brasileira, tem-se uma arquitetura institucional que maximiza as possibilidades e complexifica as estratégias dos diversos atores.

Com base nessas premissas, é importante investigar como o STF tem atuado na efetivação de direitos fundamentais e no arbitramento de conflitos políticos, como exerce o seu poder jurídico, quais interesses privilegia, quais são as suas estratégias e quais os riscos que enfrenta ou busca minimizar.

Daniel Brinks, em estudo comparativo entre cortes constitucionais da América Latina, conclui que o STF resta enfraquecido pela sua falta de controle de entrada (*docket control*), o que acaba por inundar o Tribunal de demandas triviais e repetitivas.[90] Contudo, tal afirmação é, no mínimo, questionável. Em primeiro lugar, porque o extenso rol de competências do Supremo amplifica o seu poder. O

---

88 HELMKE, Gretchen; RÍOS-FIGUEROA, Julio. Introduction. In: HELMKE, Gretchen; RÍOS-FIGUEROA (Org.). *Courts in Latin America.* New York: Cambridge University Press, 2011. p. 1-26. pp. 13-14.

89 HELMKE, Gretchen; RÍOS-FIGUEROA, Julio. Introduction. In: HELMKE, Gretchen; RÍOS-FIGUEROA, Julio (Org.). *Courts in Latin America.* New York: Cambridge University Press, 2011. p. 1-26. p. 14.

90 BRINKS, Daniel M."Faithful Servants of the Regime": The Brazilian Constitutional Court's Role under the 1988 Constitution. In: HELMKE, Gretchen; RÍOS-FIGUEROA, Julio (Org.). *Courts in Latin America.* New York: Cambridge University Press, 2011. p. 128-153. p. 136.

fato de qualquer ação poder chegar ao STF, pela via originária ou recursal, desde que questionada a aplicação de dispositivo constitucional, permite que ele possa ter o controle sobre toda e qualquer demanda que ingressar no Judiciário brasileiro, e decidir sobre ela em última instância. Em segundo lugar, porque, fazendo um controle de entrada, o Supremo pode escolher quais causas ou recursos admitirá para julgamento e quais não admitirá. Em terceiro, porque isso torna possível, ao menos em tese, que a Corte Constitucional brasileira julgue, em última instância, questões que não seriam propriamente constitucionais, mas que envolvem interesses do governo ou de poderosos atores políticos, fazendo que tenha um supercontrole sobre as demais instâncias judiciais. A análise empírica e qualitativa de tais questões será realizada nos próximos capítulos, mas é intuitivo que a amplificação das competências do STF aumenta muito o seu poder, tanto da instituição, quanto de seus ministros individualmente considerados.

Assim como ocorre com as demais constituições latino-americanas, a Constituição brasileira possui uma parte orgânica, que estabelece as diferentes funções, competências e poderes entre os diversos órgãos estatais, e uma parte normativa, que trata dos direitos fundamentais.[91] No entanto, essas previsões formais, embora sejam pressupostos importantes para a atuação das cortes constitucionais, não indicam, por si só, que elas assumirão uma postura mais ativa no arbitramento de conflitos políticos.[92] Será preciso investigar se e em que medida o STF está disposto a arbitrar conflitos e distribuir poder entre órgãos políticos, decidindo contra o governo, partidos ou atores políticos poderosos.[93]

---

91 HELMKE, Gretchen; RÍOS-FIGUEROA, Julio. Introduction. In: HELMKE, Gretchen; RÍOS-FIGUEROA, Julio (Org.). *Courts in Latin America*. New York: Cambridge University Press, 2011. p. 1-26. pp. 7-8.

92 Com efeito, por diversas questões contextuais, é possível que exista previsão constitucional de revisão judicial pela Corte Constitucional, mas não haja, efetivamente, controle sobre a atuação dos Poderes Executivo e Legislativo.

93 Essa métrica também é utilizada por Gretchen Helmke e Julio Ríos-Figueroa (Introduction. In: HELMKE, Gretchen; RÍOS-FIGUEROA, Julio (Org.).

A esse respeito, por exemplo, em pesquisa empírica, Helmke e Ríos-Figueroa observaram que, após 1988, a Corte Constitucional brasileira passou a atuar amplamente no arbitramento de conflitos intergovernamentais, distribuindo poder e fixando competências entre órgãos políticos, nos diversos níveis (federal, estadual e municipal).[94] De outro lado, embora a proteção a direitos fundamentais tenha servido como uma retórica de legitimação do STF, há estudos empíricos realizados na América Latina que apontam que a atuação do Tribunal Constitucional brasileiro ainda é tímida nesta seara, sobretudo em relação aos direitos de segunda e terceira geração.[95]

Aliás, em pesquisa empírica realizada no Brasil, verificou-se que apenas 11% das decisões de procedência em sede de ações diretas de inconstitucionalidade mencionaram como fundamento a proteção de direitos fundamentais. Além disso, constatou-se que 60% desses julgamentos "com base" em direitos fundamentais foram, na verdade, decisões em prol de interesses corporativos.[96] Tais dados demonstram empiricamente que a salvaguarda dos direitos fundamentais não tem sido exatamente o foco do controle concentrado de constitucionalidade realizado pela Corte Constitucional brasileira. Além disso, talvez os direitos fundamentais estejam sendo usados desvirtuadamente como fundamento para defesa de outros interesses. Dessa forma, no sistema constitucional brasileiro, não se pode idolatrar a revisão judicial realizada pelo STF como sendo o grande remédio para a proteção dos direitos fundamentais.

Courts in Latin America. New York: Cambridge University Press, 2011. p. 1-26. pp. 8-9).

94 Além disso, essa mesma pesquisa demonstrou que existe tendência de o Supremo Tribunal Federal arbitrar os conflitos intergovernamentais em favor do Poder Executivo e do governo federal.

95 HELMKE, Gretchen; RÍOS-FIGUEROA, Julio. Introduction. In: HELMKE, Gretchen; RÍOS-FIGUEROA, Julio (Org.). *Courts in Latin America*. New York: Cambridge University Press, 2011. p. 1-26. pp. 12-13.

96 BENVINDO, Juliano Zaiden. A "última palavra", o poder e a história: O Supremo Tribunal Federal e o discurso de supremacia no constitucionalismo brasileiro. *Revista de Informação Legislativa*, Brasília, v. 51, n. 201, jan.-mar. 2014.

No Brasil, os juízes de primeira instância e tribunais inferiores são mais ativos em deferir demandas baseadas no direito à vida, à saúde, à educação, entre outros direitos fundamentais, mas a concessão desses direitos diminui à medida que se passa a analisar a atuação dos tribunais superiores e do STF.[97] Estudos empíricos mostram que (ao menos até 2005, último ano da referida pesquisa) o STF não desempenhou um papel de destaque na proteção de direitos. Além disso, embora vários ministros do STF enfatizem o papel da Corte em relação aos direitos fundamentais de primeira geração (sobretudo no âmbito do direito penal), nenhum deles consegue citar um caso significativo de proteção de direitos socioeconômicos (direitos fundamentais de segunda geração).[98]

De outro lado, como já mencionado, é possível observar que o STF tem sido bem mais atuante no arbitramento de conflitos políticos. Aliás, há estudos empíricos que mostram que o grau de atuação do STF nesta seara raramente encontra paralelo nas cortes constitucionais latino-americanas.[99] Com efeito, diante da vagueza do texto constitucional de 1988, houve incentivos para o STF definir a distribuição de poder entre os diversos órgãos dos governos federal, estadual e municipal, bem como decidir sobre a extensão e os limites do Poder Executivo frente aos demais Poderes Constituídos.[100]

---

97 BRINKS, Daniel M."Faithful Servants of the Regime": The Brazilian Constitutional Court's Role under the 1988 Constitution. In: HELMKE, Gretchen; RÍOS-FIGUEROA, Julio (Org.). *Courts in Latin America.* New York: Cambridge University Press, 2011. p. 128-153. pp. 142-143.

98 KAPISZEWSKI, Diana. Power Broker, Policy Maker, or Rights Protector? The Brazilian Supremo Tribunal Federal in Transition. In: HELMKE, Gretchen; RÍOS-FIGUEROA (Org.). *Courts in Latin America.* New York: Cambridge University Press, 2011. p. 154-186. p. 161.

99 TAYLOR, Matthew M.. *Judging Policy*: Courts and Policy Reform in Democratic Brazil. Redwood City: Stanford University Press, 2014. p. 163.

100 Na presente obra, o foco é o papel das cortes constitucionais, especialmente do STF, na democracia brasileira. No entanto, não se ignora a importância do estudo das demais instâncias judiciais, sobretudo da Justiça Federal, pois as suas decisões possuem impacto significativo na política, na economia e na democracia como bem ressalta Matthew Taylor (*Judging Policy:*

Além disso, o STF reforçou o poder do governo no acionamento da Corte, ao apoiar a ação declaratória de constitucionalidade. Como afirma Diana Kapiszewski, a ADC é um mecanismo que ajuda a acelerar as decisões judiciais definitivas, bem como prevenir ou atenuar a contestação da política federal nos tribunais inferiores.[101]

O STF foi acionado para decidir sobre o arbitramento de disputas horizontais entre órgãos públicos e entre os Poderes Constituídos, bem como disputas verticais, entre diferentes níveis de governo (federal, estadual e municipal). O Tribunal Constitucional brasileiro também distribuiu poder político através do arbitramento de conflitos entre atores políticos.[102] Com efeito, pesquisa empírica demonstrou que, considerando questões politicamente importantes (no período analisado, de 1985 a 2004), em 58% dos casos, o STF distribuiu poder entre diferentes órgãos governamentais ou atores políticos; em 25% deles, participou da governança econômica ao decidir sobre a legalidade e/ou a constitucionalidade (não baseada em direitos) da política econômica; e, em 16% dos casos, julgou os direitos constitucionais, ao decidir se a política nacional (e a política econômica em particular) violava as garantias constitucionais.[103]

De um lado, em termos comparativos, é possível observar que os quantitativos de ajuizamento de ações buscando declaração de inconstitucionalidade no STF e de leis federais invalidadas pela Su-

---

Courts and Policy Reform in Democratic Brazil. Redwood City: Stanford University Press, 2014. p. 3).

101 KAPISZEWSKI, Diana. Power Broker, Policy Maker, or Rights Protector? The Brazilian Supremo Tribunal Federal in Transition. In: HELMKE, Gretchen; RÍOS-FIGUEROA, Julio (Org.). *Courts in Latin America.* New York: Cambridge University Press, 2011. p. 154-186. p. 157.

102 KAPISZEWSKI, Diana. Power Broker, Policy Maker, or Rights Protector? The Brazilian Supremo Tribunal Federal in Transition. In: HELMKE, Gretchen; RÍOS-FIGUEROA, Julio (Org.). *Courts in Latin America.* New York: Cambridge University Press, 2011. p. 154-186. p. 157.

103 KAPISZEWSKI, Diana. Power Broker, Policy Maker, or Rights Protector? The Brazilian Supremo Tribunal Federal in Transition. In: HELMKE, Gretchen; RÍOS-FIGUEROA (Org.). *Courts in Latin America.* New York: Cambridge University Press, 2011. p. 154-186. pp. 156-157.

prema Corte brasileira atingem níveis bem superiores aos dos demais países do continente americano.[104] Entretanto, internamente e em termos absolutos, há evidências de que a atuação da Corte Constitucional brasileira tem sido majoritariamente favorável ao governo. Com efeito, no tocante às suas decisões sobre os conflitos políticos, pesquisas empíricas apontam que a atuação do STF tem sido pró-governo em sua maioria, sobretudo em questões de política econômica. De outro lado, quando as decisões são contrárias ao governo, referem-se, em sua maioria, a decisões favoráveis a interesses corporativistas de servidores públicos.[105]

Outra pesquisa demonstrou que o STF comumente age com cautela, pois não alocou consistentemente poder aos órgãos mais fracos do governo federal ou dos Estados, nem desafiou atores políticos dominantes.[106]

Além disso, considerando questões de política econômica, o Supremo tradicionalmente se abstém de vetar reformas estruturais conduzidas pelo governo federal,[107] embora já tenha proferido decisões que geraram prejuízos de elevada monta ao governo.[108]

Em pesquisa empírica realizada na Corte Constitucional brasileira no período de 1985-2004, relativa a políticas econômicas cruciais,

---

104 TAYLOR, Matthew M.. *Judging Policy*: Courts and Policy Reform in Democratic Brazil. Redwood City: Stanford University Press, 2014. pp. 13-14.

105 BRINKS, Daniel M."Faithful Servants of the Regime": The Brazilian Constitutional Court's Role under the 1988 Constitution. In: HELMKE, Gretchen; RÍOS-FIGUEROA, Julio (Org.). *Courts in Latin America.* New York: Cambridge University Press, 2011. p. 128-153. p. 143.

106 KAPISZEWSKI, Diana. Power Broker, Policy Maker, or Rights Protector? The Brazilian Supremo Tribunal Federal in Transition. In: HELMKE, Gretchen; RÍOS-FIGUEROA, Julio (Org.). *Courts in Latin America*. New York: Cambridge University Press, 2011. p. 154-186. pp. 175-176.

107 BRINKS, Daniel M."Faithful Servants of the Regime": The Brazilian Constitutional Court's Role under the 1988 Constitution. In: HELMKE, Gretchen; RÍOS-FIGUEROA, Julio (Org.). *Courts in Latin America.* New York: Cambridge University Press, 2011. p. 128-153. p. 143.

108 TAYLOR, Matthew M.. *Judging Policy*: Courts and Policy Reform in Democratic Brazil. Redwood City: Stanford University Press, 2014. p. 14.

Diana Kapiszewski concluiu que as suas decisões judiciais equilibram um conjunto discreto de considerações quando decidem casos importantes, tais como a ideologias dos juízes, seus interesses institucionais, as possíveis consequências de suas decisões, a opinião pública, as preferências dos líderes eleitos e as leis. A autora também conclui que, nos diferentes casos, o STF alterna entre desafiar e endossar o exercício do poder do governo.[109]

Além disso, o STF favorece mais o Executivo do que qualquer outro órgão ou instituição. Também favorece mais entes estatais do que não estatais. E é mais ativo em derrubar leis estaduais do que leis federais.[110] No entanto, há diversas pesquisas empíricas que mostram que, embora a Corte Constitucional brasileira geralmente favoreça o governo, não favorece mais um governo do que outro.[111]

Essas pesquisas também mostram que o STF nem apoiou políticas flagrantemente inconsistentes com a Constituição, nem colocou obstáculos intransponíveis às políticas governamentais.[112]

Daniel Brinks também aponta que as decisões dos juízes do STF, em geral, apoiam as políticas públicas do governo federal, de-

---

109 KAPISZEWSKI, Diana. Tactical Balancing: High Court Decision Making on Politically Crucial Cases. *Law & Society Review*, New York, v. 45, n. 2, p. 471-506, 2011. p. 471.

110 BRINKS, Daniel M. "Faithful Servants of the Regime": The Brazilian Constitutional Court's Role under the 1988 Constitution. In: HELMKE, Gretchen; RÍOS-FIGUEROA, Julio (Org.). *Courts in Latin America.* New York: Cambridge University Press, 2011. p. 128-153. p. 145.

111 Nesse sentido: Matthew Taylor. *Judging Policy*: Courts and Policy Reform in Democratic Brazil. Redwood City: Stanford University Press, 2014. p. 86-87. No mesmo sentido: BRINKS, Daniel M. "Faithful Servants of the Regime": The Brazilian Constitutional Court's Role under the 1988 Constitution. In: HELMKE, Gretchen; RÍOS-FIGUEROA, Julio (Org.). *Courts in Latin America.* New York: Cambridge University Press, 2011. p. 128-153. p. 145.

112 KAPISZEWSKI, Diana. Power Broker, Policy Maker, or Rights Protector? The Brazilian Supremo Tribunal Federal in Transition. In: HELMKE, Gretchen; RÍOS-FIGUEROA, Julio (Org.). *Courts in Latin America.* New York: Cambridge University Press, 2011. p. 154-186. pp. 175-176.

safiando-as apenas quando seus próprios interesses estão em jogo ou em defesa de princípios claramente estabelecidos e amplamente aceitos. Segundo o autor, as suas decisões, em geral, são impulsionadas pela preocupação com consequências econômicas e políticas adversas, ou com a integridade do direito. Conforme Brinks, quando as causas não afetam a política do governo, o STF age de forma efetiva para proteger direitos. De outro lado, para ele, revela-se um órgão fraco para vigiar a separação de poderes, pois é mais propenso a apoiar o poder presidencial.[113] Para o autor, a possibilidade de o presidente da República nomear juízes do STF que simpatizem com ele e com a sua agenda os torna tendentes a uma deferência para as prerrogativas presidenciais e para as políticas presidenciais prioritárias, no sentido de que serão favoráveis ao presidente nos conflitos entre órgãos públicos, a menos que a afirmação do poder presidencial possa ameaçar desbalancear o regime.[114]

Segundo pesquisa empírica realizada até 2005 por Daniel Brinks, os ministros da Corte brasileira seriam pouco afetados pela pressão política ou por um favoritismo manifesto.[115] Para o autor, o comportamento do STF seria centrista, cauteloso, que segue o direito e a política convencional e simpatizante do papel do Executivo, mas os ministros da Corte seriam em grande medida isolados das pressões políticas após a sua nomeação para o cargo.[116]

---

113 BRINKS, Daniel M."Faithful Servants of the Regime": The Brazilian Constitutional Court's Role under the 1988 Constitution. In: HELMKE, Gretchen; RÍOS-FIGUEROA (Org.). *Courts in Latin America.* New York: Cambridge University Press, 2011. p. 128-153. pp. 145-146.

114 BRINKS, Daniel M."Faithful Servants of the Regime": The Brazilian Constitutional Court's Role under the 1988 Constitution. In: HELMKE, Gretchen; RÍOS-FIGUEROA (Org.). *Courts in Latin America.* New York: Cambridge University Press, 2011. p. 128-153. p. 147.

115 BRINKS, Daniel M."Faithful Servants of the Regime": The Brazilian Constitutional Court's Role under the 1988 Constitution. In: HELMKE, Gretchen; RÍOS-FIGUEROA (Org.). *Courts in Latin America.* New York: Cambridge University Press, 2011. p. 128-153. p. 145.

116 BRINKS, Daniel M."Faithful Servants of the Regime": The Brazilian Constitutional Court's Role under the 1988 Constitution. In: HELMKE, Gretchen;

Assim, Brinks define o STF como "um tribunal poderoso, um pouco limitado em sua capacidade de promover mudanças, mas com capacidade considerável para proteger regras bem estabelecidas e populares, especialmente se isso apenas requer um veto à ação do governo".[117] De forma semelhante, Diana Kapiszewski, analisando o comportamento da Corte Suprema brasileira, afirma que ela realiza uma espécie de "equilíbrio tático" (*tactical balancing*), com implicações importantes para o Estado de Direito e a estabilidade do regime democrático.[118]

Se fosse possível definir o comportamento judicial do STF numa única palavra quando atua para arbitrar conflitos políticos, essa palavra seria prudência. Ao distribuir poder, o STF costuma ser bastante cauteloso. Comumente, aloca poder em relação ao órgão ou ente mais forte, a não ser que tal medida seja de inconstitucionalidade manifesta.

Todavia, ainda que se possa defender que seja algo contingencial no curto prazo, esse tipo de "prudência" pode gerar consequências extremamente negativas a médio e a longo prazo. Com efeito, esse comportamento pode passar a impressão, para o público em geral e para os futuros litigantes, de que o Tribunal Constitucional brasileiro seria fraco, partidário ou que não teria aptidão para defender direitos. Pode, ainda, ser tão prejudicial a minorias políticas que, quando estas chegarem ao poder, terão grande motivos para reformar de forma significativa a Corte Constitucional.[119]

RÍOS-FIGUEROA, Julio (Org.). *Courts in Latin America*. New York: Cambridge University Press, 2011. p. 128-153. pp. 143-144

117 Tradução livre: BRINKS, Daniel M."Faithful Servants of the Regime": The Brazilian Constitutional Court's Role under the 1988 Constitution. In: HELMKE, Gretchen; RÍOS-FIGUEROA (Org.). *Courts in Latin America*. New York: Cambridge University Press, 2011. p. 128-153. p. 137.

118 KAPISZEWSKI, Diana. Tactical Balancing: High Court Decision Making on Politically Crucial Cases. *Law & Society Review*, New York, v. 45, n. 2, p. 471-506, 2011. p. 471.

119 HELMKE, Gretchen; STATON, Jeffrey K. The Puzzling Judicial Politics of Latin America: A Theory of Litigation, Judicial Decisions, and Interbranch

Embora, durante muito tempo, possa se ter criado uma imagem de um STF neutro e forte[120], é possível observar que, no Brasil, todas essas análises ganharão novos contornos a partir da crise política que se instaurou a partir de 2013, período que será muito revelador acerca da relação entre os membros dos Poderes Constituídos.

Nesse contexto, é preciso perquirir como os ministros da Suprema Corte brasileira agem estrategicamente, na interação com outros atores. Todavia, diante da peculiaridade brasileira de que as decisões do STF são tomadas pela soma de votos e de que há a possibilidade ampla de concessão de medidas liminares pelos relatores de cada processo, cada ministro, individualmente considerado, é um ator estratégico. Nesse sentido, além das questões abordadas anteriormente, também serão agregadas outras variáveis, específicas ano novo contexto brasileiro, de modo que se possa analisar novas complexidades, como a maneira com que os ministros do STF, individualmente, usam estrategicamente do procedimento judicial para estabelecer a sua agenda e para fazer valer as suas decisões individuais.

Com isso, não se pretende dizer que o direito, as instituições e a cultura jurídica não importam. Pelo contrário, eles possuem um papel fundamental na atuação judicial. Entretanto, pretende-se investigar, na presente obra, as situações limítrofes em que a independência, o poder e a autoridade das decisões do STF são concreta ou potencialmente desafiados, quando a própria democracia e as instituições democráticas serão testadas.

Conflict. In: HELMKE, Gretchen; RÍOS-FIGUEROA, Julio (Org.). *Courts in Latin America*. New York: Cambridge University Press, 2011. p. 306-331. p. 325.

120 Para Matthew Taylor, o Judiciário brasileiro foi chamado, em muitas ocasiões, para invalidar decisões tomadas pelo Congresso ou pelo presidente e, em um número razoável de ocasiões, interromperam ou alteraram a implementação da política. Ainda segundo o autor, o cumprimento foi feito nos estritos termos das decisões judiciais, e os governos seguiram de perto essas decisões judiciais, apesar dos custos significativos para suas agendas políticas e seus resultados financeiros (TAYLOR, Matthew M.. Judging Policy: Courts and Policy Reform in Democratic Brazil. Redwood City: Stanford University Press, 2014. p. 14). No entanto, essa percepção talvez deva ser alterada a partir da crise política de 2013.

Considerando-se as decisões do STF nas situações que envolvem questões essenciais da agenda governista e atores políticos relevantes, as interações estratégicas constituem-se em fator que deve merecer maior atenção nas pesquisas sobre a atuação dos ministros da Corte.

De outro lado, não se pode dizer simplesmente que a Corte Constitucional brasileira ou seus ministros tenham sido aliciados pelo governo ou por políticos simplesmente porque decidiram, em dado caso, favoravelmente a eles. Uma afirmação dessas somente seria possível caso se possa concluir que, se não fosse a presença de determinada pessoa no caso ou o peso político de determinado ator político, a decisão teria sido diferente.

Assim, conhecer os objetivos e as motivações dos juízes é fundamental para esse tipo de análise. No entanto, não é possível inferir se o juiz está se comportando estrategicamente apenas observando se decidiu favoravelmente ao governo, a menos que se possa saber que ele teria preferido decidir de outra maneira.[121] Deve-se analisar o comportamento dos juízes, as suas decisões pretéritas para casos semelhantes e as pressões do governo. É a partir dessas premissas que será possível aferir se o juiz constitucional agiu estrategicamente ou sinceramente.

Um conjunto de fatores institucionais, comportamentais e de mudança de cultura constitucional empurraram o STF para o vórtice da política, sobretudo após a crise política que se iniciou em 2013. No entanto, o STF não está indefeso nesse processo, pois possui à sua disposição – legítima ou não legitimamente – uma série de soluções discricionárias e estratégicas para diminuir a pressão política ou pública, como controle do *timing* nos processos; não submissão a julgamento; decisões que afirmam seletivamente não ser o caso de intervenção no mérito administrativo ou na decisão política; fundamentação em critérios exclusivamente técnico-jurídicos para decidir questões políticas. Aliás, essas artimanhas também acontecem em

---

121 HELMKE, Gretchen; RÍOS-FIGUEROA, Julio. Introduction. In: HELMKE, Gretchen; RÍOS-FIGUEROA, Julio (Org.). *Courts in Latin America.* New York: Cambridge University Press, 2011. p. 1-26. pp. 16-17.

tribunais constitucionais da Europa e da América do Norte.[122] Há, contudo, relativamente poucos estudos sobre como o Tribunal Constitucional brasileiro age "internamente", quando a sua decisão potencialmente confronta poderosos atores políticos ou o governo, o que será bastante explorado na presente obra.

Assim, observa-se que, a par das pesquisas realizadas, há diversas questões que ainda ficam em aberto, sobretudo após a crise política que se iniciou em 2013: quais as condições formais e materiais que levaram o STF a ocupar um papel central no arbitramento de conflitos intergovernamentais? Quais foram as condições, incentivos ou pressões que, na prática, o levaram a decidir mais favoravelmente ao Poder Federal e ao Poder Executivo? Como atua dentro do jogo político? Quais as estratégias de que se utiliza? Como se comportam individualmente os ministros do STF no arbitramento de conflitos políticos e de direitos fundamentais, frente aos interesses do governo ou da classe política? Quais os reais interesses que protegem? Como atores políticos se utilizam estrategicamente da revisão judicial? Por que os ministros do STF desafiariam ou chancelariam decisões do governo? Como os atores políticos têm reagido às decisões judiciais que lhes são contrárias? Nos próximos capítulos, serão realizadas diversas análises qualitativas e quantitativas, juntamente com abordagens teóricas, para buscar respostas a essas indagações.

---

122 TAYLOR, Matthew M.. *Judging Policy*: Courts and Policy Reform in Democratic Brazil. Redwood City: Stanford University Press, 2014. pp. 162-163.

3

STF na arena política: o constitucionalismo seletivo e as suas práticas

Para investigar a atuação do STF em questões de natureza ou interesse político e a influência da classe política na Corte Constitucional brasileira, considerando as premissas estabelecidas no capítulo anterior, é imprescindível também fazer pesquisa qualitativa acerca de julgamentos em que a Corte pode ser desafiada. No entanto, ao se realizar esse tipo de pesquisa, há, ao menos, três grandes desafios e cuidados pra se tomar, quais sejam: atentar para o fato de que a atuação do Tribunal deve ser analisada ao longo do tempo (e não somente a partir de um caso isolado); não permitir que teorias e arranjos institucionais formais obscureçam a sua atuação concreta; e, por fim, não deixar que situações excepcionais obscureçam ou sejam tomadas como práticas ordinárias. É preciso considerar que, na imensa maioria das vezes, o Tribunal Constitucional brasileiro, assim como ocorre nas demais instâncias judiciais, julga casos comuns, de acordo com o estabelecido em textos constitucionais e legais ou na jurisprudência. Entretanto, há situações específicas que envolvem autoridades públicas ou poderosos atores políticos em que a independência judicial e a autoridade do Judiciário serão testadas, quando a democracia poderá ser colocada em xeque. E são exatamente essas situações que serão objeto deste capítulo.

Com base nessas premissas metodológicas, neste capítulo, pretende-se, inicialmente, investigar o constitucionalismo abusivo judicial e o constitucionalismo seletivo. Nesse aspecto, interessam, sobretudo, os casos em que os ministros do STF ampliaram os seus próprios poderes individuais, de forma não autorizada pela Constituição. Nesse sentido, busca-se analisar como a Corte Constitucional brasileira tem mudado o seu entendimento conforme a parte que está no processo, o que se denomina de "fulanização" dos julgamentos, analisando-se os seus riscos para o Estado Democrático de Direito, sobretudo quando se considera que o Tribunal Constitucional é o órgão de cúpula do Poder Judiciário e que seus precedentes são seguidos pelas demais instâncias judiciais. Após, com base no que se denomina de contraconstitucionalismo supremo, pretende-se investigar como é a atuação do STF na questão da repercussão geral, na medida em que ele tem suspendido diversos processos das demais instâncias judiciais e os deixado sem julgamento, sobretudo em causas de interesse direto do governo. Busca-se mostrar que a Corte Constitucional brasileira, ao invés de garantir os direitos constitucionais, por diversas vezes, suspende os processos que tramitam nas demais instâncias judiciais, impedindo-as de os julgar. Assim, pretende-se verificar se o STF estaria promovendo, contrariamente à garantia constitucional do acesso à justiça, um estado permanente de *non liquet*. Além disso, é analisado como a Corte brasileira tem se utilizado retoricamente das audiências públicas como mecanismos de legitimação da revisão judicial, sem que, na prática, sejam realizadas ou consideradas, promovendo um constitucionalismo de camuflagem judicial. A seguir, investiga-se o papel do STF na arena política, com o objetivo de descortinar o jogo político encoberto pelo constitucionalismo. Talvez essas tematizações coloquem em xeque a própria função da Corte Constitucional no sistema judicial brasileiro, como se mostrará a seguir.

3.1. CONSTITUCIONALISMO ABUSIVO E SELETIVO

Constitucionalismo abusivo (*abusive constitutionalism*) é a terminologia cunhada por David Landau para designar o uso mecanismos de alteração constitucional capaz de tornar um Estado significativamente menos democrático do que antes. Ao desenvolver essa categoria, o autor foca seus estudos em processos de modificação formal da Constituição, seja por alteração (emenda) ou substituição constitucional.[1]

Na pesquisa desenvolvida neste livro, busca-se investigar a problemática de um constitucionalismo abusivo judicial, ou seja, como a Corte Constitucional brasileira, com a justificativa de proteção da Constituição e de direitos fundamentais, pode atuar pragmaticamente em sentido oposto, prejudicando as condições democráticas, fazendo prevalecer interesses de governo ou de certas elites políticas.

Em primeiro lugar, quando um tribunal constitucional trabalha junto com o regime e usa o constitucionalismo estrategicamente apenas para justificar as suas práticas, esse abuso pragmático não pode ser categorizado como sendo algo democrático. Trata-se de um constitucionalismo abusivo. Aliás, alguns autores dizem que, nessa situação, as interpretações abusivas da Corte nem poderiam ser chamadas de constitucionalismo.[2]

No âmbito do Supremo Tribunal Federal, como adiante se mostrará, há diversas outras situações em que as decisões são tomadas de acordo com os interesses ou as partes do processo, muitas vezes sob a justificativa de que ele, como uma Corte Constitucional, tem de proferir decisões que são inevitavelmente políticas.

Nesse tocante, observa-se que, do ponto de vista da justificação, há sobretudo duas práticas que Juliano Zaiden Benvindo e Rafael Estorilio denominam de *sincronicidade* e o *uso seletivo da subsunção*. A *sincronicidade* é o conjunto de eventos aparentemente independentes, mas que envolvem uma causalidade oculta.[3] O caso do julgamento das medidas cautelares impostas pelo STF ao Senador

---

1 LANDAU, David. Abusive Constitutionalism. *U. C. Davis Law Review*, University of California, Davis, v. 47, p. 189-260, 2014. p. 195.

2 Também nesse sentido: BENVINDO, Juliano Zaiden; ESTORILIO, Rafael. O Supremo Tribunal Federal como agente do constitucionalismo abusivo. *Cadernos Adenauer*, Rio de Janeiro, a. 18, n. 1, p. 173-192, jul. 2017. p. 177.

3 BENVINDO, Juliano Zaiden; ESTORILIO, Rafael. O Supremo Tribunal Federal como agente do constitucionalismo abusivo. *Cadernos Adenauer*, Rio de Janeiro, a. 18, n. 1, p. 173-192, jul. 2017. p. 181.

Aécio Neves – e, depois, afastadas pelo Senado Federal – é um bom exemplo disso.

Em 26-9-2017, a Primeira Turma do STF, no julgamento da ação cautelar proposta pela Procuradoria-Geral da República contra o Senador Aécio Neves, decidiu por aplicar medidas cautelares, inclusive as de "suspensão do exercício das funções parlamentares ou de qualquer outra função pública" e de "recolhimento domiciliar no período noturno".[4] Embora houvesse entendimento pacificado do STF no sentido de que a aplicação dessas medidas ao parlamentar não precisaria de autorização da Casa Legislativa respectiva, o Senado marcou para o dia 3-10-2017 sessão para analisar a situação do Senador. A Presidente do STF, Ministra Cármen Lúcia, pautou imediatamente o julgamento da ADI n. 5526[5] (que discutia abstratamente a ação e já tramitava desde 16-5-2016), de modo que a sessão do Senado foi desmarcada, para aguardar a decisão do Supremo sobre a questão. Então, em 11-10-2017, o STF, ao julgar a referida ADI, por maioria (6 a 5) recuou em seu entendimento anterior, para fixar a tese de que, aplicadas as medidas cautelares que impliquem restrição ao mandato parlamentar, os autos do processo devem ser remetidos, dentro de vinte e quatro horas, à Casa Legislativa respectiva, para que, pelo voto da maioria de seus membros, decida se suspende ou não as medidas judiciais aplicadas ao parla-

---

4 BRASIL. Supremo Tribunal Federal. Ação Cautelar n. 4327. Agravo regimental. Relator: Ministro Marco Aurélio, Relator p/ Acórdão: Ministro Roberto Barroso. Primeira Turma. Julgado em 26-9-2017. *DJe*-247, divulg. 26-10-2017, public. 27-10-2017.

5 A ADI 5526 foi ajuizada em 16-5-2016, na qual os partidos Progressista (PP), Social Cristão (PSC) e Solidariedade postulavam que fosse dada interpretação conforme a Constituição para que a aplicação das medidas cautelares, quando impostas a parlamentares, fossem submetidas, em 24 horas, à deliberação da Casa Legislativa respectiva. Ou seja, pretendiam que fosse aplicada a mesma condicionante estabelecida na Constituição para a hipótese de prisão em flagrante de crime inafiançável. Nesta situação, o art. 53, § 2º, da CF prevê que os autos deverão ser remetidos à Casa legislativa respectiva para que a maioria dos membros delibere sobre a prisão.

mentar.[6] Na sessão marcada para o dia 17-10-2017, o Senado Federal entendeu por afastar as medidas cautelares impostas pelo STF ao Senador Aécio Neves.[7]

Embora se possa, a uma primeira vista, entender que não existe causalidade entre esses eventos, ou que seria fruto do acaso, analisando-se o jogo político que está por trás, observar-se-á uma sincronicidade entre eles, vale dizer, uma sequência de atos inter-relacionados que explica muito bem a relação entre as condutas dos atores políticos do Senado e dos ministros do STF, bem como as decisões posteriores: 1º) após a fixação das medidas cautelares contra o Senador Aécio Neves, os senadores aliados se mobilizaram para derrubar a decisão do STF; 2º) o Senado, então, marcou para o dia 3-10-2017 sessão plenária para debater a questão, sinalizando que poderia se sobrepor à decisão do STF; 3º) a Presidente do STF, Ministra Cármen Lúcia, em razão disso, se apressou para pautar o julgamento da ADI n. 5526[8], que discutia abstratamente a ação e já tramitava desde 16-5-2016; 4º) não obstante, os Senadores queriam que o Senado decidisse se afas-

---

6 Assim, a Corte voltou atrás em relação ao entendimento anterior (firmado quando do julgamento da Ação Cautelar n. 4070, em 5-5-2016, proposta contra o Deputado Federal Eduardo Cunha). (BRASIL. Supremo Tribunal Federal. Ação Cautelar n. 4070. Relator: Ministro Teori Zavascki, Tribunal Pleno, Referendo, julgado em 5-5-2016, acórdão eletrônico *DJe*-225, divulg. 20-10-2016, public. 21-10-2016).

7 AGÊNCIA SENADO. Plenário rejeita medidas cautelares contra Aécio Neves e senador retoma mandato. Senado notícias, 17-10-2017. Disponível em: <https://www12.senado.leg.br/noticias/materias/2017/10/17/senado-devolve-mandato-a-aecio-neves>. Acesso em: 1º-11-2017.

8 Na ADI n. 5526, ajuizada em 16-5-2016, Partidos Progressista (PP), Social Cristão (PSC) e Solidariedade postulavam que fosse dada interpretação conforme a Constituição para que a aplicação das medidas cautelares, quando impostas a parlamentares, fossem submetidas, em 24 horas, à deliberação da Casa Legislativa respectiva. Ou seja, pretendiam que fosse aplicada a mesma condicionante estabelecida na Constituição para a hipótese de prisão em flagrante de crime inafiançável. Nesta situação, o art. 53, § 2º, da CF prevê que os autos deverão ser remetidos à Casa legislativa respectiva para que a maioria dos membros delibere sobre a prisão.

tava as medidas cautelares impostas ao Senador Aécio Neves (derrubando a decisão do STF) mesmo sem esperar pelo julgamento da referida ADI; 5º) em razão disso, foi marcada para o dia 2-10-2017 uma reunião entre a Presidente do STF, Ministra Cármen Lúcia, e o Presidente do Senado, Senador Eunício Oliveira, para resolver "amistosamente" o impasse; 6º) nesta reunião, a Ministra Cármen Lúcia teria se comprometido a pautar o julgamento da ADI n. 5526, que discutia abstratamente a questão, e o Senador Eunício Oliveira a adiar, no Senado, a sessão que analisaria o afastamento ou não das medidas cautelares impostas ao Senador Aécio Neves.[9] Essas concausas, em sincronia, trazem a explicação para o que se sucedeu: a fim de evitar uma afronta direta à autoridade da Suprema Corte, esta manteve as medidas cautelares impostas ao Senador Aécio Neves, mas "autorizou" que o Senado as afastasse sem romper com a separação de poderes. Enfim, o constitucionalismo foi utilizado abusivamente para privilegiar um poderoso político.

Esse e diversos outros casos, se analisados do ponto de vista do jogo político sub-reptício e da relação entre políticos e ministros do STF, apresentarão uma sincronicidade capaz de mostrar o uso abusivo do constitucionalismo.

Outra prática bastante comum é o *uso seletivo da subsunção*. Ou seja, a interpretação sobre idêntica questão de direito muda substancialmente conforme as partes ou os interesses envolvidos. Essa quebra absoluta da isonomia é uma forma maximizada de constitucionalismo abusivo, pois, embora idêntica a situação jurídica, as mesmas regras constitucionais podem ser interpretadas e aplicadas de maneira diferente a depender da parte ou do interesse envolvido.[10]

---

9 CASADO, Letícia; FERNANDES, Talita. Cármen Lúcia se reúne com presidente do Senado para tratar caso Aécio. Brasília, 2-10-2017. Disponível em: <http://www1.folha.uol.com.br/poder/2017/10/1923541-carmen-lucia-se-reune-com-presidente-do-senado-para-tratar-caso-aecio.shtml>. Acesso em: 7-11-2017.

10 BENVINDO, Juliano Zaiden; ESTORILIO, Rafael. O Supremo Tribunal Federal como agente do constitucionalismo abusivo. *Cadernos Adenauer*, Rio de Janeiro, a. 18, n. 1, p. 173-192, jul. 2017. p. 183.

Essa prática poderá ser observada no próximo item, quando se analisarão qualitativamente diversos casos.

Do ponto de vista normativo, isso se assemelha àquilo que Ivo Gico Jr. denomina de hermenêutica das escolhas, no sentido de que o julgador escolherá uma dentre as regras jurídicas possíveis de serem aplicadas.[11] Ocorre que essa escolha poderá ser distorcida, feita não de acordo com a única ou a melhor interpretação possível, mas seletivamente conforme o interesse ou a pessoa envolvida.

Nos casos narrados, ocorre o que denomino de constitucionalismo seletivo, ou seja, o resultado da interpretação constitucional é modificado conforme o interesse ou o ator político envolvido. Os textos constitucionais, a doutrina e a jurisprudência da Corte Constitucional são deixados de lado, cedem ou são argumentativamente distorcidos diante de pressões do governo ou de elites políticas. A interpretação constitucional é realizada não como processo mental destinado a dar uma resposta conclusiva sobre o caso concreto, mas apenas para dar uma roupagem constitucional à decisão tomada por bases não jurídicas. O constitucionalismo seletivo é uma distorção, uma disfucionalidade, que precisa ser denunciada e coibida.

No Brasil, o problema parece ser ainda maior. Se, no plano do direito constitucional comparado seria possível fazer uma ampla crítica em razão do abuso do direito constitucional para se justificar privilégios de determinados atores políticos ou interesses, esse problema se agrava bastante diante da prática do STF, quando se observa que a maioria das suas decisões são tomadas monocraticamente.[12] A imensa concentração de poder nas mãos de cada ministro da

---

11 GICO JÚNIOR, Ivo. Hermenêutica das Escolhas e a Função Legislativa do Judiciário. *Revista de Direito Empresarial*, Belo Horizonte, a. 15, n. 2, p. 55-84, mai.-ago. 2018. p. 33.

12 Estatisticamente, a imensa maioria das decisões do STF (cerca 87,8% do total), são proferidas por um único Ministro do STF (SUPREMO TRIBUNAL FEDERAL. Notícias STF. Ministra Cármen Lúcia faz balanço de atividades do STF e encerra Ano Judiciário 2016. Disponível em: <http://www.stf.jus.br/portal/cms/verNoticiaDetalhe.asp?idConteudo=332571>. Acesso em: 13-8-2018).

Corte, individualmente considerado, torna o constitucionalismo suscetível de abusos ainda maiores.

Como adiante se mostrará, em diversas situações, o direito constitucional tem sido utilizado pelo STF apenas para justificar ou dar aparência de legitimidade a decisões, que, em verdade, são eminentemente políticas. Ou seja, trata-se do abuso do direito constitucional, em que ele é apenas a justificação para uma decisão tomada a partir de outras bases que não jurídicas.[13]

3.2. A "FULANIZAÇÃO" DOS JULGAMENTOS E OS RISCOS PARA O ESTADO DEMOCRÁTICO DE DIREITO: O PROBLEMA DA ATUAÇÃO CIRCUNSTANCIAL DE UMA CORTE CONSTITUCIONAL

Em um Estado Democrático de Direito, pressupõe-se que todos deverão ter tratamento equânime, de modo que privilégios pela condição econômica ou pelo cargo ocupado são inaceitáveis. Contudo, no plano real, diversos atores políticos conseguem obter diferentes vantagens, seja pelo seu poder de influência, pelo jogo estratégico, ou porque podem angariar apoio da sua própria instituição para encurralar a Corte Constitucional.

No Brasil, a complexidade do ambiente político-institucional tem se mostrado tão grande que as teorias constitucionais *standard* dificilmente conseguiriam explicar inteiramente o que tem acontecido desde a crise política de 2013. Entretanto, seja por disfuncionalidade ou por fraqueza, fato é que a Corte Constitucional brasileira tem dado tratamento diverso conforme o momento político, os interesses envolvidos e as autoridades que estão sendo julgadas. Enfim, a questão que se coloca é por que atores políticos em situações idênticas tiveram tratamento completamente diverso.

---

13 BENVINDO, Juliano Zaiden; ESTORILIO, Rafael. O Supremo Tribunal Federal como agente do constitucionalismo abusivo. *Cadernos Adenauer*, Rio de Janeiro, a. 18, n. 1, p. 173-192, jul. 2017. p. 189.

Ocorre, na prática, o que aqui se denomina de "fulanização dos julgamentos", ou seja, em idêntica situação jurídica, os julgamentos do STF têm sido diferentes a depender da parte e do interesse envolvido no processo, de modo que a decisão para "fulano" talvez não seja a mesma para "beltrano", a depender do contexto político, das pressões populares, do ministro relator e de outras variáveis que têm envolvido o intrincado jogo estratégico que passou a se submeter a Corte. Nesse sentido, há diversas críticas pelo fato de que o STF tem atuado circunstancialmente, e não como um tribunal que deve gerar precedentes, oscilando sua jurisprudência a depender dos interesses ou dos políticos envolvidos.

A partir das análises realizadas a seguir, talvez seja possível identificar as principais variáveis que oportunizaram diferentes soluções para casos juridicamente idênticos.

3.2.1. Prerrogativas parlamentares: diferentes parlamentares, diverso tratamento

Inicialmente, buscar-se-á explicar por que o Senador Delcídio do Amaral (PT-MS), o Deputado Federal e Presidente da Câmara dos Deputados Eduardo Cunha (MDB-RJ), o Senador e Presidente do Senado Renan Calheiros (MDB-AL) e o Senador Aécio Neves (PSDB-MG), com idênticas prerrogativas parlamentares, na forma da Constituição, tiveram tratamento completamente distinto pelo Supremo Tribunal Federal.

Em 25-11-2015, o então Ministro do STF Teori Zavascki, relator dos processos da Operação Lava Jato, decretou a prisão preventiva do Senador Delcídio do Amaral (PT-MT), acusado de obstruir as investigações da Operação, a qual seria avalizada no mesmo dia pelo Senado Federal (Casa Legislativa da qual era membro),[14] na forma

---

14 "Por 59 votos a favor, 13 contra e uma abstenção, o Plenário do Senado decidiu na noite desta quarta-feira (25) atender o pedido do Supremo Tribunal Federal (STF) de prisão do senador Delcídio do Amaral (PT-MS)."(SENADO FEDERAL. Senado Notícias. Senado mantém prisão de Delcídio do Amaral. 25-11-2015. Disponível em: <https://www12.senado.leg.br/noticias/materias/2015/11/25/senado-mantem-prisao-de-delcidio-do-amaral>. Acesso em: 12-7-2018)

do art. 53, § 2º, da Constituição Federal.[15] Segundo a decisão do STF, o Senador teria oferecido "mesada" de R$50 mil para que o ex-diretor da Petrobras Nestor Cerveró não fechasse acordo de delação premiada, ou seja, não delatasse os políticos envolvidos no esquema de corrupção.[16] A conversa em que o então Senador fez essa "proposta" pelo silêncio de Cerveró foi gravada pelo filho deste e entregue à Polícia Federal. O áudio foi posteriormente disponibilizado para a imprensa e divulgado pelos diversos meios de comunicação.[17] Mas havia um fato que talvez tenha sido o principal motivo da prisão. Na conversa gravada, o então Senador Delcídio do Amaral tentava passar a impressão de que teria influência no STF, sobretudo em relação a três ministros da Corte.[18] Com isso, se não fosse decretada a prisão de Delcídio, talvez a credibilidade e a autoridade do STF ficassem maculadas. Era a primeira vez desde a redemocratização do país (1985) que um Senador era preso durante o exercício do mandato parlamentar.[19]

---

15 CF: "Art. 53 [...] § 2º Desde a expedição do diploma, os membros do Congresso Nacional não poderão ser presos, salvo em flagrante de crime inafiançável. Nesse caso, os autos serão remetidos dentro de vinte e quatro horas à Casa respectiva, para que, pelo voto da maioria de seus membros, resolva sobre a prisão."

16 FOLHA DE SÃO PAULO. Entenda a prisão do senador Delcídio do Amaral em 11 perguntas e respostas. 26.11.2015. Disponível em: <https://www1.folha.uol.com.br/poder/2015/11/1711360 -entenda-a-prisao-do-senador-delcidio-do-amaral -em-11-perguntas-e-respostas.

17 TELES, Giovana. Áudio revela como Delcídio tentou impedir a investigação da Lava Jato. G1, 25-11-2015. Disponível em: <http://g1.globo.com/jornal-da-globo/noticia/2015/11/audio-revela-como-delcidio-tentou-impedir-investigacao-da-lava-jato.html>. Acesso em: 12-7-2018.

18 LEITÃO, Matheus. ÁUDIO: ouça a gravação que embasou a prisão do senador Delcídio do Amaral. G1, 25-11-2015. Disponível em: <http://g1.globo.com/ politica/blog/matheus-leitao/post/audio-ouca-gravacao-que-embasou-prisao-do-senador-delcidio-do-amaral.html>. Acesso em: 12-7-2018.

19 FOLHA DE SÃO PAULO. Entenda a prisão do senador Delcídio do Amaral em 11 perguntas e respostas. 26-11-2015. Disponível em: <https://www1.folha.uol.com.br/poder/2015/11/1711360 -entenda-a- prisao-do-senador-delcidio-do-amaral-em-11-perguntas-e-respostas.shtml>. Acesso em: 12-7-2018.

Mas não tardaria para que investigações criminais também chegassem a outros políticos. O então Deputado Federal Eduardo Cunha (MDB-RJ), à época Presidente da Câmara dos Deputados, era alvo de denúncias e investigações por corrupção. Em 16-12-2015, a Procuradoria-Geral da República ajuizou a Ação Cautelar n. 4.070. Passados quase seis meses, em 5-5-2016, o STF, por seu órgão pleno, decidiu, por unanimidade, em caráter liminar, suspender o mandato de Eduardo Cunha e afastá-lo tanto da presidência da Câmara dos Deputados como do próprio exercício do mandato parlamentar, pelo fundamento de haver contra ele diversas ações penais em curso e alegações de que estaria obstruindo as investigações.[20]

No entanto, o mesmo tratamento dado a esses parlamentares não foi o que recebeu o Senador Renan Calheiros (MDB-AL).[21]

Na ADPF n. 402, o Partido Rede postulava que o STF determinasse que réus em processos criminais não poderiam ocupar cargos que estivessem na linha sucessória da Presidência da República. Fundamentava que, como o artigo 86, § 1º, inciso I, da Constituição Federal estabelece que, admitida a denúncia contra o Presidente da República, ele fica afastado do cargo, por uma interpretação analógica, réus em processos criminais não poderiam ser substitutos eventuais do Presidente da República.[22] O Ministro Marco Aurélio, do STF, por decisão monocrática, em 5-12-2016, deferiu medida

---

20 BRASIL. Supremo Tribunal Federal. Ação Cautelar n. 4070. Referendo. Relator: Ministro Teori Zavascki. Tribunal Pleno. Julgado em 5-5-2016. Acórdão eletrônico. *DJe*-225, divulg 20-10-2016, public 21-10-2016.

21 Nesse sentido, também a crítica de Argemiro Martins e Menelick de Carvalho Netto (MARTINS, Argemiro; CARVALHO NETTO, Menelick de. O sentido da imparcialidade e o guardião da Constituição. Jota, 19-6-2016. Disponível em: <https://jota.info/artigos /o-sentido-da--imparcialidade-e-o-guardiao-da-constituicao-19072016>. Acesso em: 26-9-2018).

22 BRASIL. Supremo Tribunal Federal. Ação de Descumprimento Fundamental n. 402. Relator: Ministro Marco Aurélio. Acompanhamento processual. Disponível em: <http://www.stf.jus.br/portal/processo/verProcessoAndamento.asp?incidente=4975492>. Acesso em: 20-8-2018.

liminar na ADPF n. 402 para afastar o Senador Renan Calheiros da Presidência do Senado. Em sua fundamentação, o Ministro Marco Aurélio entendeu que, como o Senador Renan Calheiros se tornou réu em ação penal, não poderia ocupar um cargo que o deixasse na linha sucessória da Presidência da República.[23]

Ocorre que, no dia seguinte (6-12-2016), a Mesa Diretora do Senado decidiu que não assinaria o mandado de intimação do Oficial de Justiça, que não cumpriria a referida medida liminar, bem como que iria aguardar a decisão do Pleno do STF.[24] Diante do descumprimento claro e da afronta à autoridade da Corte Constitucional, na mesma data, a Presidente do STF, Ministra Cármen Lúcia, em meio à tensão gerada, afirmou que daria prioridade ao julgamento da medida liminar pelo plenário, caso fosse liberada para pauta pelo relator.[25] Além disso, ela teria se reunido com o então Vice-Presidente do Senado, Senador Jorge Viana (PT-AC), e também conversado com ao menos seis ministros do STF, para tratar do assunto.[26]

---

23 BRASIL. Supremo Tribunal Federal. Ação de Descumprimento Fundamental n. 402. Medida Cautelar. Decisão monocrática. Relator: Ministro Marco Aurélio. Julgado em 5-12-2016. Disponível em: <http://www.stf.jus.br/portal/processo/verProcessoAndamento.asp?incidente=4975492>. Acesso em: 20-8-2018.

24 GARCIA, Gustavo; RAMALHO, Renan. Senado decide descumprir liminar para afastar Renan e aguardar plenário do STF. Brasília: G1, 6-12-2016. Disponível em: <https://g1.globo.com/politica/noticia/renan-senado-decide-nao-cumprir-liminar-e-aguardar-decisao-do-plenario-do-stf.ghtml>. Acesso em: 1º-11-2017.

25 PONTES, Felipe. Cármen Lúcia diz que dará urgência à análise da liminar que afastou Renan. Brasília: EBC Agência Brasil, 6-12-2016. Diponível em: <http://agenciabrasil.ebc.com.br/politica/noticia/2016-12/carmen-lucia-diz-que-dara-urgencia-analise-da-liminar-que-afastou-renan>. Acesso em: 1º-11-2017.

26 RAMALHO, Renan. Cármen Lúcia ouve ministros e marca para esta quarta decisão sobre Renan. Brasília: G1, 6-12-2016. Disponível em: <https://g1.globo.com/politica/noticia/carmen-lucia-ouve-ministros-e-marca-para-esta-quarta-decisao-sobre-renan.ghtml>. Acesso em: 16-11-2017.

Em 7-12-2016, dois dias após o deferimento da medida liminar, o Pleno do STF se reuniu e decidiu referendar "em parte" a medida liminar, estabelecendo que os substitutos eventuais do Presidente da República – estabelecidos no art. 80 da Constituição Federal –, "caso ostentem a posição de réus criminais perante esta Corte Suprema, ficarão unicamente impossibilitados de exercer o ofício de Presidente da República", bem como negou referendo à liminar do Ministro Marco Aurélio "no ponto em que ela estendia a determinação de afastamento imediato desses mesmos substitutos eventuais do Presidente da República em relação aos cargos de chefia e direção por eles titularizados em suas respectivas Casas". Além disso, o Pleno do STF, "por votação majoritária, não referendou a medida liminar na parte em que ordenava o afastamento imediato do senador Renan Calheiros do cargo de Presidente do Senado Federal".[27]

Ocorre que, poucos meses antes, no julgamento da ação contra o Deputado Federal Eduardo Cunha (Ação Cautelar n. 4070), o STF havia fixado o entendimento de que, "especificamente em relação ao cargo de presidente da câmara", que ele ocupava, "concorre para a suspensão a circunstância de figurar o requerido como réu em ação penal por crime comum, com denúncia recebida pelo Supremo Tribunal Federal, o que constitui causa inibitória ao exercício da Presidência da República".[28]

Assim, ficou evidente a falta de isonomia de tratamento, possivelmente pela falta de força da Corte Constitucional brasileira frente a determinados atores políticos. Diante da situação, a Ministra Cármen Lúcia tentou minimizar o problema, dizendo que, "em benefício do Brasil e da Constituição da qual somos guardiões, neste momento impõe-se de forma muito especial a prudência do

---

27 BRASIL. Supremo Tribunal Federal. Ação de Descumprimento Fundamental n. 402. Medida Cautelar. Referendo. Relator: Ministro Marco Aurélio. Julgado em 22-6-2017. *Dje*-140, divulge. 26-06-2017, public. 27-6-2017.

28 BRASIL. Supremo Tribunal Federal. Ação Cautelar n. 4070. Referendo. Relator: Ministro Teori Zavascki. Tribunal Pleno. Julgado em 5-5-2016. Acórdão eletrônico. *DJe*-225, divulg 20-10-2016, public 21-10-2016.

Direito e dos magistrados". E concluiu: "Estamos tentando reiteradamente atuar no máximo de respeito e observância dos pilares da República e da democracia".[29]

No ano seguinte, outro caso seria marcante na diversidade de tratamento dado aos diferentes políticos.

Em 18-5-2017, o Procurador-Geral da República, com base em áudio de conversa entre o Senador Aécio Neves (PSDB-MG) e um grande empresário, no qual aquele estaria solicitando propina a este[30], requereu a prisão do Senador, a qual foi inicialmente indeferida pelo STF[31]. Posteriormente, a Primeira Turma do STF, em 26-9-2017, no julgamento da ação cautelar proposta pela Procuradoria-Geral da República contra o Senador Aécio Neves, decidiu por aplicar as medidas cautelares de "suspensão do exercício das funções parlamentares ou de qualquer outra função pública"; "proibição de contatar qualquer outro investigado ou réu no conjunto dos feitos em tela"; "proibição de se ausentar do País, devendo entregar seus passaportes"; e de "recolhimento domiciliar no período noturno".[32]

---

29 SOUZA, Josias de. No caso Renan, Cármen Lúcia foi mais 'articuladora política' que magistrada. *Uol Notícias*, 8-12-2016. Dinponível em: <https://josiasdesouza.blogosfera.uol.com.br/2016/12/08/no-caso-renan-carmen-lucia-foi-mais-articuladora-politica-que-magistrada/>. Acesso em: 1º-11-2017.

30 G1. Áudio: Aécio e Joesley Batista acertam pagamento de R$ 2 milhões. 19-5-2017. Disponível em: <https://g1.globo.com/politica/noticia/audio-aecio-e-joesley-batista-acertam-pagamento-de-r-2-milhoes.ghtml>. Acesso em: 12-7-2017.

31 EUGÊNIA, Maria; CAVALCANTE, Juliana. PGR pede prisão de Aécio Neves, mas ministro Fachin nega. Metrópoles, 18-5-2017. Disponível em: <https://www.metropoles.com/brasil/politica-br/pgr-pede-prisao-de-aecio-neves-mas-ministro-fachin-nega>. Acesso em: 12-7-2018.

32 BRASIL. Supremo Tribunal Federal. Ação Cautelar n. 4327. Agravo regimental. Relator: Ministro Marco Aurélio, Relator p/ Acórdão: Ministro Roberto Barroso. Primeira Turma. Julgado em 26-9-2017. *DJe*-247, divulg. 26-10-2017, public. 27-10-2017.

Além disso, em 11-10-2017, o STF, ao julgar a referida ADI, por maioria (6 a 5), recuou em seu entendimento anterior[33] e decidiu que, aplicadas as medidas cautelares que impliquem restrição ao mandato parlamentar, os autos do processo devem ser remetidos, dentro de vinte e quatro horas, à Casa Legislativa respectiva, para que, pelo voto da maioria de seus membros, decida se suspende ou não as medidas judiciais aplicadas ao parlamentar.[34]

Assim, estando diante do caso do Senador Aécio Neves, o STF voltou atrás em relação ao entendimento que havia recentemente sido firmado quando do julgamento da Ação Cautelar n. 4070[35] (em 5-5-2016), proposta contra o Deputado Federal Eduardo Cunha, em que a Corte Constitucional o suspendeu do exercício do mandato de deputado federal e, também, da função de presidente da Câmara dos Deputados. Aliás, nessa ADI n. 5526, tanto a Advocacia-Geral do

---

33 Quando da imposição das medidas cautelares e da suspensão do Deputado Eduardo Cunha do seu mandato, havia um forte movimento popular nas ruas pedindo a sua cassação. No momento do julgamento da ADI n. 5526, existe um cenário em que a maioria dos membros da Câmara do Deputados e do Senado está sendo investigada, além do próprio Presidente da República Michel Temer. Além disso, no momento deste julgamento pelo STF, está marcada para menos de uma semana depois sessão do Senado para, na prática, definir se cumpre ou não as medidas cautelares impostas pelo STF. Ou seja, o próprio STF está emparedado, ou seja, uma decisão idêntica à que foi tomada no julgamento da ação cautelar em relação ao deputado Eduardo Cunha poderia significar em seu não cumprimento pelo Senado, o que geraria grave crise institucional. Segundo diversas fontes, isso, aliás, teria sido algo que pesou muito no voto de minerva da Ministra Carmem Lúcia, que, neste julgamento, agora como presidente da Corte, tinha maior responsabilidade de manter a estabilidade da relação institucional entre os poderes, razão pela qual desempatou em favor do parlamento, ou seja, decidiu de forma oposta do que havia feito quando do julgamento da Ação Cautelar n. 4070, há um ano antes.

34 BRASIL. Supremo Tribunal Federal. Ação Direta de Inconstitucionalidade n. 5526, Relator p/ acórdão: Ministro Alexandre de Moraes, julgado em 11-10-2017.

35 BRASIL. Supremo Tribunal Federal. Ação Cautelar n. 4070. Relator: Ministro Teori Zavascki, Tribunal Pleno, Referendo, julgado em 5-5-2016, acórdão eletrônico *DJe*-225, divulg. 20-10-2016, public. 21-10-2016.

Senado Federal[36] como a Advocacia-Geral da União[37], curiosamente, voltaram atrás nos seus pareceres, manifestando-se de forma contrária ao que haviam feito no início do processo, pois antes pugnavam pela constitucionalidade e aplicabilidade aos parlamentares, e, ao final, opinaram pela inaplicabilidade de quaisquer medidas cautelares alternativas à prisão.[38]

Na sessão marcada para o dia 17-10-2017, o Senado Federal entendeu por afastar as medidas cautelares impostas pelo STF ao Senador Aécio Neves.[39]

Esses casos mostram que, mesmo com idênticas prerrogativas parlamentares, previstas constitucionalmente, e diante de situações jurídicas muito semelhantes, os parlamentares federais Delcídio do Amaral, Eduardo Cunha e Aécio Neves tiveram tratamento completamente diverso.

Enfim, nessas decisões do STF, a interpretação do direito constitucional foi diferente conforme o político que estava envolvido.

---

36 BRASIL. Advocacia-Geral do Senado Federal. Manifestação na Ação Direta de Inconstitucionalidade n. 5526. Disponível em: <http://redir.stf.jus.br/estfvisualizadorpub/jsp/consultarprocessoeletronico/ConsultarProcessoEletronico.jsf?seqobjetoincidente=4982736>. Acesso em: 30-7-2018.

37 BRASIL. Supremo Tribunal Federal. Ação Direta de Inconstitucionalidade n. 5526. Acompanhamento processual. Petições eletrônicas. Disponível em: <http://redir.stf.jus.br/estfvisualizadorpub/jsp/consultarprocessoeletronico/ConsultarProcessoEletronico.jsf?seqobjetoincidente=4982736>. Acesso em: 10-11-2017.

38 A Câmara dos Deputados opinou pela inaplicabilidade de qualquer medida cautelar diversa da prisão preventiva aos parlamentares, tanto na primeira manifestação (BRASIL. Câmara dos Deputados. Manifestação na Ação Direta de Inconstitucionalidade n. 5526. 17-6-2016. Disponível em: <http://redir.stf.jus.br/estfvisualizadorpub/jsp/consultarprocessoeletronico/ConsultarProcessoEletronico.jsf?seqobjetoincidente=4982736>. Acesso em: 30-7-2018), quando na segunda (BRASIL. Câmara dos Deputados. Manifestação na Ação Direta de Inconstitucionalidade n. 5526. 5-10-2017. Disponível em: <http://redir.stf.jus.br/paginadorpub/paginador.jsp?docTP=TP&docID=13754232&prcID=4982736&ad=s#>. Acesso em: 30-7-2018).

39 SENADO FEDERAL. AGÊNCIA SENADO. Plenário rejeita medidas cautelares contra Aécio Neves e senador retoma mandato. Senado notícias, 17-10-2017. Disponível em: <https://www12.senado.leg.br/noticias/materias/2017/10/17/senado-devolve-mandato-a-aecio-neves>. Acesso em: 1º-11-2017.

Aliás, a Corte, inclusive, mudou de entendimento para beneficiar alguns políticos. A fulanização dos julgamentos prevaleceu, em episódios em que o constitucionalismo foi utilizado de forma abusiva, para justificar posições em nome do poder político e não do direito constitucional. Ocorre que a fulanização de julgamentos não tem sido uma prática isolada. Também pode ser observada em outros casos, que, inclusive, podem ter mudado os rumos políticos do país, como adiante se mostrará.

3.2.2. Os casos de nomeação de Ministros de Estado com objetivo de conceder prerrogativa de foro: julgamentos que abalaram a República

Como se observou no item anterior, a "fulanização" de julgamentos pode ter graves consequências para o Estado de Direito e para a democracia. Além disso, pode ter consectários específicos bastante graves. Com efeito, a falta de isonomia de tratamento dada pelo STF pode ter sido determinante para a mudança dos rumos políticos do país em 2016 e para o aprofundamento da crise de governabilidade.

Em 16-3-2016, no ápice da crise política do governo petista, a então Presidenta Dilma Rousseff nomeou o ex-Presidente Luiz Inácio Lula da Silva para o cargo de Ministro da Casa Civil. Segundo alguns, essa nomeação seria utilizada para que os processos criminais contra ele, que tramitavam na 13ª Vara Federal de Curitiba, perante o Juiz Sergio Moro, fossem deslocados para o STF (o que representaria vantagens para Lula), em razão do foro privilegiado decorrente do cargo de Ministro de Estado. Outros, no entanto, diziam que essa nomeação seria uma das últimas tentativas de a ex-Presidenta Dilma reunificar a base aliada, dado o grande trânsito político e poder de articulação de Lula.[40] O mais provável, todavia, é que ambas as hipóteses sejam verdadeiras e constituam causas concorrentes.

---

40 PEREIRA, Thomaz. Lula ministro e o silêncio do Supremo. *Jota*, 22-12-2016. Disponível em: <https://jota.info/colunas/supra/lula-ministro-e-o-silencio-supremo-22122016 >. Acesso em: 13-8-2018.

Ocorre que, no mesmo dia da nomeação do ex-Presidente Lula (16-3-2016), o Juiz Sergio Moro, da 13ª Vara Federal de Curitiba, diante do foro por prerrogativa, determinou que fosse interrompida uma interceptação telefônica por ele autorizada e, em decisão polêmica, levantou o sigilo das gravações telefônicas num processo em que Lula era investigado – posteriormente, tanto a interceptação telefônica quanto a divulgação viriam a ser declaradas ilegais pelo STF[41]. Com isso, foi revelado ao público um diálogo entre a Presidenta da República e Lula, ocorrido na mesma data (16-3-2016, às 13h32), que foi interpretado por muitos como sendo uma conversa na qual a Presidenta Dilma dizia que estava enviando antecipadamente o termo de posse como uma espécie de salvo-conduto para o caso de haver algum mandado de prisão expedido contra Lula.[42] Com a divulgação dos áudios na imprensa, houve pronta reação da população, e vários grupos de manifestantes foram imediatamente às ruas para protestar.[43]

Diante do ocorrido, e insuflados pelos protestos, no dia seguinte (em 17-3-2016), o Partido Popular Socialista – PPS e o Partido da Social Democracia Brasileira – PSDB impetraram, respectivamente, os

---

41 BRASIL. Supremo Tribunal Federal. Reclamação n.º 23.457. Relator Ministro Teori Zavascki. Decisão monocrática. Julgado em 13-6-2016. Disponível em: <https://www.conjur.com.br/dl/teori-audio-dilma-lula.pdf>. Acesso em: 30-7-2018.

42 "Conversa de Lula com Dilma: – Dilma: Alô. / – Lula: Alô / – Dilma: Lula, deixa eu te falar uma coisa. / – Lula: Fala, querida. Ahn. / – Dilma: Seguinte, eu tô mandando o'Bessias'junto com o papel pra gente ter ele, e só usa em caso de necessidade, que é o termo de posse, tá?! / – Lula: Uhum. Tá bom, tá bom. / – Dilma: Só isso, você espera aí que ele tá indo aí. / – Lula: Tá bom, eu tô aqui, fico aguardando. / – Dilma: Tá?! / – Lula: Tá bom. / - Dilma: Tchau. / – Lula: Tchau, querida." (G1. Moro divulga grampo de Lula e Dilma; Planalto fala em Constituição violada São Paulo, 16-3-2016. Disponível em: <http://g1.globo.com/politica/noticia/2016/03/moro-divulga-grampo-de-lula-e-dilma-planalto-fala-em-constituicao-violada.html>. Acesso em: 1º-11-2017)

43 G1. Moro divulga grampo de Lula e Dilma; Planalto fala em Constituição violada São Paulo, 16-3-2016. Disponível em: <http://g1.globo.com/politica/noticia/2016/03/moro-divulga-grampo-de-lula-e-dilma-planalto-fala-em-constituicao-violada.html>. Acesso em: 1º-11-2017.

Mandados de Segurança Coletivos n. 34.070 e n. 34.071 contra o ato de nomeação de Lula para o cargo de Ministro Chefe da Casa Civil. Em decisão proferida em 18-3-2016 à noite (dia seguinte), o Ministro do STF Gilmar Mendes, um crítico declarado do governo petista[44], suspendeu a nomeação de Lula para o cargo, ao argumento de que houve desvio de finalidade na nomeação, já que, segundo Gilmar, o ato da Presidenta Dilma Rousseff apenas teria sido praticado para permitir que eventual denúncia contra Lula fosse julgada pelo STF, onde há foro por prerrogativa de função para os Ministros de Estado.[45]

Essa decisão liminar, que se tornou decisiva nos destinos da política brasileira[46], nunca teve o seu mérito julgado, de modo que jamais se saberá se esse era ou não o entendimento do STF.[47] Com efeito, em 11-5-2016, um dia antes do afastamento temporário da Presidenta Dilma Rousseff, em razão da admissibilidade da denúncia pelo Senado (ocorrido em 12-5-2016), ela exonerou diversos Ministros, inclusive o ex-Presidente Lula. Com base nisso, em 16-5-2016, o Ministro Gilmar Mendes julgou prejudicado o mérito dos referidos Mandados de Segurança,[48] de modo que o Pleno do STF nunca chegou a apreciar a decisão liminar.

---

44 SCHREIBER, Mariana. Gilmar Mendes, o polêmico ministro no caminho de Dilma e do PT. Brasília: BBC Brasil, 6-10-2015. Disponível em: <http://www.bbc.com/portuguese/noticias/2015/10/150921_perfil_gilmar_ms_ab>. Acesso em: 1º -11-2017.

45 BRASIL. Supremo Tribunal Federal. Mandado de Segurança n. 34070, Medida Cautelar. Liminar. Relator: Min. Gilmar Mendes. Julgado em 18-03-2016. *DJe*-054, divulg. 22-3-2016, public 28-3-2016.

46 Também nesse sentido: BARROSO, Luís Roberto; BENVINDO, Juliano Zaiden; OSORIO, Aline. Developments in Brazilian Constitutional Law: TheYear 2016 in Review. Blog of the International Journal of Constitutional Law and ConstitutionMaking.org. October 2017. Disponível em: <http://www.iconnectblog.com/2017/10/developments-in-brazilian-constitutional-law-the-year-2016-in-review/#_edn3>. Acesso em: 25-10-2017.

47 PEREIRA, Thomaz. Lula ministro e o silêncio do Supremo. Jota, 22-12-2016. Disponível em: <https://jota.info/colunas/supra/lula-ministro-e-o-silencio-supremo-22122016 >. Acesso em: 1º-11-2017.

48 BRASIL. Supremo Tribunal Federal. Mandado de Segurança n. 34070. Medida Cautelar. Decisão Monocrática. Relator: Ministro Gilmar Mendes.

Enfim, essa decisão monocrática do Ministro do STF Gilmar Mendes, que talvez não refletisse a opinião da maioria do Tribunal, prevaleceu num contexto em que a então Presidenta da República estava com a sua base de apoio esfacelada e havia pressão popular contra essa nomeação e a favor do *impeachment*, sendo decisiva para a cassação do mandato de Dilma Rousseff.

Além disso, o problema se agrava quando se observa que STF não deu simetria de tratamento em relação a Ministro de Estado nomeado pelo Presidente interino Michel Temer.

Após assumir interinamente o cargo, o então Presidente Michel Temer (MDB), em 2-2-2017, recriou, por Medida Provisória, com *status* de Ministério, a Secretaria-Geral da Presidência e nomeou Moreira Franco (MDB) para o cargo de Secretário-Geral, mesmo sendo este alvo de diversas investigações criminais. Com isso, Moreira Franco ganhou foro privilegiado no STF para as investigações criminais e processos penais contra ele. Em razão disso, houve severa crítica contra tal ato, pois a Corte havia suspendido a nomeação de Lula para o cargo de Ministro da Casa Civil em idêntica circunstância.[49]

Então, o Partido Rede Sustentabilidade (Rede) e o Partido Socialismo e Liberdade (PSOL) impetraram os Mandados de Segurança (MS) n. 34609[50] e n. 34615[51], respectivamente, sob o fundamento de que a nome-

---

Julgado em 16-5-2016. *Dje* 102, divulg. em 18-5-2016, publ. em 19-5-2017. Disponível em: <http://www.stf.jus.br/portal/processo/verProcessoAndamento.asp?numero=34070&classe=MS-MC&codigoClasse=0&origem=JUR&recurso=0&tipoJulgamento=M>. Acesso em: 1º-11-2017.

49 MONTEIRO, Tânia; ARAÚJO, Carla. Citado na Lava Jato, Moreira Franco ganha foro privilegiado como novo ministro. Estadão, 2-7-2017. Disponível em: <https://politica.estadao.com.br/noticias/geral,citado-na-lava-jato-moreira-franco-ganha-foro-privilegiado-como-novo-ministro,70001651098>. Acesso em: 11-7-2018.

50 BRASIL. Supremo Tribunal Federal. Mandado de Segurança n. 34609, Rel. Min. Celso de Melo, Acompanhamento processual. Disponível em: <http://www.stf.jus.br/portal/processo/verProcessoAndamento.asp?numero=34609&classe=MS&origem=AP&recurso=0&tipoJulgamento=M>. Acesso em: 11-7-2018.

51 BRASIL. Supremo Tribunal Federal. Mandado de Segurança n. 34615, Rel. Min. Celso de Melo, Acompanhamento processual. Disponível em: <http://

ação de Moreira Franco configuraria "desvio de finalidade", uma vez que teria como objetivo lhe garantir prerrogativa de foro e prejudicar as investigações criminais no âmbito da Operação Lava Jato – foi utilizado o principal fundamento da decisão liminar do Ministro Gilmar Mendes, que suspendeu a nomeação de Lula pela Presidenta Dilma Rousseff.

Entretanto, o Ministro do STF Celso de Mello, relator do caso, indeferiu as medidas liminares em mandado de segurança que postulavam a suspensão da nomeação de Moreira Franco, sob os fundamentos de que: "a nomeação de alguém para o cargo de Ministro de Estado [...] não configura, por si só, hipótese de desvio de finalidade"; a investidura no cargo de Ministro de Estado não importa em obstrução da investigação criminal ou da persecução penal; e "o Ministro de Estado pode ser submetido, perante o Supremo Tribunal Federal, a investigação criminal instaurada pela Polícia Judiciária ou pelo Ministério Público".[52]

Se as situações jurídicas eram idênticas, o que levou o STF a dar tratamento diferenciado aos referidos casos?

As explicações podem estar em um conjunto de estratégias, pressões populares, utilização de poder político, atuação de atores políticos relevantes e, ainda, "voluntarismo incontinente" e uso abusivo do poder individual de alguns Ministros do STF.[53] No entanto, nenhuma dessas variáveis retira as máculas da desigualdade de tratamento, da existência de práticas antidemocráticas e da utilização abusiva do constitucionalismo por alguns membros da Corte Constitucional brasileira.

---

portal.stf.jus.br/processos/detalhe.asp?incidente=5127429>. Acesso em: 11-7-2018.

52 BRASIL. Supremo Tribunal Federal. Mandado de Segurança n. 34609, decisão liminar, Rel. Min. Celso de Melo, j. 14-2-2017. Disponível em: <http://www.stf.jus.br/arquivo/cms/noticiaNoticiaStf/anexo/MS34609.pdf>. Acesso em: 11-7-2018.

53 MENDES, Conrado Hübner. Na prática, ministros do STF agridem a democracia, escreve professor da USP. *Folha de São Paulo*, 28-1-2018. Disponível em: <http://www1.folha.uol.com.br/ilustrissima/2018/01/1953534-em-espiral-de-autodegradacao-stf-virou-poder-tensionador-diz-professor.shtml>. Acesso em: 19-2-2018.

3.2.3. O caso da execução da pena a partir da decisão penal condenatória de segunda instância: "Aos amigos, os favores; aos inimigos, a lei."[54]

A questão envolvendo a possibilidade de execução da pena após decisão penal condenatória de segunda instância é um bom exemplo do que se denomina de fulanização dos julgamentos.

Em 2016, o Ministro Marco Aurélio Mello, relator das ADCs n. 43 e n. 44, levou os pedidos cautelares dessas ações para serem decididos pelo plenário. No julgamento da questão, em 5-10-2016, o STF, por maioria de 6 a 5, decidiu favoravelmente à prisão e à execução da pena privativa de liberdade a partir do acórdão penal condenatório de segunda instância. Esse julgamento foi no mesmo sentido do que havia mudado a jurisprudência há poucos meses antes. Diante da reiteração da decisão (e da maioria de 6 a 5), a Ministra Cármen Lúcia e o Ministro Gilmar Mendes (que, neste julgamento, era favorável à execução a partir da decisão de segunda instância) defenderam que houvesse a conversão da medida liminar em decisão de mérito, de modo a sedimentar a questão. Entretanto, o Ministro Marco Aurélio, usando do poder que tinha como relator, não concordou com a referida conversão, ao argumento de que a questão não estava madura para permitir uma decisão definitiva.[55] Em 10-11-2016, o pleno do STF, julgando tema com repercussão geral, com caráter vinculante, fixou a tese de que "a execução provisória de acórdão penal condenatório proferido em grau recursal, ainda que sujeito a recurso especial ou extraordinário, não compromete o princípio constitucional da presunção de inocência afirmado pelo artigo 5º, inciso LVII, da Constituição Federal".[56]

---

54 Trata-se da famosa frase atribuída a Maquiavel.

55 BRASIL. Supremo Tribunal Federal. Ação Declaratória de Constitucionalidade n. 43, pleno, Rel. Min. Marco Aurélio Mello, Rel. p/ acórdão Min. Edson Fachin, j. 5-10-2016. Disponível em: <http://portal.stf.jus.br/processos/downloadTexto.asp?id=4162924&ext=RTF>. Acesso em: 11-7-2018.

56 BRASIL. Supremo Tribunal Federal. Agravo em Recurso Especial n. 964246 RG, Relator(a): Min. Teori Zavascki, julgado em 10-11-2016, processo eletrônico repercussão geral – mérito *DJe*-251 divulg 24-11-2016 public

Posteriormente, em 23-11-2017, durante o julgamento da questão de ordem na Ação Penal n. 937[57], o STF passou a rediscutir o foro privilegiado, diante da sobrecarga de processos penais na Corte. Mesmo já formada maioria pelo fim do foro privilegiado, o Ministro Dias Toffoli pediu vista dos autos, impedindo que fosse concluído o julgamento (o Ministro Toffoli veio a devolver o processo somente em 27-3-2018, tendo a Corte, em 3-5-2018, decidido pela restrição do foro privilegiado, para abranger apenas atos praticados no exercício do mandato).[58]

Na sequência, o Ministro Gilmar Mendes, que pouco mais de um ano antes havia defendido a execução da pena a partir de julgamento de segunda instância e, inclusive, tinha pedido a conversão da liminar em julgamento definitivo de mérito, passou a afirmar publicamente que mudou de entendimento, o que poderia alterar a decisão do STF sobre a questão, caso mantidos os entendimentos dos demais ministros. No seu novo entendimento, os argumentos passaram a ser diametralmente opostos aos que defendia há pouco mais de um ano antes.[59]

25-11-2016. O STF, nesse julgamento, analisando o tema de repercussão geral n. 925, fixou a seguinte tese: "A execução provisória de acórdão penal condenatório proferido em grau recursal, ainda que sujeito a recurso especial ou extraordinário, não compromete o princípio constitucional da presunção de inocência afirmado pelo artigo 5º, inciso LVII, da Constituição Federal."

57 BRASIL. Supremo Tribunal Federal. Ação Penal n. 937, Acompanhamento processual. Disponível em: <http://portal.stf.jus.br/processos/detalhe.asp?incidente=4776682 >. Acesso em: 11-7-2018.

58 RAMALHO, Renan. Toffoli pede vista e adia decisão do STF sobre restrição ao foro privilegiado de parlamentares. G1, 23-11-2017. Disponível em: <https://g1.globo.com/politica/noticia/toffoli-pede-vista-e-adia-decisao-do-stf-sobre-restricao-ao-foro-privilegiado-de-parlamentares.ghtml >. Acesso em: 11-7-2018.

59 BRANDINO, Géssica. Favorável à mudança no STF, Gilmar defendia prisão em 2ª instância; veja vídeo. *Folha de São Paulo*, 22-3-2018. Disponível em: <https://www1.folha.uol.com.br/poder/2018/03/favoravel-a-mudanca-no-stf-gilmar-defendia-prisao-em-2a-instancia-veja-video.shtml?loggedpaywall?loggedpaywall >. Acesso em: 11-7-2018.

Em razão disso, o Ministro Marco Aurélio, usando dos seus poderes de relator, liberou as ADCs n. 43 e n. 44 mais uma vez para julgamento pelo Plenário[60], bem como passou a pressionar a Presidente do STF, Ministra Cármen Lúcia, a pautar as referidas ações.

A Ministra Cármen Lúcia, mesmo pressionada, afirmou publicamente que não pautaria novamente a questão para ser rediscutida, mas que qualquer ministro poderia levar ao plenário da Corte o julgamento de um *Habeas Corpus* sobre a questão.[61]

O Ministro Celso de Mello, decano do STF, então, pediu que a Ministra Cármen Lúcia convocasse reunião entre os ministros para fazer um acordo para pautar a questão, a fim de evitar o desgaste pessoal que haveria se um deles tivesse de levar um HC sobre a matéria ao plenário. Apesar das especulações sobre tal reunião, a Ministra Cármen Lúcia simplesmente não convocou qualquer ministro, frustrando a sua realização.[62]

Quando se aproximou o início da execução da pena privativa de liberdade do ex-Presidente Lula, em razão da manutenção da sua condenação pelo Tribunal Regional Federal da 4ª Região[63],

---

60 BRASIL. Supremo Tribunal Federal. Ação Declaratória de Constitucionalidade n. 43. Relator: Ministro Marco Aurélio Mello. Acompanhamento processual. Disponível em: <http://portal.stf.jus.br/processos/detalhe.asp?incidente=4986065>. Acesso em: 20-8-2018.

61 G1."Não há razões para isso", diz Cármen Lúcia sobre STF voltar a julgar prisão após condenação em 2ª instância. 19-3-2018. Disponível em: <https://g1.globo.com/politica/noticia/nao-ha-razoes-para-isso-diz-carmen-lucia-sobre-stf-voltar-a-julgar-prisao-apos-2-instancia.ghtml>. Acesso em: 11-7-2018.

62 MAGRO, Maíra. STF deixa de debater 2ª instância após desencontro de Celso e Cármen. Valor Econômico, 20-3-2018. Disponível em: <https://www.valor.com.br/politica/5397541/stf-deixa-de-debater-2-instancia-apos-desencontro-de-celso-e-carmen>. Acesso em: 11-7-2018.

63 Na sessão de 26-3-2018, o Tribunal Regional Federal da 4ª Região negou os embargos de declaração opostos na Apelação Criminal n. 5046512-94.2016.4.04.7000, que manteve a condenação penal e, inclusive, aumentou a pena privativa de liberdade de Lula. (BRASIL. Tribunal Regional Federal da 4ª Região. Embargos de Declaração na Apelação Criminal n. 5046512-

foram impetrados *habeas corpus* em diversas instâncias para impedir a sua prisão. Após sucessivas denegações pelo STJ, foi impetrado novo *Habeas Corpus* (HC n. 152752) perante o STF, o qual foi distribuído ao Ministro Fachin, da Segunda Turma.[64] Ocorre que, como havia, nesta Turma, uma maioria contrária à execução da pena a partir da segunda instância, Fachin indeferiu o pedido liminar e usou do seu poder de relator para submeter o referido HC de Lula ao plenário da Corte.[65]

O *habeas corpus* em questão, então, teve o seu julgamento iniciado em 26-3-2018, quando os ministros do STF decidiram, por maioria, pelo seu cabimento, apesar da jurisprudência do STF em sentido contrário e mesmo já tendo havido uma decisão definitiva do STJ que superou a decisão contra a qual houve a impetração. Ao final da sessão, não havia sido concluído o julgamento, motivo pelo qual o plenário do STF deferiu medida liminar para impedir a prisão de Lula até que fosse encerrado o julgamento do mérito pela Corte.[66]

No dia 4-4-2018, foi retomado o julgamento da questão. A única mudança ocorrida na composição da Corte desde o último julgamento da matéria em outubro de 2016 havia sido o ingresso do Ministro Ale-

---

94.2016.4.04.7000. Relator: Desembargador Federal João Pedro Gebran Neto. Julgado em 26-3-2018. Disponível em: <https://eproc.trf4.jus.br/eproc2trf4/controlador.php?acao=acessar_documento_publico&doc=-41522159732707152021561401967&evento=490&key=eb2763ad9df7a6aa7673cc0acb1a68181dd5ea249d517f02668725b1371d949a&hash=bfcaffde9927dd8d4737169efafdf386>. Acesso em: 30-8-2018)

64 BRASIL. Supremo Tribunal Federal. *Habeas Corpus* n. 152752. Relator: Ministro Edson Fachin. Acompanhamento processual. Disponível em: <http://www.stf.jus.br/portal/processo/verProcessoAndamento.asp?numero=152752&classe=HC&codigoClasse=0&origem=JUR&recurso=0&tipoJulgamento=M>. Acesso em: 20-8-2018.

65 RAMALHO, Renan. Fachin nega pedido de Lula para evitar prisão e submete decisão final ao plenário. G1, 9-2-2018. Disponível em: <https://g1.globo.com/politica/noticia/fachin-nega-pedido-de-lula-para-evitar-prisao-e-submete-decisao-final-ao-plenario.ghtml >. Acesso em: 11-7-2018.

66 BRASIL. Supremo Tribunal Federal. *Habeas Corpus* n. 152752. Relator: Ministro Edson Fachin, Tribunal Pleno, Medida Liminar, julgado em 22-6-2018.

xandre de Moraes no lugar do falecido Ministro Teori Zavascki. Mas especulações eram de que o Ministro Alexandre de Moraes entendia pela possibilidade de prisão a partir de esgotados os recursos em segunda instância, da mesma forma que seu antecessor. Ocorre que o Ministro Gilmar Mendes havia afirmado que voltaria atrás no seu voto e reconheceria a possibilidade de execução da pena somente após o trânsito em julgado da sentença condenatória, ou seja, somente após esgotados todos os recursos no STF, o que mudaria o entendimento desta Corte sobre a questão, já que, no julgamento anterior, a maioria havia sido de 6 a 5. As especulações passaram a ocorrer, então, sobre a possibilidade de a Ministra Rosa Weber voltar atrás no seu entendimento. Na data do julgamento, o Ministro Gilmar Mendes votou pela necessidade de apreciação sobre a possibilidade ou não da prisão a partir da decisão de segunda instância, ou seja, pelo permissivo para que o STF e o STJ pudessem impedir ou autorizar a prisão a partir de decisão de segunda instância. A Ministra Rosa Weber, em seu voto, todavia, adotou uma posição que, para muitos, pareceu inusitada, qual seja, a de seguir o precedente do STF firmado no julgamento das medidas liminares nas ADCs n. 43 e n. 44, sob o fundamento de que o HC (impetrado por Lula) é instrumento de controle difuso e não possui efeito vinculante, enquanto a ADC é de controle concentrado, abstrato e possui efeitos *erga omnes* e vinculante.[67] Em síntese, a Ministra Rosa Weber proferiu voto no mesmo sentido do que já estava fazendo nos julgamentos da sua Turma, qual seja, seguir a orientação do plenário ao invés de adotar a sua posição pessoal.[68] Mas o que ninguém estava prevendo era que faria isso num julgamento do plenário, onde a jurisprudência do STF poderia ser modificada.

Enfim, no plenário, venceu a estratégia da Presidente Cármen Lúcia e do Relator Edson Fachin, em detrimento das estratégias dos

---

67 BRASIL. Supremo Tribunal Federal. *Habeas Corpus* n. 152752. Relator: Ministro Edson Fachin, Tribunal Pleno, julgado em 4-4-2018, processo eletrônico *DJe*-127, divulg. 26-6-2018, public. 27-6-2018.

68 ARGUELHES, Diego Werneck; PEREIRA, Thomaz. O Supremo das estratégias e o STF de Rosa Weber. Disponível em: <https://www.jota.info/stf/supra/o-supremo-das-estrategias-rosa-weber-lula-06042018>. Acesso em: 12-4-2018.

Ministros Marco Aurélio Mello, Gilmar Mendes e Celso de Mello, que forçaram que a questão fosse pautada e rediscutida. No tocante à Ministra Rosa Weber, cuja decisão ninguém conseguia prever, há autores que defendem que não tomou uma decisão estratégica e manteve coerência com suas decisões anteriores.[69]

Na sequência, não tardou para que o Juiz Sergio Moro, da primeira instância da Justiça Federal, determinasse o imediato cumprimento de pena imposta ao ex-Presidente Lula. Com efeito, em 5-4-2018, dia seguinte à referida decisão do STF, o Juiz Sergio Moro, afirmando não caber mais recursos em segunda instância[70], determinou que Lula se apresentasse à sede da Polícia Federal em Curitiba para iniciar o cumprimento da sua pena,[71] o que veio a ocorrer em 7-4-2018, quando Lula se entregou à Polícia Federal, após diversas manifestações e negociações entre a sua Defesa e a Polícia Federal.[72]

---

69 ARGUELHES, Diego Werneck; PEREIRA, Thomaz. O Supremo das estratégias e o STF de Rosa Weber. Disponível em: <https://www.jota.info/stf/supra/o-supremo-das-estrategias-rosa-weber-lula-06042018>. Acesso em: 12-4-2018.

70 Após o julgamento dos embargos de declaração, em 26-3-2018, não havia a possibilidade de interposição de outros recursos em segunda instância que impedissem a imediata prisão de Lula, para o início do cumprimento da pena privativa de liberdade (BRASIL. Tribunal Regional Federal da 4ª Região. Apelação Criminal N. 5046512-94.2016.4.04.7000. Relator: Desembargador Federal João Pedro Gebran Neto. Acompanhamento processual. Disponível em: <https://www.trf4.jus.br/trf4/controlador.php?acao=consulta_processual_resultado_pesquisa&txtValor=50465129420164047000&selOrigem=TRF&chkMostrarBaixados=&todasfases=&selForma=NU&todaspartes=&hdnRefId=fab903ac995803f9d346f85f5663c3ec&txtPalavraGerada=zamh&txtChave=&numPagina=3>. Acesso em: 30-8-2018)

71 BRASIL. Tribunal Regional Federal da 4ª Região. Seção Judiciária de Curitiba. 13ª Vara Federal. Ação Penal n. 5046512-94.2016.4.04.7000/PR. Juiz Sergio Moro. Decisão. 5-4-2018. Disponível em: <https://eproc.jfpr.jus.br/eprocV2/controlador.php?acao=acessar_documento_publico&doc=701522941232906930074096771897&evento=99678&key=8b096c3b897d1e93da8959f62e1a54b653cc0c6032852e9e36ba2ccd6e576425&hash=9c1b9b08b3f8d11985d60b217d7b1a5d>. Acesso em: 11-7-2018.

72 G1. Lula se entrega à PF e é preso para cumprir pena por corrupção e lavagem de dinheiro. 7-4-2018. Disponível em: <https://g1.globo.com/

No entanto, como a Ministra Rosa Weber já havia anunciado que mudaria de opinião, eram grandes as apostas de que o Tribunal Pleno decidiria novamente a questão, mas para modificar o seu entendimento. Assim, em 7-11-2019, no julgamento das Ações Declaratórias de Constitucionalidade n. 43, n. 44 e n. 54, por 6 votos a 5, o STF mudou de entendimento, firmando a tese de que não é possível a execução da pena depois de decisão condenatória confirmada em 2ª instância, senão após o seu trânsito em julgado, ou seja, esgotados todos os recursos. Com isso, o ex-presidente Luiz Inácio Lula da Silva foi colocado em liberdade no dia seguinte a esse julgamento (8-11-2019).

Esse é um caso explícito de fulanização de julgamentos. Em casos assim, a Constituição parece ser uma roupagem para a externalização de um voto, pois o constitucionalismo se torna um instrumento para encobrir o jogo estratégico com o processo, onde os diversos *players* parecem mais enxadristas num grande tabuleiro do que juristas defendendo a Constituição. Aliás, como afirmam Diego Arguelhes e Thomaz Pereira, comentando o caso, "não faltam estrategistas no Supremo".[73]

Esse julgamento evidencia que o maior problema não é a intervenção do Judiciário em questões políticas, nem mesmo o modelo estratégico de comportamento judicial. Quando a Corte Constitucional transforma o direito em política, ou o direito é apenas uma roupagem para as decisões políticas, a legitimidade e a autoridade do STF como Tribunal Constitucional passam a estar em xeque.

O comportamento estratégico dos ministros da Corte Constitucional brasileira também ocorre a partir de regras processuais. Como adiante se mostrará, o STF tem suspendido a efetivação de direitos constitucionais em benefício de interesses governistas, pelo uso abusivo do instituto constitucional da repercussão geral, um instrumento legal utilizado contra o próprio constitucionalismo.

---

sp/sao-paulo/noticia/lula-se-entrega-a-pf-para-cumprir-pena-por-corrupcao-e-lavagem-de-dinheiro.ghtml>. Acesso em: 11-7-2018.

73 ARGUELHES, Diego Werneck; PEREIRA, Thomaz. O Supremo das estratégias e o STF de Rosa Weber. Disponível em: <https://www.jota.info/stf/supra/o-supremo-das-estrategias-rosa-weber-lula-06042018>. Acesso em: 12-4-2018.

3.3. O CONTRACONSTITUCIONALISMO SUPREMO: A SUSPENSÃO DOS DIREITOS CONSTITUCIONAIS EM FAVOR DE INTERESSES GOVERNISTAS

Richard Albert chama de contraconstitucionalismo as formas de constitucionalismo democrático que alcançam o oposto da promessa do constitucionalismo, que, segundo o autor, é a democracia participativa. Para Albert, as constituições contraconstitucionais não são consistentes com a promessa do constitucionalismo democrático.[74]

Com base nessa perspectiva, pretende-se abordar aqui o que ora se denomina de contraconstitucionalismo supremo, ou seja, como o Supremo Tribunal Federal tem atuado contra o constitucionalismo democrático, quando, utilizando-se do instituto da repercussão geral[75], suspende o julgamento de milhares de ações que tramitam no país e passa vários anos sem proferir qualquer decisão, mesmo quando já existe jurisprudência pacífica sobre a questão.

No Brasil, o STF exerce o *judicial review* pelos mecanismos institucionais do controle difuso e do controle concentrado. O controle difuso de constitucionalidade é realizado pelo Supremo, em geral, pelo recurso extraordinário. Um dos requisitos para o recebimento do recurso extraordinário pelo STF é a existência de repercussão geral, conforme dispõe o art. 102, § 3º, da Constituição Federal.

Ocorre que, uma vez reconhecida a repercussão geral, bem como a relação de prejudicialidade entre a decisão que será proferida no Recurso Extraordinário e a dos processos versando sobre matéria idêntica em curso no STJ, no TST, nos TRFs, nos TRTs e nos TJs, poderá o ministro relator do STF, monocraticamente, determinar o sobrestamento de todos os processos até o julgamento da matéria pelo plenário da Corte. Tal entendimento, que estava consolidado

---

74 ALBERT, Richard. Counterconstitutionalism. *Dalhousie Law Journal*, v. 31, n. 1, p. 1-54, Spring 2008. p. 4.

75 A repercussão geral passou a ser requisito para admissibilidade do recurso extraordinário a partir da Emenda Constitucional n. 45/2004, que acrescentou o parágrafo 3º ao artigo 102 da Constituição Federal.

na jurisprudência do STF[76], foi previsto expressamente no art. 1.035, § 5º, do Código de Processo Civil de 2015.

A fim de que as ações não ficassem indefinidamente suspensas, o CPC/2015 (art. 1.035), na sua redação original, limitou o tempo de sobrestamento em, no máximo, 1 ano. O parágrafo 10 do mesmo artigo, que estabelecia que cessaria a suspensão dos processos sobrestados (retornando-se ao seu curso normal) caso o STF não julgasse a matéria nesse prazo[77], no entanto, foi revogado pela Lei n. 10.256/2016, antes mesmo da entrada em vigor do CPC/2015.

Isso até não seria tão problemático não fosse o fato de que a revogação do dispositivo foi postulada por ministros de tribunais superiores, bem como que diversas ações contra o governo federal, que envolvem jurisprudência sedimentada do STF sobre matéria de direito, estão indefinidamente suspensas, como se mostrará a seguir.

Inicialmente, alguns ministros do STF pediam que a entrada em vigor do CPC/2015 fosse adiada, para antes se ouvir a Corte Constitucional sobre os dispositivos que a afetavam.[78] Posteriormente, o Superior Tribunal de Justiça (STJ) encaminhou um Ofício ao Senado Federal para pedir a revogação do referido parágrafo 10[79] –

---

76 BRASIL. Supremo Tribunal Federal. Recurso Extraordinário n. RE 576155, Questão de Ordem, Rel. Min. Ricardo Lewandowski, Tribunal Pleno, julgado em 11-6-2008, *DJe*-172 divulg. 11-9-2008 public. 12-9-2008 ement. vol.-02332-05 p-01048 *LEXSTF* v. 30, n. 360, 2008, p. 246-255.

77 Redação do referido parágrafo que foi revogado pela Lei n. 10.256/2016:"§ 10. Não ocorrendo o julgamento no prazo de 1 (um) ano a contar do reconhecimento da repercussão geral, cessa, em todo o território nacional, a suspensão dos processos, que retomarão seu curso normal."

78 RECONDO, Felipe. Gilmar Mendes defende adiamento do novo CPC. Jota, 23-6-2015. Disponível em: <https://www.jota.info/justica/gilmar-mendes-defende-adiamento-do-novo-cpc-23062015>. Acesso em: 12-7-2018.

79 Embora a redação original do projeto de lei aprovado na Câmara dos Deputados não previsse a revogação do § 10 do art. 1035 do CPC/2015, foi encaminhado pelo Superior Tribunal de Justiça ao Senado Federal, onde constava o"pleito"de revogação do referido dispositivo (BRASIL. Superior Tribunal de Justiça. Ofício. Assunto: PCL n. 168/2015, admissibilidade do

que previa que os processos suspensos no STF voltariam a tramitar se ultrapassado o prazo de um ano do reconhecimento da repercussão geral sem julgamento. Então, no parecer do Relator da Comissão de Constituição, Justiça e Cidadania do Senado Federal, constou essa revogação – curiosamente, com os exatos termos utilizados no Ofício do STJ.[80]

Embora possa se reconhecer a utilidade da suspensão, por questões de isonomia e segurança jurídica, o problema é o seu desvirtuamento, ou seja, o exercício abusivo de tal norma processual.

Em diversos casos, no Brasil, observa-se que o STF se utiliza da suspensão dos processos judiciais – que possuem como ponto controvertido a questão constitucional discutida em repercussão geral – como mecanismo para atender a interesses do governo federal. A partir disso, surge a hipótese de que o Supremo, pareado com os interesses do governo federal, não julga a questão e mantém suspensos os processos que versam sobre essas questões, a fim de evitar que as condenações judiciais contra a União sejam pagas.

Analisando-se todas as suspensões determinadas pelo STF, em razão da repercussão geral, desde a entrada em vigor do CPC/2015 até 12-7-2018, relativos a temas ainda não julgados até referida data, observa-se que, dos 29 temas, 17 são de natureza tributária; 9 temas envolvem direitos ou deveres da Fazenda Pública, com interesse econômico direto desta; e apenas 3 temas referem-se a questões em

---

recurso especial e extraordinário. Min. Paulo de Tarso Sanseverino, Min. Isabel Gallotti, Min. Marco Buzzi, Min. Paulo Dias de Moura Ribeiro. 14-12-2015. Disponível em: <https://legis.senado.leg.br/sdleg-getter/documento?dm=3995013&disposition=inline>. Acesso em: 12-7-2018. p. 4).

80 No parecer da Comissão de Constituição, Justiça e Cidadania do Senado sobre o Projeto de Lei da Câmara, feito pelo Relator, Senador Blairo Maggi, passou a constar a revogação do referido § 10 do art. 1035 do CPC/2015, sendo utilizados, como justificativa, os exatos termos utilizados pelos Ministros do STJ no seu "pleito" de revogação do dispositivo (BRASIL. Senado Federal. Parecer da Comissão de Constituição, Justiça e Cidadania sobre o Projeto de Lei da Câmara n. 168, de 2015. Relator Senador Blairo Maggi. Disponível em: <https://legis.senado.leg.br/sdleg-getter/documento?dm=3994950&disposition=inline>. Acesso em: 12-7-2018. p. 14).

que não há interesse econômico direto do governo.[81] Isto é, considerando-se todos os temas que geraram suspensão de ações em razão de repercussão geral (na forma do art. 1.035, § 5º, do CPC/2015) e ainda não foram julgados, em 89% deles estão envolvidos diretamente interesses do governo.

Considerando esse dado, é preciso analisar quais são os impactos gerados por essas suspensões "em razão da repercussão geral".

Segundo dados fornecidos pelo Conselho Nacional de Justiça, em 26-6-2018, havia 1.523.626 processos sobrestados em razão do instituto da repercussão geral[82] – podendo esse quantitativo ser ainda bem superior, diante da deficiência de fornecimento de dados por diversos tribunais (por exemplo, há informação apenas de 9 dos 24 Tribunais Regionais do Trabalho).

Observa-se, assim, que a utilização da suspensão dos processos pelo reconhecimento da repercussão geral tem gerado, na prática, a negativa da Justiça àqueles que alegam possuir um direi-

---

81 Os temas são identificados pelo STF por números. De 18-3-2016 (data da entrada em vigor do CPC/2015) até 12-7-2018 (data da pesquisa), considerando-se as suspensões determinadas pelo STF em razão de repercussão geral, é possível observar que: a) possuem natureza tributária os temas de número: 32, 64, 179, 176, 160, 437, 490, 520, 653, 669, 736, 933, 884, 918, 881, 885, 517; b) os seguintes temas envolvem direitos ou deveres da Fazenda Pública, de natureza não-tributária: 45, 112, 131, 521, 899, 897, 864, 976, 966; e c) são temas em que não há interesse econômico do Estado: 944, 822, 992. (Pesquisa realizada a partir da coleta de dados realizada a partir da tabela de temas disposponibilizada pelo STF (BRASIL. Supremo Tribunal Federal. Repercussão Geral, Suspensão Nacional. Temas em repercussão geral nos quais determinada a suspensão nacional dos processos tramitando sobre a mesma matéria, nos termos do art. 1.035, § 5º, do CPC. Disponível em: <http://portal.stf.jus.br/textos/verTexto.asp?servico=repercussaoTemasSuspensao&pagina=principal>. Acesso em: 12-7-2018)

82 BRASIL. Supremo Tribunal Federal. Repercussão Geral. Informações Consolidadas. Processos sobrestados em razão da repercussão geral. Dados consolidados em 26-6-2018. Disponível em: <http://www.stf.jus.br/portal/cms/verTexto.asp?servico=estatistica&pagina=sobrestadosrg>. Acesso em: 12-7-2018.

to constitucional, muitas vezes já reconhecido pelas instâncias judiciais ordinárias. Vale dizer, o direito de natureza constitucional é garantido pelas demais instâncias ordinárias, mas o STF, que deveria ser guardião da Constituição, atua, na prática, para impedir que esses direitos sejam efetivados, gerando um estado permanente de *non liquet*.

A questão se torna ainda mais problemática porque essa prática do STF – de suspender ações indefinidamente e não julgar a questão de fundo – se coloca como uma espécie de regra supraconstitucional, na medida em que os próprios tribunais superiores trabalharam politicamente junto ao Congresso Nacional para que o prazo de suspensão não se limitasse a apenas um ano. Assim, não há qualquer indicativo de que haveria o seu cumprimento mesmo se o prazo máximo de suspensão fosse mantido na legislação. A colocação da questão fora do alcance da modificação legislativa e dos limites do constitucionalismo (supraconstitucionalismo[83]) também é uma prática de contraconstitucionalismo judicial.

Portanto, o problema que se apresenta é sobre se a Corte Constitucional brasileira estaria atuando para proteger a Constituição e os direitos fundamentais ou, ao revés, quando há interesse do governo, estaria agindo para suspender o exercício dos direitos constitucionais garantidos pelas instâncias ordinárias. Essa questão é central, pois, a depender da resposta, seria possível questionar o próprio fundamento de existência de uma Corte Constitucional.

Com efeito, se um tribunal constitucional atua mais para adiar ou suspender o exercício de direitos constitucionais já garantidos pelas instâncias ordinárias, a sua própria necessidade dentro do sistema judicial é colocada em questão. Enfim, esta é uma prática extremamente antidemocrática e contrária ao Estado de Direito, pois alija os cidadãos do exercício dos seus direitos constitucionais contra o governo. Trata-se, portanto, de um verdadeiro contraconstitucionalismo supremo.

---

83 ALBERT, Richard. Counterconstitutionalism. *Dalhousie Law Journal*, v. 31, n. 1, p. 1-54, Spring 2008. pp. 4-5.

3.4. AS AUDIÊNCIAS PÚBLICAS NO STF E O CONSTITUCIONALISMO DE CAMUFLAGEM JUDICIAL

As audiências públicas em ações de controle de constitucionalidade constituem-se em instrumento que possui grande apelo democrático e popular,[84] pois teriam o objetivo de permitir a manifestação de instituições, de interessados e da sociedade em geral. Tal instituto tem sido utilizado para ampliar a dialogicidade da revisão judicial por tribunais constitucionais de diversos países, como os da Argentina e da Colômbia.[85]

Contudo, cabe perquirir se, no Brasil, esse mecanismo de intersubjetividade e de participação da sociedade no processo judicial poderia minimizar os problemas de legitimidade das decisões do STF ou, ao revés, se está sendo utilizado, na prática, apenas como instrumento retórico de pseudo legitimação dessas decisões. Além disso, é preciso analisar se as audiências públicas são capazes de influenciar ou ampliar a dialeticidade do processo, ou se são apenas um subterfúgio ou um artefato utilizado abusivamente para camuflar o déficit de legitimidade da intervenção da Corte Constitucional brasileira na política.

Aprioristicamente, as audiências públicas constituem-se em importante mecanismo para estabelecer um canal direto entre a Corte Constitucional brasileira e a sociedade, para internalizar, no processo decisório, as diversas razões dos mais variados setores, o que poderia produzir uma decisão mais informada, qualitativamente mais complexa, sobretudo em questões que envolvem outras áreas do conhecimento.

---

84 HÄBERLEMüller, Peter. *Hermenêutica constitucional:* a sociedade aberta dos intérpretes da constituição: contribuição para a interpretação pluralista e procedimental da constituição (trad. Gilmar Ferreira Mendes). Porto Alegre: Fabris, 1977. pp. 46-48.

85 GARGARELLA, Roberto. El nuevo constitucionalismo dialógico, frente al sistema de los frenos y contrapesos. *Revista Argentina de Teoría Jurídica*, Buenos Aires, v. 14, n. 2, p. 1-30, Diciembre 2013. p. 3.

Como aponta Mark Tushnet, as audiências públicas podem efetivamente melhorar o constitucionalismo judicial e político, na medida em que as diversas organizações da sociedade civil podem participar, oferecendo suas visões sobre a interpretação constitucional, além do que "Ministros do Executivo tanto presenciam quanto participam dessas audiências públicas, tornando-as um espaço onde Judiciário e Executivo recebem simultaneamente *input* do público nas questões constitucionais que estão sendo examinadas".[86]

Contudo, há evidências empíricas de que a utilização das audiências públicas, na prática do STF, está abaixo do potencial de qualidade e legitimidade democrática esperada[87], seja pelo reduzido quantitativo de processos em que são convocadas, seja pelo baixo índice de comparecimento dos ministros da Corte às audiências, e, ainda, pela pouca influência que possuem na sua argumentação, como adiante se mostrará.

A Lei n. 9.868, que previu a possibilidade de realização de audiências públicas, é de 1999. Entretanto, a primeira audiência foi realizada somente em 2007 (na ADI n. 3.510).[88] Até 13-7-2018, haviam

86 Tradução livre da seguinte frase: "[...] ministers from the executive government both attend and participate in the public hearings, making them a locus where the executive government and the judiciary receive simultaneous input from the public on the constitutional issues being examined." (TUSHNET, Mark. New institutional mechanisms for making Constitutional Law. *Harvard Public Law Working Paper*, New York, n. 15-08, p. 1-18, abr. 2015. Disponível em: <https://papers.ssrn.com/sol3/papers.cfm?abstract_id=2589178>. Acesso em: 13-7-2018. pp. 16-17)

87 Nesse sentido: SOMBRA, Thiago Luís Santos. Supremo Tribunal Federal representativo? O impacto das audiências públicas na deliberação. *Revista Direito GV*, São Paulo, v. 13, n. 1, p. 236-273, jan.-abr. 2017. p. 267.

88 A primeira Audiência Pública realizada no STF foi convocada pelo então Ministro Carlos Ayres Britto, na ADI n. 3.510, na qual eram impugnados dispositivos da Lei de Biossegurança (Lei 11.105/2005), sobretudo o uso de células-tronco embrionárias em pesquisas científicas para fins terapêuticos. (SUPREMO TRIBUNAL FEDERAL. Processos. Audiências Públicas Realizadas. Disponível em: <http://www.stf.jus.br/portal/audienciaPublica/audienciaPublica.asp?paginaAtual=1&tipo=realizada>. Acesso em: 13-7-2018)

sido realizadas 22 audiências públicas[89], e havia apenas 2 audiências públicas agendadas e ainda não realizadas[90].

Além disso, há críticos que afirmam que audiências públicas foram convocadas para casos em que não seriam tão necessárias, bem como casos em que elas seriam muito importantes, mas não são convocadas.[91]

O quantitativo de participantes nas audiências é relativamente alto e eles se apresentam de forma bastante plural, com muitos representantes da sociedade civil,[92] o que, em tese, poderia aumentar a qualidade do debate. Além disso, em alguns casos, poderia até ter proporcionada uma interpretação mais refinada e realista[93].

Todavia, pesquisas empíricas demonstram que o índice de comparecimento de ministros do STF nas sessões com audiências públicas é bastante baixo. Com efeito, a média de ministros que compareceram às sessões, em casos que não eram o relator e que não a convocaram, é menor que dois para cada audiência.[94] Como

---

89 SUPREMO TRIBUNAL FEDERAL. Processos. Audiências Públicas Realizadas. Disponível em: <http://www.stf.jus.br/portal/audienciaPublica/audienciaPublica.asp?paginaAtual=1&tipo=realizada>. Acesso em: 13-7-2018.

90 SUPREMO TRIBUNAL FEDERAL. Processos. Audiências Públicas Previstas. Disponível em: < http://www.stf.jus.br/portal/audienciaPublica/audienciaPublica.asp?tipo=prevista>. Acesso em: 13-7-2018.

91 HERDY, Rachel. Quando a ciência está em jogo, a democracia não importa. In: FALCÃO, Joaquim; ARGUELLES, Diego Wernerck; RECONDO, Felipe. *Onze supremos:* o supremo em 2016. Belo Horizonte: FGV Rio, 2017. p. 47.

92 TUSHNET, Mark. New institutional mechanisms for making Constitutional Law. *Harvard Public Law Working Paper*, NewYork, n. 15-08, p. 1-18, abr. 2015. Disponível em: <https://papers.ssrn.com/sol3/papers.cfm?abstract_id=2589178>. Acesso em: 13-7-2018. p. 14.

93 WANG, Daniel W. L.. Courts and Health Care Rationing: The Case of the Brazilian Federal Supreme Court. *Health Economics, Policy and Law*, v. 8, n. 1, p. 75-93, Jan. 2013. p. 82.

94 SOMBRA, Thiago Luís Santos. Supremo Tribunal Federal representativo? O impacto das audiências públicas na deliberação. *Revista Direito GV*, São Paulo, v. 13, n. 1, p. 236-273, jan.-abr. 2017. p. 245.

aponta Tiago Sombra, "esse dado indica uma variável capaz de explicar a parca citação das informações colhidas nas audiências pelos demais ministros".[95] Com efeito, grande parte dos ministros sequer mencionou nos seus votos as audiências públicas realizadas no processo que estão julgando.[96]

Desse modo, existe certa sobrevalorização da utilização das audiências públicas pelo STF. Isso não afasta a sua importância, como mecanismo de legitimação. Com efeito, há a necessidade de se criar instrumentos efetivos para uma deliberação mais democrática e plural na Corte, diante da dimensão cada vez mais política das suas decisões e do seu déficit de representação. Esse déficit realmente deve ser suprido pela maximização da participação das organizações da sociedade civil nos processos decisórios. Nesse aspecto, as audiências públicas poderiam ser, efetivamente, um mecanismo para democratizar os processos judiciais e dar mais legitimidade às decisões do STF, caso fossem mais bem conduzidas e instrumentalmente aproveitadas.[97]

Poderiam ser um mecanismo para aumentar a legitimidade das decisões ao democratizar o processo judicial, mas, na prática, as audiências públicas são utilizadas mais como um recurso retórico[98] do que como uma prática dialógica e construtiva da decisão judicial.[99] Embora pudessem ser uma importante e inovadora instância de

---

95 SOMBRA, Thiago Luís Santos. Supremo Tribunal Federal representativo? O impacto das audiências públicas na deliberação. *Revista Direito GV*, São Paulo, v. 13, n. 1, p. 236-273, jan.-abr. 2017. p. 245.

96 SOMBRA, Thiago Luís Santos. Why should public hearings in the Brazilian Supreme Court be understood as an innovative democratic tool in constitutional adjudication?. *German Law Journal*, Frankfurt, v. 17, n. 4, p. 657-690, August 2016. p. 675.

97 SOMBRA, Thiago Luís Santos. Supremo Tribunal Federal representativo? O impacto das audiências públicas na deliberação. *Revista Direito GV*, São Paulo, v. 13, n. 1, p. 236-273, jan.-abr. 2017. p. 267.

98 SOMBRA, Thiago Luís Santos. Supremo Tribunal Federal representativo? O impacto das audiências públicas na deliberação. *Revista Direito GV*, São Paulo, v. 13, n. 1, p. 236-273, jan.-abr. 2017. p. 258.

99 SOMBRA, Thiago Luís Santos. Why should public hearings in the Brazilian Supreme Court be understood as an innovative democratic tool in consti-

diálogo judicial, com abertura para vozes não escutadas, as audiências públicas são subutilizadas e, quando utilizadas, são subaproveitadas e distorcidas por vícios ligados às velhas práticas.[100]

Portanto, empiricamente, a postura do STF em relação às audiências públicas se assemelha mais a uma prática de um constitucionalismo de camuflagem judicial[101], para maquiar de "legitimidade" posições previamente tomadas, do que propriamente a uma forma de democratizar o processo e permitir a influência da sociedade civil. Trata-se de um "culto do constitucionalismo definido mais pelo artifício do que pela virtude".[102]

Enfim, as audiências públicas são um instrumento novo, mas utilizadas pelo STF para velhas práticas. Trata-se de uma forma de constitucionalismo de camuflagem judicial, que, com retóricas democráticas ou de legitimação, encobrem jogos de interesses sub-reptícios.

Portanto, parece haver um longo caminho pela frente para dar conteúdo às formas constitucionais,[103] cumprir a promessa constitu-

---

tutional adjudication?. *German Law Journal*, Frankfurt, v. 17, n. 4, p. 657-690, August 2016. p. 689.

100 GARGARELLA, Roberto. El nuevo constitucionalismo dialógico, frente al sistema de los frenos y contrapesos. *Revista Argentina de Teoría Jurídica*, Buenos Aires, v. 14, n. 2, p. 1-30, Diciembre 2013. pp. 25-26.

101 "Constitucionalismo de camuflagem" é uma expressão cunhada por Richard Albert para designar textos constitucionais que garantem direitos aos cidadãos, mas, na prática, encobrem a realidade do seu país, pois os seus líderes negam-lhes até as liberdades mais básicas (ALBERT, Richard. The Cult of Constitutionalism. *Florida State University Law Review*, Florida State University College of Law, Tallahassee, Flórida, v. 39, p. 373-416, 2012. p. 398). O constitucionalismo de camuflagem que se pretende abordar nesta obra não diz respeito àquilo que o texto da constituição encobre, mas àquilo que as cortes constitucionais encobrem com as suas decisões, o que denomino de "constitucionalismo de camuflagem judicial".

102 ALBERT, Richard. The Cult of Constitutionalism. *Florida State University Law Review*, Florida State University College of Law, Tallahassee, Flórida, v. 39, p. 373-416, 2012. p. 415.

103 ALBERT, Richard. The Cult of Constitutionalism. *Florida State University Law Review*, Florida State University College of Law, Tallahassee, Florida, v. 39, p. 373-416, 2012. p. 416.

cional e aumentar o compromisso dos juízes constitucionais com o constitucionalismo democrático. Mas, durante esse processo, é preciso se atentar para essas formas de constitucionalismo abusivo, as quais precisam ser denunciadas e coibidas.

Além disso, a partir da análise da atuação do STF na política, ficam em aberto algumas questões: Como o STF entra no jogo político? Como ele interage com os demais *players*? Como os diversos *players* se utilizam da revisão judicial? Como acontece o (des)equilíbrio de forças na arena política a partir de uma decisão judicial? Como a revisão judicial pode aumentar ou diminuir o poder de barganha dos diversos *players*?

3.5. O STF NA ARENA POLÍTICA: O JOGO POLÍTICO ENCOBERTO PELO CONSTITUCIONALISMO

Embora os estudos de ciência política sobre os *veto players* sejam mais desenvolvidos em relação aos Poderes Executivo e Legislativo, é profícua a sua análise em relação aos tribunais constitucionais, pois, diante do fenômeno da judicialização da política e do aumento do poder de revisão judicial das cortes, estas também passam a atuar como *veto players* dentro do intrincado jogo político. Aliás, talvez a ideia de que "juízes argumentam, enquanto políticos barganham"[104] seja verdadeira do ponto de vista do discurso, mas não sob a perspectiva daquilo que realmente ocorre na prática e que efetivamente motiva as decisões das cortes constitucionais.

É comum a afirmação de que os tribunais constitucionais que funcionam bem podem ser o lugar adequado para controlar e equilibrar os demais Poderes Constituídos, fornecendo a garantia da separação dos poderes e a proteção das minorias. No entanto, os tribunais precisam ser provocados, e é nesse contexto que se verifica a sua utilização pelos grupos políticos derrotados na arena política. Assim, a revisão judicial capacita como *veto players* não somen-

---

104 ROBERTSON, David. *The Judge as Political Theorist:* Contemporary Constitutional Review. Princeton: Princeton University Press, 2010. p. 36.

te os membros da Corte Constitucional, mas também diversos outros atores, que possuem legitimidade ou que participam do processo.

Desse modo, é preciso considerar que o potencial de cada ator com poder de veto é diferente.[105] Tendo por base essa premissa, a inserção do tribunal constitucional dentro da arena política habilita diversos atores que não teriam voz no jogo político do parlamento e do Executivo, além do que favorece alguns atores políticos em detrimento de outros. Logo, é preciso investigar quais são esses atores ou grupos políticos que ganham voz com a revisão constitucional, quais são mais favorecidos, enfim, qual é a nova conformação do poder de barganha dos atores políticos diante da judicialização da política nos tribunais constitucionais.

Além disso, dentro do cálculo estratégico, é preciso considerar os *veto points*, ou seja, os locais institucionais onde os atores políticos podem exercer, ao menos potencialmente, o veto sobre políticas. Assim, um ator político que atua nesse local pode exercer influência nas negociações políticas mesmo antes de sua implementação, além do que a mera possibilidade de sua atuação nesse local de veto pode conferir ao *veto player* maior peso político e poder de barganha. De outro lado, um ator com pouco peso nesse *veto point* poderá procurar outro local para contestar a política.[106]

Assim, o desenho institucional da revisão judicial e o comportamento dos tribunais constitucionais no tocante ao julgamento de questões políticas molda a própria decisão política, tanto *ex ante* quanto *ex post*. As possibilidades de revisão judicial e a ameaça de derrubada de determinada política impõem que, durante o próprio processo em que a política é arquitetada, seja considerado o fator veto judicial. Isso permite, por exemplo, que partidos menores e a oposição possam barganhar importantes pontos a seu favor para a

---

105 TAYLOR, Matthew M.. *Judging Policy*: Courts and Policy Reform in Democratic Brazil. Redwood City: Stanford University Press, 2014. p. 76.

106 TAYLOR, Matthew M.. *Judging Policy*: Courts and Policy Reform in Democratic Brazil. Redwood City: Stanford University Press, 2014. p. 76.

aprovação da medida. Além disso, após judicializada, a questão política também poderá ser moldada pelo Judiciário.

No Brasil, o desenho institucional do sistema político e a fragmentação dos partidos políticos tornam qualquer decisão no campo político-deliberativo algo extremamente complexo. Como aponta Matthew Taylor, o sistema político brasileiro possui tantas variáveis que a tomada de decisão é "intrinsecamente esclerótica".[107] Os fatores que limitam ou tornam excessivamente complexa a deliberação política são, segundo o autor, os seguintes: a) um Congresso Nacional programaticamente fraco, no qual há representação desproporcional, que dá muitos poderes a Estados menores; b) um sistema partidário enfraquecido, diante do elevado número de partidos fragmentados, instáveis e regionalizados; c) a fragmentação de gabinetes presidenciais, que são usados como instrumentos para unir coalizões congressionais; d) uma burocracia estatal autosservidora, especialmente por funcionários públicos congressionais atuando em seu próprio benefício; e) um Senado com poderes incomparáveis para interferir na maioria dos domínios políticos.[108]

Se não bastasse, a revisão judicial acrescenta ainda mais complexidade à tomada de decisão política, bem como aumenta os seus *veto players* – os atores políticos, individuais ou coletivos, cuja concordância é necessária para promulgar mudanças na política.[109] Nesse ponto, é importante observar que determinados grupos tiveram maior poder de influência no estabelecimento das instituições formais na Constituição de 1988. Assim, garantido o acesso privilegiado à Corte a determinados órgãos e atores, como legitimados ativos das ações do controle concentrado de constitucionalidade (art. 103, CF), essa facilidade de acesso lhes proporciona uma posição de vantagem no processo de revisão judicial, de modo que, diante da

---

107 TAYLOR, Matthew M.. *Judging Policy*: Courts and Policy Reform in Democratic Brazil. Redwood City: Stanford University Press, 2014. p. 73.

108 Ibidem.

109 TSEBELIS, George. *Veto Players:* how political institutions work. Princeton: Princeton University Press, 2002.

possibilidade de judicialização de questões políticas, também possuem maior poder de barganha no processo político.

Essa questão institucional, consolidada a partir de um discurso de democratização de acesso à Corte Constitucional brasileira, possui grande impacto no jogo político. Poder-se-ia afirmar, em abstrato, que, quanto mais *players* no processo político, mais democrática seria uma decisão política. No entanto, pragmaticamente, quanto maior o número de *veto players*, será mais provável que, na arena política, qualquer reforma falhe e que prevaleça o *status quo*.[110]

A revisão judicial, considerando a arena política, aumenta o poder de barganha de atores políticos, sobretudo partidos menores e de oposição, que podem negociar determinadas concessões com as maiorias para que a questão não seja judicializada. Todavia, esse poder de barganha também capacita o STF, pois, diante da possibilidade de revisão judicial, este pode barganhar determinados pontos em projetos de lei, emendas constitucionais ou, ainda, na implementação de determinadas políticas.

No contexto brasileiro, a ampliação institucional da revisão constitucional e o fenômeno da judicialização da política estabelecem uma nova dinâmica na arena política. As ações de controle concentrado de constitucionalidade passam a ser *veto points* relevantíssimos no jogo político, utilizadas pelos *veto players* tanto para derrubar uma política aprovada pelo parlamento, quanto para barganhar mais espaço ou atenção no processo político-deliberativo.

Dentre as diversas ações, há destaque especial para a ação direta de inconstitucionalidade, seja pelos impactos que possui na esfera política, pelos efeitos das suas decisões (*erga omnes* e vinculante) e, ainda, por ser a ação do controle concentrado de constitucionalidade mais utilizada na prática.[111] A ADI fornece, aos seus

---

110 TAYLOR, Matthew M.. *Judging Policy*: Courts and Policy Reform in Democratic Brazil. Redwood City: Stanford University Press, 2014. pp. 75-76.

111 Segundo dados estatísticos disponíveis no sítio eletrônico do STF, de 2000 até a data da presente pesquisa (26-5-2018), foram ajuizadas 48 ações diretas de constitucionaldiade, 3.775 ações diretas de inconstitucionalida-

legitimados, um *veto point* privilegiado dentro do sistema judicial, alavancando o poder de barganha de diversos atores que teriam pouca força no processo político-deliberativo não fosse essa legitimação para propor a revisão judicial.[112]

A estrutura judicial brasileira – e, particularmente, o sistema de controle de constitucionalidade realizado pelo STF – cria e capacita diversos *veto players*, com diferentes poderes. A título de exemplo, a Ordem dos Advogados do Brasil (OAB) teria um poder de barganha relativamente baixo no processo legislativo, se comparado a outros atores políticos como congressistas, presidente da República, ministros de Estado. No entanto, a posição privilegiada que ganhou a OAB, com a CF/1988, como legitimada para propor a ADI (art. 103, inc. VII), confere-lhe uma posição de destaque, bem como um poder de barganha diferenciado no ambiente político, pois pode atuar de modo mais influente na defesa dos seus interesses corporativos perante os poderes eleitos. Aliás, a OAB é a instituição representativa de classe que mais propôs ADIs – cerca de 46% das ADIs propostas por entidades de classe, e 5% do total.[113] Além disso, há evidências de que o STF favorece interesses corporativos de profissionais da área jurídica. Segundo pesquisa empírica, quando se trata de ação proposta pela OAB, a probabilidade de sucesso é, estatisticamente, 60% maior do que as ações propostas por outros atores.[114] Assim,

---

de, 47 ações diretas de inconstitucionalidade por omissão e 511 ações de descumprimento de preceito fundamental. (BRASIL. Supremo Tribunal Federal. Estatísticas. Controle Concentrado: estatísticas de ações do controle concentrado. Disponível em: <http://portal.stf.jus.br/>. Acesso em: 26-6-2018)

112 Também nesse sentido: TAYLOR, Matthew M.. *Judging Policy*: Courts and Policy Reform in Democratic Brazil. Redwood City: Stanford University Press, 2014. p. 87.

113 TAYLOR, Matthew M.. *Judging Policy*: Courts and Policy Reform in Democratic Brazil. Redwood City: Stanford University Press, 2014. p. 86.

114 BRINKS, Daniel M."Faithful Servants of the Regime": The Brazilian Constitutional Court's Role under the 1988 Constitution. In: HELMKE, Gretchen; RÍOS-FIGUEROA, Julio (Org.). *Courts in Latin America.* New York: Cambridge University Press, 2011. p. 128-153. p. 145.

seja pelo *design* constitucional, seja pelo alto índice de sucesso nas ADIs propostas, a revisão judicial maximiza o poder de barganha da OAB na arena política.

Outro exemplo que pode ser citado é a previsão de obrigatoriedade de participação da Procuradoria-Geral da República (PGR) nos processos de controle concentrado de constitucionalidade que tramitam no STF (art. 103, § 1º, CF). Essa posição de destaque lhe garante um grande poder de barganha na defesa de seus interesses corporativos.

A esse respeito, do ponto de vista dinâmico, é possível observar que a própria postura de cada legitimado pode mudar ao longo do curso da ADI. Por exemplo, determinado partido político pode fazer oposição ao governo, mas, diante de novas eleições, passar a integrar a base política da situação. Desse modo, pode passar a defender uma posição jurídica contrária à anteriormente defendida.

Com efeito, em grande parte das vezes, os partidos políticos que ingressam com uma ação constitucional não objetivam propriamente defender determinada tese constitucional, senão perseguir alguma posição, benefício ou interesse circunstancial. Assim, é possível que, no curso da ADI, passem a defender a tese diametralmente oposta, porque passaram a se beneficiar da situação jurídica inicialmente questionada. A título de exemplo, pode-se citar o caso da execução da pena privativa de liberdade a partir de decisão de segunda instância. O Partido Ecológico Nacional (PEN) ajuizou ação declaratória de constitucionalidade (ADC n. 43) em que pedia a suspensão da norma processual que previa a possibilidade de prisão após condenação em segunda instância (art. 637, CPP). Foi designado como relator no STF o Ministro Marco Aurélio Mello, que era favorável à tese. Ocorre que, quando chegou ao STF o caso do ex-Presidente Lula, uma decisão deferindo a medida liminar beneficiaria este – que se encontrava preso por decisão condenatória de segunda instância –, mas o eleitorado do PEN era favorável à prisão de Lula. Em razão disso, o PEN pediu a retirada do pedido de medida liminar.[115] O Ministro Marco Aurélio Mello, então, acolheu o pedido de

115 FRAZÃO, Felipe; HUPSEL FILHO, Valmar; PUPO, Amanda, CURY, Teo; MOURA, Rafael Moraes. PEN tenta retirar liminar que poderá livrar Lula.

desistência da medida liminar.[116] A questão somente voltaria à pauta do Supremo em 7-11-2019, no julgamento das Ações Declaratórias de Constitucionalidade n. 43, n. 44 e n. 54, quando o Tribunal Pleno, por 6 votos a 5, mudou de entendimento, firmando a tese de que não é possível a execução da pena depois de decisão condenatória confirmada em 2ª instância, senão após o seu trânsito em julgado, ou seja, esgotados todos os recursos. Em razão do novo entendimento do STF, Lula foi colocado em liberdade no dia seguinte (em 8-11-2019).

Além disso, diferentes atores políticos comumente possuem interesses diversos ao propor uma ADI, bem como a utilizam com diferente frequência. Os partidos políticos são os legitimados que mais propõem ADI, com menor índice de sucesso. Comparativamente, a OAB é mais econômica na propositura de ADIs, mas possui um índice de sucesso muito maior.[117] No caso dos partidos, além da tentativa de reverter determinada derrota política, também existem outros objetivos com o ajuizamento da ADI, tais como marcar posição perante o eleitorado, aumentar seu poder de barganha, obter repercussão midiática de sua atuação etc. No caso da OAB, de outro lado, talvez o objetivo principal seja efetivamente resguardar suas prerrogativas e obter benefícios para a categoria.

Estadão, 9-4-2018. Disponível em: <http://politica.estadao.com.br/blogs/fausto-macedo/para-nao-beneficiar-lula-pen-decide-desistir-de-liminar-contra-prisao-em-2a-instancia/>. Acesso em: 11-5-2018.

116 O Partido Ecológico Nacional (PEN) requereu, em 25-4-2018, a desistência do pedido de medida liminar feito na ADC n. 43. O partido afirmou que a"medida é inoportuna diante dos acontecimentos atuais" (FALCÃO, Márcio. PEN desiste de liminar para impedir prisão em segunda instância. Jota, 25-4-2018. Disponível em: <https://www.jota.info/stf/pen-liminar-prisao-em-segunda-instancia-25042018>. Acesso em: 11-5-2018). Em razão disso, o Ministro do STF Marco Aurélio, relator do processo, homologou a desistência (BRASIL. Supremo Tribunal Federal. Ação Declaratória de Constitucionalidade n. 43. Medida Cautelar. Relator: Ministro Marco Aurélio Mello. Decisão monocrática. Julgado em 25-4-2018. Disponível em: <http://portal.stf.jus.br/processos/downloadPeca.asp?id=314221822&ext=.pdf>. Acesso em: 31-8-2018).

117 TAYLOR, Matthew M.. *Judging Policy*: Courts and Policy Reform in Democratic Brazil. Redwood City: Stanford University Press, 2014. p. 89.

Os autores que se dedicam a investigar o comportamento dos tribunais como *veto players* desenvolvem a ideia de que o Judiciário, além do Executivo e do Legislativo, também seria um *player* com poder de veto.[118] Determinada política poderia ser vetada pelo Legislativo, pela não aprovação em alguma de suas comissões ou no plenário, e pelo Executivo, através do veto ao projeto de lei aprovado pelo Congresso Nacional, com fundamento em interesse público ou inconstitucionalidade (art. 66, *caput* e § 1º, CF). Além disso, haveria a possibilidade de um veto *ex post*, após a política pública, a lei ou a emenda constitucional já estarem em vigor, em razão do ajuizamento de ação constitucional. Desse modo, admitindo-se a revisão judicial de questões políticas, o STF também teria esse papel de *veto player*.

Desse modo, a Corte Constitucional brasileira também passa a ser considerada como um *player* pelos demais atores políticos. Nesse sentido, o STF pode ser visto como "um aliado estratégico a ser cooptado" ou como "um obstáculo a ser derrubado", a depender do seu comportamento e do comportamento dos seus ministros. Assim, o gerenciamento desses desafios pela Corte Constitucional brasileira vai além do mero julgamento por interpretação jurídico-constitucional, pois depende de "destreza política".[119]

Entretanto, o cálculo estratégico do Executivo e do Legislativo sobre como uma política pública, lei ou emenda constitucional serão recebidos pelo Poder Judiciário é muito mais complexo do que a teoria *standard* dos *veto players* poderia explicar. Em primeiro lugar, porque, no Brasil, o conjunto de estratégias dos *veto players* se torna algo extremamente complexo quando se considera que as políticas de governo podem ser questionadas não somente no STF ou em tribunais superiores, mas também em todo o Judiciário, Estadual ou

---

118 BROUARD, Sylvain; HÖNNIGE, Christoph. Constitutional courts as veto players: Lessons from the United States, France and Germany. *European Journal of Political Research*, v. 56, n. 3, p. 529-552, August 2017.

119 MENDES, Conrado Hübner. Fighting for Their Place: Constitutional Courts as Political Actors. A Reply to Heinz Klug. *Constitutional Court Review*, v. 3, p. 33-44, 2010. p. 33.

Federal, desde a primeira instância.[120] Nesse sentido, é possível observar que a revisão judicial, em todos os níveis do Judiciário, moldou as reformas políticas implementadas pelos governos, sobretudo durante a década de 1990.[121]

Ademais, mesmo se analisando apenas a revisão judicial no STF, é preciso considerar que, além da possibilidade de declarar a constitucionalidade ou a inconstitucionalidade, são possíveis outras formas de resultado interpretativo, como a interpretação conforme a constituição e as sentenças aditivas, o que agrega muita complexidade à questão. Desse modo, no cálculo estratégico dos demais Poderes eleitos, quando aferem a possibilidade de sucesso de implementação e efetivação de determinada política, é preciso considerar a atuação do STF como *veto player*, mas não somente isso. Com efeito, o papel desempenhado pela Corte brasileira não é apenas como um *player* de veto (possibilidade de vetar ou não determinada política), mas também como um *player* de conformação, pois teria a capacidade (outorgada por ele a si próprio) de conformar determinada política, lei ou emenda constitucional, bem como, excepcionalmente, de criar determinadas políticas ou regulamentações. Assim, do ponto de vista estratégico e comportamental, o STF seria mais do que um *veto player*, pois também atuaria como um ator capaz de criar e modificar a política.

Demais disso, é preciso considerar que o STF não atua como um agente coeso. Comumente, ele é uma instituição internamente dividida, em que cada um de seus membros possui ideologias e *backgrounds* próprios, com ligações a diferentes atores políticos, grupos sociais ou econômicos.[122] Essa heterogeneidade talvez explique por que os ministros da Corte Constitucional brasileira possuem os mais variados comportamentos.

---

120 Como as ações judiciais para contestar políticas podem ocorrer nos diversos níveis da Justiça brasileira, é possível que uma maior diversidade de atores políticos e de táticas possam ser utilizadas para impactar a política.

121 TAYLOR, Matthew M.. *Judging Policy*: Courts and Policy Reform in Democratic Brazil. Redwood City: Stanford University Press, 2014. p. 157.

122 TAYLOR, Matthew M.. *Judging Policy*: Courts and Policy Reform in Democratic Brazil. Redwood City: Stanford University Press, 2014. p. 154.

Nesse sentido, não seria correto afirmar que os ministros do STF sempre agem estrategicamente, que possuem ligações políticas, ou que são (ou não) consequencialistas. As divergências entre eles, evidenciadas em julgamentos importantes, mostram que se comportam de maneira muito diferentes, inclusive aqueles que possuem um voto convergente.[123]

Os casos já narrados mostram que grande parte dos ministros do STF atua como um *player* dentro do órgão colegiado, em relação aos demais[124], e também externamente. Por terem acesso privilegiado a um *veto point*, podem ser *veto players* poderosíssimos nas políticas, sobretudo diante dos diversos poderes individuais que possuem.

A questão, então, é investigar como isso tudo impacta no constitucionalismo e na democracia. De um lado, o STF oportunizou o debate na seara judicial permitindo o controle de constitucionalidade e legalidade de uma série de mudanças controversas, ampliando as possibilidades procedimentais de debate dessas questões do ponto de vista constitucional. De outro lado, a sua atuação tem sido desigual em relação aos diversos interesses e atores políticos envolvidos.

Aliás, há uma série de ambiguidades na atuação do STF em relação aos impactos gerados na democracia: o papel do Judiciário como instância política e deliberativa; a intervenção de um órgão não eleito em questões de política; o impacto do desenho institucio-

---

123 KORNHAUSER, Lewis A.; SAGER, Lawrence G.. The One and the Many: Adjudication in Collegial Courts. *California Law Review*, Berkeley, v. 81, n. 1, p. 1-59, jan. 1993. pp. 52-53.

124 É possível, por exemplo, que, diante de um julgamento em que a maioria do colegiado já firmou voto em determinado sentido, um Ministro deixe de expressar o seu voto minoritário, a fim de evitar eventuais desgastes com os seus pares, acumulando capital político para outros julgamentos (MELLO, Patrícia Perrone Campos. *Nos bastidores do Supremo Tribunal Federal*. Rio de Janeiro: Forense, 2015. p. 176). No entanto, como bem apontam Lewis Kornhauser e Lawrence Sager, do ponto de vista ético, existe uma linha tênue que não pode ser cruzada (KORNHAUSER, Lewis A.; SAGER, Lawrence G.. The One and the Many: Adjudication in Collegial Courts. *California Law Review*, Berkeley, v. 81, n. 1, p. 1-59, jan. 1993. p. 53)

nal e da atuação, de fato, do STF na formulação (impacto *ex ante*) e na revisão de políticas (impacto *ex post*); a existência de uma atuação desigual, se considerados os atores e os interesses envolvidos; a possibilidade de conflitos com os demais Poderes eleitos.[125]

Desse modo, ainda que de forma criticável, o STF também assumiu um papel de instância deliberativa do processo político. Há evidências empíricas que mostram que a Corte brasileira foi utilizada para promover determinados fins políticos, em estratégias políticas mais amplas, que o raciocínio técnico jurídico ou o modelo jurídico de comportamento não poderiam sozinhos explicar. Com efeito, o STF se tornou mais uma porta para que os atores políticos busquem reverter uma derrota na esfera política. Além disso, diante da possibilidade concreta de judicialização da questão, a Corte Constitucional brasileira permitiu que as minorias políticas e a oposição aumentassem os custos da implementação de determinada política, já que a judicialização pode retardá-la ou, até mesmo, derrubá-la.[126]

Assim, com a revisão judicial, atores não eleitos pelo povo ganham um papel importante na política. Como já se referiu, a facilidade de acesso e o prestígio de determinados grupos ou atores no STF podem garantir uma posição privilegiada no sistema político. A título de exemplo, a OAB possui grande força relativa nos tribunais, com grande êxito em suas demandas (comparativamente a outros atores), o que lhe garante proeminência continuada no sistema político.[127]

De outro lado, o discurso de que minorias políticas teriam grandes vantagens com a revisão judicial – porque, no STF, não prevaleceria a vontade da maioria, mas o direito constitucional –, não guarda correspondência com a prática. Nesse tocante, embora a revisão judicial possa dar voz a minorias políticas – de todas as

---

125 TAYLOR, Matthew M.. *Judging Policy*: Courts and Policy Reform in Democratic Brazil. Redwood City: Stanford University Press, 2014. p. 158.

126 TAYLOR, Matthew M.. *Judging Policy*: Courts and Policy Reform in Democratic Brazil. Redwood City: Stanford University Press, 2014. pp. 158-159.

127 TAYLOR, Matthew M.. *Judging Policy*: Courts and Policy Reform in Democratic Brazil. Redwood City: Stanford University Press, 2014. p. 159.

ADIs ações propostas por partidos políticos, em cerca de 90% delas, o autor era partido da oposição[128] –, é preciso considerar que, empiricamente, a atuação do STF não tem sido equânime entre os diversos legitimados, o que gera uma grande ambiguidade entre conclusões decorrentes do *design* institucional e a prática do STF. Com efeito, uma das justificativas para legitimar a intervenção do STF em questões políticas é justamente o fato de ele poder garantir os direitos de minorias políticas, permitindo que elas não sejam simplesmente sufragadas pela base governista ou pela coalização majoritária. No entanto, como se pode observar acima, empiricamente, o STF também é desigual, considerando os atores e os interesses envolvidos. Ou seja, os efeitos das decisões do STF sobre a política também geram desigualdades entre os atores envolvidos, nos diversos níveis de governo (federal, estadual e municipal), entre os Poderes eleitos (Executivo e Legislativo) e considerando a força política dos atores envolvidos ou atingidos pela decisão judicial. Além disso, alguns atores e órgãos possuem posição privilegiada na atuação perante a Corte Constitucional brasileira.[129]

De um lado, o acesso a formas privilegiadas de legitimidade jurídica é muito mais amplo no Brasil do que em outros países de *Civil Law*, e a inclusão de partidos políticos no rol de legitimados ampliou significativamente o seu uso como instrumento político, muitas vezes de maneira até positiva. No entanto, é significativa a desigualdade de posição e de tratamento no STF e nos tribunais inferiores. Enquanto alguns atores obtêm mais facilmente a admissibilidade de sua ação na mais alta Corte do país, diversos outros legitimados precisam enfrentar um longo processo judicial, que se inicia na primeira instância e possuiu diversas possibilidades de recursos.[130]

---

128 TAYLOR, Matthew M.. *Judging Policy*: Courts and Policy Reform in Democratic Brazil. Redwood City: Stanford University Press, 2014. pp. 84-85.

129 TAYLOR, Matthew M.. *Judging Policy*: Courts and Policy Reform in Democratic Brazil. Redwood City: Stanford University Press, 2014. p. 159.

130 TAYLOR, Matthew M.. *Judging Policy*: Courts and Policy Reform in Democratic Brazil. Redwood City: Stanford University Press, 2014. pp. 160-161.

Desse modo, a autoperpetuação de determinadas elites e atores políticos no poder, pela dificuldade de representação democrática no processo judicial e de efetiva participação e influência na construção da decisão, é uma preocupação que deve ocupar espaço nos debates quando se pretende recrudescer a democracia.

A desigualdade gerada pela maior potencialidade de influência de atores específicos no STF mina a própria razão democrática da atuação judicial em matéria de política. Além disso, em tese, pode corroer a própria expectativa de que a Corte Constitucional brasileira possa ser o guardião da ordem constitucional, do Estado de Direito e da democracia.

Enfim, a atuação da Corte Constitucional brasileira na arena política deveria ser no sentido de corrigir disfuncionalidades democráticas e recrudescer aspectos importantes da democracia e da atuação político-deliberativa. Contudo, nesta seara, diversas questões ficam em aberto: Em que medida o STF está conseguindo melhorar o ambiente político? Não estaria ele próprio sendo apenas mais um *player* da velha política? Em que medida o constitucionalismo estaria sendo utilizado abusivamente para justificar posições estratégicas dentro desse jogo político? Essas são questões que ainda precisam ser respondidas, dentro da complexa atuação do STF na arena política.

4

O poder político individual dos ministros do STF

Não são poucas as críticas de que, em determinadas situações, os ministros do STF decidem e agem de forma puramente política. Algumas vezes, essa afirmação vem seguida de uma pretensão de autocontenção judicial, ou é pronunciada por alguém que é contrário a determinada decisão judicial. Outras vezes, essa crítica é feita para problematizar a atuação da Corte Constitucional brasileira quando avança sobre os espaços do Legislativo e do Executivo. Neste capítulo, também se pretende investigar se os ministros do STF agem de forma política, mas sem uma postulação imediata de autocontenção em razão da matéria. Para além de casos particularizados, busca-se analisar as situações em que os membros do Tribunal Constitucional brasileiro agem individualmente de forma política em detrimento do julgamento pelo órgão colegiado, outorgando-se um poder que não lhes foi dado pela Constituição, o que aumenta muito o poder político de cada ministro, individualmente considerado.

Ocorre que as decisões políticas individuais comumente não são argumentativamente fundadas na afirmação do próprio desejo, mas estão encobertas, ocultas, dissimuladas, porque buscam um discurso ou uma narrativa de legitimação na lei, na Constituição, na "vontade do povo". Em razão disso, neste capítulo, procura-se investigar, com o auxílio de pesquisas quantitativas e qualitativas, se os membros da Corte Constitucional brasileira têm atuado de forma política e arbitrária, valendo-se da burocracia procedimental para decidirem (ou não decidirem, controlando o *timing* do processo) individualmente questões de competência do colegiado, e, portanto, se estariam agindo contrariamente à própria Constituição.

Essa atuação procedimental de forma política e arbitrária tem sido bastante comum na prática, como se mostrará a seguir. São rotineiros os casos em que ministros, valendo-se de suas opções ideológicas ou partidárias, decidem monocraticamente liminares em nome da Corte, mas não levam a questão a plenário; em que um ministro do STF, para retirar o julgamento do órgão pleno, deixa de devolver o processo para que seja pautado; em que o presidente da Corte controla estrategicamente o *timing* dos processos que serão submetidos a julgamento; em que os ministros realizam pedidos de vista para impedir que o plenário da Corte conclua a questão sob julgamento, mesmo quando já se formou maioria. Por fim, mostra-se como os ministros do STF, individualmente, para implementarem a sua própria agenda, subtraindo a decisão do colegiado, decidem com força vinculante e *erga omnes* medidas liminares que derrubam leis e emendas constitucionais aprovadas pelo parlamento, bem como atos políticos do governo. Desse modo, essa prática de decisões políticas individuais com força de lei é algo extremamente problemático na democracia constitucional brasileira, pois se trata de um poder não concedido pela Constituição, algo que precisa ser investigado criticamente.

4.1. O EXERCÍCIO POLÍTICO DO PODER INDIVIDUAL PELOS MINISTROS DO STF

Os ministros do STF, de forma não autorizada pela Constituição, decidiram monocraticamente, em medida liminar, questões que mudaram o panorama político do país. Por decisão liminar, o Ministro Gilmar Mendes suspendeu a nomeação do ex-Presidente Lula para o cargo de Ministro da Casa Civil do governo Dilma[1]; o Ministro Luiz

1 BRASIL. Supremo Tribunal Federal. Mandado de Segurança n. 34070, Medida Cautelar. Liminar. Relator: Min. Gilmar Mendes. Julgado em 18-3-2016. *DJe*-054, divulg. 22-3-2016, public 28-3-2016

Fux suspendeu a tramitação e determinou que fosse reiniciado na Câmara dos Deputados o Projeto de Lei das "10 Medidas contra a Corrupção" (Projeto de Lei n. 4.850/2016[2])[3]; o Ministro Marco Aurélio determinou que a Presidência da Câmara desse prosseguimento ao processo de *impeachment* contra o Presidente Michel Temer[4]. Esses são alguns exemplos de decisões monocráticas de ministros do STF que mudaram a dinâmica da política e, provavelmente, os destinos do país sem que passassem pelo crivo do pleno da Corte.[5]

Além dessa análise qualitativa, já analisada no capítulo anterior, é preciso examinar a atuação do STF de forma global, de modo que é imprescindível cortejá-la com pesquisa quantitativa sobre a atuação interna da Corte Constitucional brasileira, a fim de mostrar como seus ministros atuam individualmente utilizando-se do procedimento para decidir monocraticamente e/ou controlar o *timing* do processo, a fim de cumprir a sua própria agenda ideológica.

Desse modo, é imprescindível analisar, quantitativa e qualitativamente, como cada ministro do STF age monocraticamente nas decisões liminares e não leva a questão ao plenário, quando sabe que a sua decisão será derrubada; como o relator possui o poder supremo de levar ou não a questão ao plenário, impedindo que questões constitucionais sensíveis sejam julgadas, quando o entendimento do plenário é possivelmente contrário à sua posição individual; como existe um poder discricionário ou arbitrário de o pre-

---

2 BRASIL. Câmara dos Deputados. Projeto de Lei 4.850/2016. Disponível em: <http://www.camara.gov.br/proposicoesWeb/fichadetramitacao?idProposicao=2080604>. Acesso em: 18-8-2018.

3 BRASIL. Supremo Tribunal Federal. Medida Cautelar em Mandado de Segurança n. 34.530. Relator Ministro Luiz Fux. Decisão monocrática. Julgado em 14-12-2016.

4 BRASIL. Supremo Tribunal Federal. Medida Cautelar em Mandado de Segurança n. 34.087. Relator Ministro Marco Aurélio Melo. Decisão monocrática. Julgado em 5-4-2016.

5 No mesmo sentido: ARGUELHES, Diego Werneck; RIBEIRO, Leandro Molhano. Ministrocracia: o Supremo Tribunal individual e o processo democrático brasileiro. *Novos Estudos CEBRAP*, São Paulo, v. 37, n. 1, p. 13-32, jan.-abr. 2018. p. 14.

sidente da Corte pautar os processos, sem critérios claros; como ministros do STF, quando observam que o pleno já atingiu maioria em sentido contrário, usam abusivamente da prerrogativa de pedir vista, apenas para impedir o término do julgamento.

A partir disso, será possível analisar como os ministros da Corte Constitucional brasileira agem política e autoritariamente de forma contrária a um julgamento colegiado e, por conseguinte, o voluntarismo prevalece sobre a razão. Essa utilização abusiva das regras procedimentais para impedir que a decisão colegiada prevaleça viola o cerne da Constituição, pois, quando esta prevê a competência do STF, pressupõe um julgamento institucional, pelo seu órgão colegiado, e não a decisão monocrática de ministro.

Assim, é possível observar que o poder político individual tem sido utilizado abusivamente pelos ministros do STF nos últimos anos, muitas vezes sob a justificativa de sobrecarga de trabalho. O que tem se visto, na prática, é um aumento de decisões concedidas monocraticamente e o exercício, formal ou informal, de poderes individuais de forma estratégica, o que tem sido chamado por alguns autores de "ministrocracia"[6].

As consequências do abuso do poder individual dos ministros em questões políticas dependem da magnitude do seu uso. Além disso, as práticas de uso político desse poder individual não são incomuns em democracias estabelecidas, mas há mais chances de serem detectadas e sancionadas por um público informado. Por isso, apresenta-se, a seguir, uma triagem da forma de atuar do STF, a partir de pesquisas quantitativas e qualitativas, sem prejuízo de uma perspectiva crítica. Com base nessas análises, será possível observar como os ministros da Corte Constitucional brasileira atuam individualmente em questões políticas, retirando ou suprimindo o julgamento colegiado, ou, ainda, usando os mecanismos processuais do próprio julgamento como recurso estratégico, aguardando o ambiente propício para a tomada de decisão.

---

6 ARGUELHES, Diego Werneck; RIBEIRO, Leandro Molhano. Ministrocracia: o Supremo Tribunal individual e o processo democrático brasileiro. *Novos Estudos CEBRAP*, São Paulo, v. 37, n. 1, p. 13-32, jan.-abr. 2018.

Enfim, a prática talvez mostre que o poder político individual dos ministros do STF talvez seja um problema bem maior do que os que são tradicionalmente desenvolvidos a respeito das cortes constitucionais ao redor do mundo.

Além disso, esta forma velada de uso político do poder individual, que se pretende investigar nos itens a seguir, é mais difícil de se combater argumentativamente, exatamente porque se arvora em premissas de legitimidade e legalidade, mas esconde algo que não é possível ver senão a partir do jogo político ou dos interesses que estão por trás de cada ação. E isso precisa ser analisado, denunciado e criticado.

4.2. O PODER SUPREMO DO RELATOR: "LIMINARES PERPÉTUAS" E USO ESTRATÉGICO DO COLEGIADO

As questões que envolvem a (i)legitimidade da revisão judicial ainda são bastante debatidas no direito constitucional contemporâneo. Questiona-se como poderia um órgão composto por poucos membros não eleitos derrubar uma lei aprovada pelo parlamento, composto por diversos membros, todos eleitos pelo povo. Ainda que a Corte Constitucional brasileira se legitime por sua previsão constitucional e, na estrutura institucional, haja a necessidade de um órgão que preserve os valores constitucionais, tal legitimidade pode se enfraquecer na medida em que as decisões da Suprema Corte são tomadas em violação a princípios democráticos.

Nesse ponto, as teorias da constituição *standard* defendem um controle de constitucionalidade fraco ou forte, levando em consideração a análise de situações concretas em diversos países. Ocorre que existe uma questão pouco explorada, sobretudo no Brasil, que talvez seja ainda mais instigante. Se a derrubada de uma lei ou emenda constitucional por 11 ministros do STF já pode ser algo questionável de acordo com as teorias da constituição *standard*, essa questão se torna ainda mais problemática quando se observa que são deferidas medidas liminares por ministros da Corte, individualmente, suspendendo a eficácia de leis ou atos normativos, sem que essa questão jamais seja submetida a julgamento pelo Pleno.

A prática no STF acerca das medidas liminares gera um grande empoderamento dos seus ministros, individualmente considerados. As decisões liminares, em grande parte das vezes, causam impactos na política maiores do que as próprias decisões de mérito. Se uma decisão liminar suspender a eficácia da lei questionada, o impacto no sistema político é imediato, pois o governo e o parlamento terão de trabalhar para contorná-la ou dar outra feição ao seu conteúdo, a fim de implementar a política almejada. Nessa situação, se os atores políticos substituírem a política questionada por outra, terá perdido o objeto da ADI. Então, observe-se que, nessa situação, o impacto na decisão liminar é maior do que a própria sentença final dessa ação.[7]

A gravidade disso aumenta na medida em que se observa que essa prática não é incomum e que esse tipo de atuação ocorre de forma contrária às leis que regem a matéria.

Com efeito, no art. 102, § 2º, da Constituição Federal, está previsto que as "decisões definitivas de mérito" proferidas pelo STF nas ADIs e nas ADCs "produzirão eficácia contra todos e efeito vinculante, relativamente aos demais órgãos do Poder Judiciário e à administração pública direta e indireta, nas esferas federal, estadual e municipal". A *contrario sensu*, as decisões liminares, que são provisórias (i.e., não definitivas) não possuiriam, segundo o texto constitucional, eficácia *erga omnes* e vinculante. Mas não é esse o entendimento do STF.

Além disso, a Lei n. 9.868/1999, no seu art. 10, *caput*, estabelece que, em relação à ADI, "salvo no período de recesso, a medida cautelar na ação direta será concedida por decisão da maioria absoluta dos membros do Tribunal". Da mesma forma, o art. 21, *caput*, dispõe que "o Supremo Tribunal Federal, por decisão da maioria absoluta de seus membros, poderá deferir pedido de medida cautelar na ação declaratória de constitucionalidade". No tocante à ADI por Omissão, o art. 12-F da mesma Lei estabelece que, "em caso de excepcional urgência e relevância da matéria, o Tribunal, por decisão

---

7 TAYLOR, Matthew M.. *Judging Policy*: Courts and Policy Reform in Democratic Brazil. Redwood City: Stanford University Press, 2014. p. 80.

da maioria absoluta de seus membros, observado o disposto no art. 22, poderá conceder medida cautelar".

Ocorre que, contrariamente à Constituição e a essa Lei, diversas questões políticas sensíveis são decididas liminarmente de forma monocrática pelo ministro relator, e, após isso, ele controla se e quando a questão será submetida ao Pleno. Assim, por exemplo, segundo a prática admitida no STF, uma emenda constitucional, aprovada em dois turnos de votação por maioria qualificada de três quintos em cada Casa do Congresso Nacional (formada por 513 deputados federais e 81 senadores), pode ser, de forma ilegal e inconstitucional, derrubada por decisão de um único ministro, que, além disso, tem o poder de decidir se e quando o processo será submetido ao órgão pleno da Corte. Esse problema não é apenas teórico, pois as pesquisas quantitativas mostram uma realidade preocupante.

Nesse ponto, observa-se que, pelo Relatório Supremo em Números, realizado em 2014, constatou-se que o tempo médio de vigência de cada medida liminar (entre a decisão do relator sobre a medida liminar e o julgamento pelo plenário que a confirma ou não) era de 653 dias. Especificamente nas ações diretas de inconstitucionalidade, a média de vigência de uma decisão liminar era de 6,2 anos.[8] Se consideradas as medidas liminares vigentes até à época da pesquisa (duração até dezembro de 2013), a média geral de vigência de uma medida liminar era de 6,6 anos.

A referida pesquisa também listou as liminares que demoraram mais tempo para serem levadas a plenário. As medidas liminares das seguintes ações diretas de inconstitucionalidade demoraram mais de 7 anos para serem levadas a julgamento pelo Pleno do STF: ADI n. 1229, ADI n. 2077, ADI n. 1945, ADI n. 1924, ADI n. 2356, ADI n.

---

8 FALCÃO, Joaquim; HARTMANN, Ivar A.; CHAVES, Vitor P. *Relatório Supremo em Números*: o Supremo e o tempo. Rio de Janeiro: Escola de Direito do Rio de Janeiro da Fundação Getulio Vargas, 2014. Disponível em: <http://bibliotecadigital.fgv.br/dspace/bitstream/handle/10438/12055/III%20Relat%C3%B3rio%20Supremo%20em%20N%C3%BAmeros%20-%20O%20Supremo%20e%20o%20Tempo.pdf?sequence=5&isAllowed=y>. Acesso em: 3-10-2017. p. 13.

2362, ADI n. 2139, ADI n. 2160, ADI n. 1923 e ADI n. 183. Em relação à ADI n. 1229, o pedido de liminar chegou ao plenário e foi indeferido após mais de 18 anos da data em que a ação foi ajuizada.[9] Também é possível observar que, até 31-12-2013, havia diversas ADIs ainda não julgadas, cujas liminares já vigoravam há mais de 22 anos sem apreciação pelo Pleno, quais sejam: ADI n. 144, ADI n. 145, ADI n. 351, ADI n. 310, ADI n. 429, ADI n. 439, ADI n. 509, ADI n. 558, ADI n. 570 e ADI n. 290.[10] Na ADI n. 144, que acabou sendo julgada em 19-2-2014, a medida liminar teve eficácia por mais de 24 anos.

Observou-se, na referida pesquisa, que a média de vigência de medidas liminares (já confirmadas ou derrubadas) era mais longa quando se referia às matérias de Direito Tributário, atingindo duração média de 3,4 anos.[11] Isso, em alguma medida, confirma a hipótese de que STF, politicamente, atua na proteção de interesses governistas, pois deixa de julgar o mérito de questões fiscais quando esse julgamento prejudica interesses governistas. Mas essa perspectiva precisa de uma investigação mais acurada.

---

9 FALCÃO, Joaquim; HARTMANN, Ivar A.; CHAVES, Vitor P. *Relatório Supremo em Números*: o Supremo e o tempo. Rio de Janeiro: Escola de Direito do Rio de Janeiro da Fundação Getulio Vargas, 2014. Disponível em: <http://bibliotecadigital.fgv.br/dspace/bitstream/handle/10438/12055/III%20Relat%C3%B3rio%20Supremo%20em%20N%C3%BAmeros%20-%20O%20Supremo%20e%20o%20Tempo.pdf?sequence=5&isAllowed=y>. Acesso em: 3-10-2017. p. 39.

10 FALCÃO, Joaquim; HARTMANN, Ivar A.; CHAVES, Vitor P. *Relatório Supremo em Números*: o Supremo e o tempo. Rio de Janeiro: Escola de Direito do Rio de Janeiro da Fundação Getulio Vargas, 2014. Disponível em: <http://bibliotecadigital.fgv.br/dspace/bitstream/handle/10438/12055/III%20Relat%C3%B3rio%20Supremo%20em%20N%C3%BAmeros%20-%20O%20Supremo%20e%20o%20Tempo.pdf?sequence=5&isAllowed=y>. Acesso em: 3-10-2017. pp. 50-51.

11 FALCÃO, Joaquim; HARTMANN, Ivar A.; CHAVES, Vitor P. *Relatório Supremo em Números*: o Supremo e o tempo. Rio de Janeiro: Escola de Direito do Rio de Janeiro da Fundação Getulio Vargas, 2014. Disponível em: <http://bibliotecadigital.fgv.br/dspace/bitstream/handle/10438/12055/III%20Relat%C3%B3rio%20Supremo%20em%20N%C3%BAmeros%20-%20O%20Supremo%20e%20o%20Tempo.pdf?sequence=5&isAllowed=y>. Acesso em: 3-10-2017. pp. 41-42.

Embora o fator tempo não possa revelar, por si só, que as medidas liminares são utilizadas como um recurso estratégico de cada ministro, é um aspecto relevante e que deve ser considerado. A fim de que se possa aprofundar a análise desse argumento, é preciso que sejam analisados alguns casos.

Na Ação Originária n. 1773/DF, o Ministro Luiz Fux decidiu, liminarmente, em 15-9-2014, conceder auxílio-moradia aos juízes[12], e, diante de severa crítica social e cobrança pelos demais Ministros[13], somente depois de 4 anos (em 26-11-2018), decidiu por revogar tal benefício[14], sem que a questão fosse submetida a plenário. Essa demora em submeter a questão a plenário ocorreu porque ele sabia, de antemão, que, se submetida ao Pleno, a liminar teria grandes chances de ser revogada por decisão da maioria dos membros.[15]

Questões sensíveis como essa são decididas diuturnamente de forma monocrática, de modo que um ministro do STF se investe no poder de tomar uma decisão que derruba uma lei ou emenda constitucional, e, além disso, diversas vezes o faz sabendo que a sua decisão é contrária ao entendimento dos demais membros da Corte Constitucional.[16]

Mas essa disfuncionalidade não é o problema mais grave. Quando se observa que o ministro relator tem o poder de decidir liminares monocraticamente e jamais submeter a questão ao pleno,

---

12 BRASIL. Supremo Tribunal Federal. Ação Originária n. 1773/DF. Decisão monocrática. Relator: Ministro Luiz Fux. Julgado em 15-9-2014, publ. 18-9-2014.

13 RECONDO, Felipe. Ministros do STF cobram julgamento de auxílio-moradia para juízes. Disponível em: <https://jota.info/justica/ministros-do-stf-cobram-julgamento-de-auxilio-moradia-para-juizes-10092015>. Acesso em: 3-10-2017.

14 BRASIL. Supremo Tribunal Federal. Ação Originária n. 1773/DF. Decisão monocrática. Relator: Ministro Luiz Fux. Julgado em 26-11-2018, publ. 28-11-2018.

15 LIMA, Maurício. Liminar que garante auxílio-moradia a juízes completa dois anos e provoca rombo de bilhão. Revista Veja. Disponível em: <http://veja.abril.com.br/blog/radar/liminar-que-garante-auxilio-moradia-a-juizes-completa-dois-anos-e-provoca-rombo-de-bilhao/>. Acesso em: 3-10-2017.

16 Também nesse sentido: CHADA, Daniel; HARTMANN, Ivar A. A distribuição de processos no Supremo é realmente aleatória?. In: FALCÃO, Joaquim; ARGUELLES, Diego Wernerck; RECONDO, Felipe. *Onze Supremos:* o Supremo em 2016. Belo Horizonte: FGV Rio, 2017. pp. 54-55.

isto se revela ainda mais problemático, pois, além de tudo, é autoritário e violador da ordem constitucional.

Esse cenário se torna mais preocupante quando se observa o quantitativo de decisões que são tomadas monocraticamente. Os dados mostram que, em 2016, houve 13.138 julgamentos colegiados e 94.501 decisões monocráticas.[17] Num cenário em que 87,8% das decisões tomadas pelo STF são monocráticas de relator, a disfuncionalidade do órgão fica evidente.

E isso se revela ainda mais grave ao se constatar que muitas dessas decisões monocráticas contrariam de forma clara precedentes da própria Corte.

Por exemplo, no *Habeas Corpus* n. 143480, o Ministro Celso de Mello, em 10-5-2017, mesmo após a pacificação da questão pelo STF no julgamento do *Habeas Corpus* n. 118.533 (julgado em 23-6-2016)[18], decidiu, em medida liminar, que ele não seguiria o precedente do próprio Tribunal. Num ambiente em que a legislação processual busca criar a cultura de obediência aos precedentes (o que ocorreu com a nova sistemática de precedentes estabelecida pelo Código de Processo Civil de 2015), o Ministro Celso de Mello, nessa decisão, deixou de seguir o precedente firmado pouco tempo antes, ao mero argumento de que esse precedente, cujo julgamento ele participou, não era de observância obrigatória.[19] E o mais curioso é que a decisão impugnada no referido HC, proferida por ministro do STJ, havia obedecido e referenciado o precedente do STF, mas o Ministro Celso de Mello decidiu que o precedente da própria Corte que compõe não precisaria ser por ele respei-

---

17 SUPREMO TRIBUNAL FEDERAL. Notícias STF. Ministra Cármen Lúcia faz balanço de atividades do STF e encerra Ano Judiciário 2016. Disponível em: <http://www.stf.jus.br/portal/cms/verNoticiaDetalhe.asp?idConteudo=332571>. Acesso em: 13-8-2018.

18 BRASIL. Supremo Tribunal Federal. *Habeas Corpus* n. 118533. Relatora: Ministra Cármen Lúcia. Tribunal Pleno. Julgado em 23-6-2016. *DJe*-199, divulg. 16-9-2016, public. 19-9-2016.

19 BRASIL. Supremo Tribunal Federal. *Habeas Corpus* n. 143480. Relator: Ministro Ricardo Lewandowski. Julgado em 10-5-2017. *DJe*-099, divulg. 11-5-2017, public. 12-5-2017.

tado. Observe-se a sua argumentação: "Em que pese o respeitável posicionamento do I. Magistrado, calcado em respeitabilíssimo precedente da Corte Suprema, é certo, porém, que a decisão mencionada foi proferida incidentalmente, de modo que não possui efeito vinculante".[20]

Além disso, mesmo após o STF ter firmado entendimento sobre a possibilidade de execução da pena privativa de liberdade a partir da decisão penal condenatória de segunda instância, diversos ministros, monocraticamente, deferiram medidas liminares em *Habeas Corpus* contrariando o precedente do órgão pleno da Corte.[21] Aliás, há estudos que apontam que ministros do STF deferiram monocraticamente em torno de 23% das liminares em *Habeas Corpus* impetrados por réus presos em razão de decisão condenatória de segunda instância, contrariando a jurisprudência da Corte.[22] Ou seja, decidem como se o precedente vinculante da Corte não existisse.[23] Se não bastasse, em

---

20 BRASIL. Supremo Tribunal Federal. *Habeas Corpus* n. 143480. Relator: Ministro Ricardo Lewandowski. Julgado em 10-5-2017. *DJe*-099, divulg. 11-5-2017, public. 12-5-2017.

21 BRASIL. Supremo Tribunal Federal. Agravo em Recurso Especial n. 964246 RG, Relator(a): Min. Teori Zavascki, julgado em 10-11-2016, processo eletrônico repercussão geral - mérito *DJe*-251 divulg 24-11-2016 public 25-11-2016. Tal tese foi reafirmada no julgamento da medida liminar da ADC n. 43 pelo Pleno do STF (BRASIL. Supremo Tribunal Federal. Ação Declaratória de Constitucionalidade n. 43. Relator: Ministro Marco Aurélio Mello. Acompanhamento processual. Disponível em: <http://portal.stf.jus.br/processos/detalhe.asp?incidente=4986065>. Acesso em: 20-8-2018). Posteriormente, foi novamente mantida pelo Pleno do STF no julgamento do *Habeas Corpus* n. 152752 (BRASIL. Supremo Tribunal Federal. *Habeas Corpus* n. 152752. Relator: Ministro Edson Fachin, Tribunal Pleno, julgado em 4-4-2018, processo eletrônico *DJe*-127, divulg. 26-6-2018, public. 27-6-2018).

22 CONGRESSO EM FOCO. Ministros do STF contrariam entendimento sobre prisão em segunda instância. 4-3-2018. Disponível em: <https://congressoemfoco.uol.com.br/especial/noticias/ministros-do-stf-contrariam-entendimento-sobre-prisao-em-segunda-instancia/>. Acesso em: 19-7-2018.

23 Também nesse sentido: MENDES, Conrado Hübner. Na prática, ministros do STF agridem a democracia, escreve professor da USP. *Folha de São Paulo*, 28-1-2018. Disponível em: <http://www1.folha.uol.com.br/ilustrissima/2018/01/1953534-em-espiral-de-autodegradacao-stf-virou-poder-tensionador-diz-professor.shtml>. Acesso em: 19-2-2018.

7-11-2019, o Pleno do STF, por 6 votos a 5, voltou atrás no entendimento anteriormente firmado, para determinar que a execução da pena somente é possível após o trânsito da decisão penal condenatória (julgamento das ADCs n.º 43, n.º 44 e n.º 54).

Dentro de um sistema em que o controle de constitucionalidade pode ser exercido por qualquer magistrado, desde a primeira instância até os tribunais superiores, o papel constitucional do STF de manter a jurisprudência íntegra e coerente é fundamental, na medida em que suas decisões, com ou sem força vinculativa, servem de paradigma para as decisões das demais instâncias judiciais. No entanto, para que as decisões do STF sejam respeitadas, é necessário que os seus membros também a respeitem. Esse é o requisito primeiro para garantir a autoridade das suas decisões. Se os próprios ministros não seguem a jurisprudência da Corte, as suas decisões ficam mais fragilizadas; aliás, a própria existência de uma jurisprudência do STF perde muito do seu sentido.[24]

Ademais, se o caráter contramajoritário da revisão judicial pelo STF já pode ser algo problemático do ponto de vista democrático, o que se dizer da revisão judicial individual, realizada por um ministro da Corte monocraticamente, que pode, de forma solipsista, suspender determinado ato normativo, sem levar a questão ao plenário.[25] Isso submete a ordem democrática ao voluntarismo, às preferências políticas pessoais de um único ministro, que, em grande parte das vezes, não reflete a posição do Tribunal, como no caso citado anteriormente. A esse respeito, aliás, há autores que falam em "contramajoritarismo interno", na medida em que essa decisão individual de ministro seria contrária à maioria do STF.[26]

---

24 MENDES, Conrado Hübner. Na prática, ministros do STF agridem a democracia, escreve professor da USP. *Folha de São Paulo*, 28-1-2018. Disponível em: <http://www1.folha.uol.com.br/ilustrissima/2018/01/1953534-em-espiral-de-autodegradacao-stf-virou-poder-tensionador-diz-professor.shtml>. Acesso em: 19-2-2018.

25 Idêntica crítica é feita por Diego Arguelhes e Leandro Ribeiro (Ministrocracia: o Supremo Tribunal individual e o processo democrático brasileiro. *Novos Estudos CEBRAP*, São Paulo, v. 37, n. 1, p. 13-32, jan.-abr. 2018. p. 15).

26 ARGUELHES, Diego Werneck; RIBEIRO, Leandro Molhano. Ministrocracia: o Supremo Tribunal individual e o processo democrático brasileiro. *Novos Estudos CEBRAP*, São Paulo, v. 37, n. 1, p. 13-32, jan.-abr. 2018. p. 16.

Isso cria um espaço de decisão individual sem controle do colegiado. Há, assim, um contramajoritarismo individual descontrolado, na medida em que um ministro pode decidir mesmo contra o entendimento do STF e, em razão de regras processuais e regimentais, jamais submeter a questão ao plenário.

Quando os próprios ministros do STF não respeitam as decisões da sua instituição, há o abuso do poder político individual, pois as suas opções políticas tornam-se arbitrárias, com clara afronta à democracia e ao Estado de Direito. A prática arbitrária de alguns ministros corrói a imagem e a legitimidade da Corte, frustrando as expectativas dos jurisdicionados.[27]

Além disso, é possível observar o uso estratégico pelo relator em relação ao órgão colegiado a que submeterá a questão a julgamento. Nesse tocante, o STF tem admitido a prática de que seja levada de imediato ao julgamento do Plenário uma questão que seria de competência da Turma. Isso possibilita que, nos casos em que o relator verifica que, por uma contagem virtual de votos, o seu entendimento tem mais chances de prevalecer no Órgão Pleno do que na Turma, ele submeta a questão diretamente ao colegiado maior.

Os processos criminais relacionados à Operação Lava Jato, que envolve poderosos atores políticos, são um bom exemplo disso. A competência para julgar a maioria dos processos criminais relacionados à Operação Lava Jato seria da Segunda Turma, em razão da prevenção do Ministro Luiz Edson Fachin, relator dessas ações penais. Entretanto, é possível verificar que o Ministro passou a submeter a grande maioria desses julgamentos ao Pleno do STF, na medida em que percebeu que havia se formado, na Segunda Turma, uma maioria "contrária às investigações", a partir do momento em que a Ministra Cármen Lúcia deixou a referida Turma para exercer a Presidência do STF.[28] A Ministra, que tinha uma posição mais favorável à punição dos

---

27 MENDES, Conrado Hübner. Na prática, ministros do STF agridem a democracia, escreve professor da USP. *Folha de São Paulo*, 28-1-2018. Disponível em: <http://www1.folha.uol.com.br/ilustrissima/2018/01/1953534--em-espiral-de-autodegradacao-stf-virou-poder-tensionador-diz-professor.shtml>. Acesso em: 19-2-2018.

28 CRUZ, Valdo. Fachin deve evitar temas polêmicos na Segunda Turma, avaliam procuradores da Lava Jato. G1, 26-4-2018. Disponível em: <https://

crimes em questão, foi substituída, na referida Turma, pelo Ministro Dias Toffoli, mais "garantista". Aliás, nesse jogo estratégico, há especulações de que, após o transcurso do biênio, com o retorno da Ministra Cármen Lúcia à Segunda Turma e a saída do Ministro Dias Toffoli para a Presidência da Casa, questões importantes que "aguardavam a nova composição" fossem liberadas para julgamento pelo relator e submetidas à referida Turma, o que, segundo diversos analistas, passou a preocupar as defesas dos réus da Operação Lava Jato.[29]

No entanto, as hipóteses de abuso do poder político individual dos ministros do Supremo, pelo uso estratégico do procedimento, não são reveladas apenas nas medidas liminares e no uso estratégico do Pleno da Corte. Como adiante se demonstrará, a disfuncionalidade também ocorre diante de um individualismo decisional nos julgamentos colegiados do STF.

4.3. O INDIVIDUALISMO DECISIONAL NOS JULGAMENTOS COLEGIADOS

Tanto intra quanto interinstitucionalmente, a interação deliberativa na revisão judicial seria um ganho em termos democráticos. O paradigma da interação deliberativa, embora não extinguisse a possibilidade de erros, maximizaria a probabilidade de respostas certas ou razoáveis. Nesse sentido, o tribunal constitucional poderia ser "um catalisador deliberativo".[30]

Entretanto, a prática do STF se distancia muito desse paradigma. Mesmo nos julgamentos colegiados da Corte, há ao menos dois grandes

---

g1.globo.com/politica/blog/valdo-cruz/post/2018/04/26/fachin-deve-evitar-temas-polemicos-na-segunda-turma-avaliam-procuradores-da-lava-jato.ghtml>. Acesso em: 19-7-2018.

29 CAMAROTTI, Gerson. Volta de Cármen Lúcia para Segunda Turma do STF já preocupa defesa de acusados. G1, 22-4-2018. Disponível em: <https://g1.globo.com/politica/blog/gerson-camarotti/post/2018/04/22/volta-de-carmen-lucia-para-segunda-turma-do-stf-ja-preocupa-defesa-de-acusados.ghtml>. Acesso em: 19-7-2018.

30 MENDES, Conrado Hübner. Neither Dialogue Nor Last Word: Deliberative Separation of Powers III. *Legisprudence*, v. 5, n. 1, p. 1-40, June 2011. p. 39.

problemas de solipsismo: na quase totalidade dos julgamentos colegiados, os demais ministros não leem previamente o processo e apenas seguem o voto do relator; além disso, nos processos em que os ministros elaboram previamente seus votos – que são a minoria dos casos, geralmente os que possuem maior repercussão midiática –, o julgamento ocorre sem que eles considerem os argumentos de seus pares na Corte. Assim, o próprio julgamento colegiado é distorcido. Ocorre um desvirtuamento, que denomino de individualismo decisional nos julgamentos colegiados.

No Brasil, adotou-se o modelo externo[31], agregativo[32] e *seriatim*[33], em que o julgamento ocorre de forma pública, pelo somatório dos votos individuais e em série. Votam, em sequência, primeiro o relator, depois o revisor e, a seguir, os demais ministros, do mais moderno ao mais antigo na Corte.

Seguindo-se as regras de um julgamento colegiado, o relator teria a missão de analisar todo o processo e fazer um relatório minucioso, a fim de que os demais ministros pudessem conhecer bem a situação que está sendo julgada sem que precisassem ler os autos. Além disso, o ministro relator é o primeiro a proferir o seu voto. Assim, obedecida essa sistemática, os demais ministros deveriam analisar o relatório e proferir um julgamento a partir das peculiaridades relatadas, considerando, ainda, os argumentos jurídicos expendidos pelo relator.

Contudo, nada disso acontece na maioria dos casos. Com efeito, em pesquisa realizada por Virgílio Afonso da Silva, ao entrevistar

---

31 Segundo Patrícia Perrone, o modelo externo "[...] parte das discussões e eventuais divergências entre juízes, no processo de definição da decisão, são expressas publicamente, por exemplo, durante as audiências de julgamento". (MELLO, Patrícia Perrone Campos. *Nos bastidores do Supremo Tribunal Federal*. Rio de Janeiro: Forense, 2015. p. 173)

32 "No modelo agregativo de julgamento, a decisão é produzida pelo cômputo dos entendimentos manifestados por cada um dos juízes individualmente." (MELLO, Patrícia Perrone Campos. *Nos bastidores do Supremo Tribunal Federal*. Rio de Janeiro: Forense, 2015. p. 173)

33 "No modelo de votos em série (*seriatim*), cada membro do órgão colegiado produz o seu próprio voto sobre a solução do caso concreto." (MELLO, Patrícia Perrone Campos. *Nos bastidores do Supremo Tribunal Federal*. Rio de Janeiro: Forense, 2015. p. 174)

ministros e ex-ministros do STF com a promessa de não identificação, um dos entrevistados afirmou que, "na grande maioria dos casos, os ministros não leem o relatório, basicamente porque há muito serviço para ler, mas também pelo fato de que muitos relatórios são muito extensos". E concluiu: "Em outras palavras o relatório, na prática, acaba não exercendo a sua função".[34]

Além disso, na maioria dos casos, o ministro relator não apresenta antecipadamente o seu voto aos demais ministros. O objetivo disso é usar estrategicamente o elemento surpresa no julgamento, para "impedir que outros ministros não possam elaborar contra-argumentos mais robustos", pois, como afirmou um dos ministros, "corre o risco do [sic] colega pegar um argumento seu e elaborar em cima desse argumento e levar você à lona".[35]

Na mesma pesquisa acima citada, constatou-se que alguns ministros diferenciaram o papel do relator nos "casos corriqueiros" e nos que "atraem maior atenção". Relatando a referida pesquisa, Virgílio Afonso da Silva afirma que "o ministro P, por exemplo, salienta a necessidade de diferenciar entre os casos repetitivos e os casos marcantes, para concluir que apenas nos primeiros o papel do relator seria decisivo". No mesmo sentido, "o ministro T argumenta que, quando a matéria não chama atenção (ou, nas suas palavras, 'não dá ibope'), o ministro relator tem papel decisivo", mas que, "'quando a matéria 'dá ibope', então o voto do relator é tomado como um voto qualquer'."[36]

O grande problema é que a maioria dos casos julgados pelo STF não atraem a atenção da grande mídia. Assim, considerando que, na grande maioria dos casos, não há grande repercussão midiática, está-se diante de uma conjuntura em que, pragmaticamente, a decisão do caso fica a

---

34 SILVA, Virgílio Afonso da. "Um voto qualquer"? O papel do ministro relator. *Revista Estudos Institucionais*, Rio de Janeiro, v. 1, n. 1, p. 180-200, 2015. p. 189.

35 SILVA, Virgílio Afonso da. "Um voto qualquer"? O papel do ministro relator. *Revista Estudos Institucionais*, Rio de Janeiro, v. 1, n. 1, p. 180-200, 2015. p. 194.

36 SILVA, Virgílio Afonso da. "Um voto qualquer"? O papel do ministro relator. *Revista Estudos Institucionais*, Rio de Janeiro, v. 1, n. 1, p. 180-200, 2015. p. 189.

critério do relator. Comprovando o que já seria bastante intuitivo, há pesquisas empíricas que mostram que, em cerca de 95% dos julgamentos colegiados, os demais ministros apenas seguem o voto do relator.[37]

Essa situação talvez seja agravada pelo fato de que, em pesquisa realizada considerando as ações diretas de inconstitucionalidade (uma das ações mais importantes no âmbito do STF), verificou-se que, "em 98% dos casos não unânimes, o voto do relator foi seguindo pela maioria do tribunal."[38].

Há, assim, uma prática de "delegacionismo" ao relator.[39] Ou seja, do ponto de vista empírico, o processo decisório do STF, na maioria dos julgamentos, pouco tem de deliberativo, ao menos em termos quantitativos.[40]

De outro lado, nos casos de maior repercussão, os julgamentos colegiados são diferentes, mas não necessariamente melhores, o que precisa ser investigado.

A prática no STF é de que, após a instrução processual ou já estando o processo preparado para julgamento, inicia-se a atuação solitária e pessoal de cada ministro na formulação do seu voto.[41]

---

37 ALMEIDA, Danilo dos Santos; BOGOSSIAN, André Martins."Nos termos do voto do relator": considerações acerca da fundamentação coletiva dos acórdãos do STF. *Revista Estudos Institucionais*, Rio de Janeiro, v. 2, n. 1, p. 263-297, jul. 2016. pp. 279-282.

38 OLIVEIRA, Fabiana Luci de. Processo decisório no Supremo Tribunal Federal: coalizões e"panelinhas". *Revista de Sociologia e Política*, Curitiba, v. 20, n. 44, p. 139-153, nov. 2012. p. 148.

39 ALMEIDA, Danilo dos Santos; BOGOSSIAN, Andre Martins."Nos termos do voto do relator": considerações acerca da fundamentação coletiva dos acórdãos do STF. *Revista Estudos Institucionais*, Rio de Janeiro, v. 2, n. 1, p. 263-297, jul. 2016. p. 293.

40 BENVINDO, Juliano Zaiden; ESTORILIO, Rafael. O Supremo Tribunal Federal como agente do constitucionalismo abusivo. *Cadernos Adenauer*, Rio de Janeiro, a. 18, n. 1, p. 173-192, jul. 2017. p. 176.

41 VALE, André Rufino do. *Argumentação Constitucional:* um estudo sobre a deliberação nos Tribunais Constitucionais. 2015. 415 f. Tese (Doutorado em Direito) – Faculdade de Direito, Universidade de Alicante; Faculdade de Direito, Universidade de Brasília, Alicante, Brasília, 2015. p. 240.

Nas sessões de julgamento, quando envolvem casos com maior repercussão, que são televisionados pela TV Justiça, cada ministro apresenta o seu voto de forma fundamentada e, muitas vezes, exaustivamente longa.

Como todos levam seus votos prontos para a sessão de julgamento – seguindo-se o modelo externo, agregativo e *seriatim*, antes descrito –, os votos são somados, sem que os entendimentos e argumentos sejam confrontados, vale dizer, inexiste dialeticidade na tomada da decisão pelo plenário. Com efeito, na grande maioria dos casos, não há deliberação real, nem diálogo efetivo, nem troca de argumentos, tampouco internalização de divergências.[42]

Em pesquisa realizada a partir de entrevistas, indagados sobre se "modificaria um voto extenso e bem estudado" depois de "ouvir, em sessão, o voto de um colega com argumentos contrários aos seus", a maioria dos ministros entrevistados respondeu que mudaria de voto se fosse convencido do contrário.[43] Entretanto, é preciso considerar que isto não é tão comum,[44] bem como que o modelo externo, agregativo e *seriatim* dificulta em grande medida a deliberação.[45] Na prática, ainda que sejam feitos alguns apartes durante a leitura de votos, as discussões ocorrem apenas pontualmente e não há qualquer evidência de que as divergências realmente são internalizadas para

---

42 SILVA, Virgílio Afonso da. Deciding Without Deliberating. *International Journal of Constitutional Law*, New York, v. 11, n. 3, p. 557–584, jul. 2013. pp. 583-584.

43 VALE, André Rufino do. *Argumentação Constitucional:* um estudo sobre a deliberação nos Tribunais Constitucionais. 2015. 415 f. Tese (Doutorado em Direito) – Faculdade de Direito, Universidade de Alicante; Faculdade de Direito, Universidade de Brasília, Alicante, Brasília, 2015. p. 270.

44 VALE, André Rufino do. *Argumentação Constitucional:* um estudo sobre a deliberação nos Tribunais Constitucionais. 2015. 415 f. Tese (Doutorado em Direito) – Faculdade de Direito, Universidade de Alicante; Faculdade de Direito, Universidade de Brasília, Alicante, Brasília, 2015. p. 271.

45 VALE, André Rufino do. *Argumentação Constitucional:* um estudo sobre a deliberação nos Tribunais Constitucionais. 2015. 415 f. Tese (Doutorado em Direito) – Faculdade de Direito, Universidade de Alicante; Faculdade de Direito, Universidade de Brasília, Alicante, Brasília, 2015. p. 265.

produzir um resultado diferente do que a somatória dos votos já levados prontos por cada ministro à sessão plenária.

Além disso, como Virgílio Afonso da Silva descreve em pesquisa empírica realizada a partir de entrevistas, um dos ministros do STF afirmou que "dificilmente um ministro vai reconsiderar, porque ele não espera os outros argumentos, ele já põe o ponto de vista dele e ele vai para lá para defender aquele ponto de vista a qualquer preço"; outro falou que "quem leva um voto pronto tende a 'não querer refletir e querer brigar pelo seu voto'"; e um terceiro ministro concluiu que "o debate [acaba] sendo irrelevante, porque o sujeito já vem comprometido com uma linha."[46]

Os ministros decidem personificadamente e não como um órgão colegiado. Há um individualismo decisional extremo, em que cada ministro age mais individualmente que como membro de uma Corte Constitucional.[47] Em geral, não há deliberação, no sentido próprio do termo, pois a decisão colegiada é obtida pela soma dos votos dos ministros num ou noutro sentido.[48]

Para o resultado final, vale mais a opinião de cada ministro sobre o tema do que a sua argumentação. Com efeito, a argumentação fica em segundo plano, pois, na prática, não visa a fazer os outros ministros mudarem de opinião. Aliás, em geral, os ministros não se permitem ser influenciados pelos argumentos dos outros. O maior objetivo é tentar mostrar a consistência da opinião individual do julgador, na maioria das vezes a partir da sua erudição e de diversos argumentos de autoridade, com citações de dispositivos legais,

---

46 SILVA, Virgílio Afonso da. "Um voto qualquer"? O papel do ministro relator. *Revista Estudos Institucionais*, Rio de Janeiro, v. 1, n. 1, p. 180-200, 2015. p. 193.

47 SILVA, Virgílio Afonso da. Deciding Without Deliberating. *International Journal of Constitutional Law*, New York, v. 11, n. 3, p. 557–584, jul. 2013. p. 578.

48 BENVINDO, Juliano Zaiden; RÜBINGER-BETTI, Gabriel. Do Solipsismo Supremo à Deliberação Racional. *Direito, Estado e Sociedade*, Rio de Janeiro, n. 50, p. 149-178, jan.-jun. 2017. p. 164.

doutrina e jurisprudência[49]. Talvez pela influência da cultura jurídica brasileira ainda reinante, coloca-se mais ênfase no argumento de autoridade (*ethos*) do que no seu conteúdo em si (*logos*).

Do ponto de vista argumentativo, nas decisões colegiadas, grande parte dos ministros do STF está mais preocupada em apresentar suas opiniões pessoais sobre a questão do que construir uma racionalidade jurídica acerca do entendimento da Corte. Assim, em grande parte dos casos, cada ministro do STF apresenta as suas razões no seu voto sem a preocupação de construir as razões do Tribunal.[50] Ao invés de uma justiça deliberativa, há, na prática, uma justiça opinativa.

Também não há internalização das divergências. Como os votos já estão prontos e são apenas lidos na sessão de julgamento, o voto em sentido contrário de determinado ministro é proferido sem que rebata os fundamentos do voto anterior. Pelo mesmo motivo, as manifestações de advogados das partes e de *amicus curiae* em plenário têm pouca influência no julgamento. Ou seja, a fundamentação de cada ministro não é testada, ele não sofre influência por argumentos contrários, pois, na maioria dos casos, apenas lê na sessão o seu voto já pronto, sendo apenas eventual e pontualmente interrompido por algum outro ministro. O debate, quando existe, ocorre apenas de forma pontual e fragmentária, muitas vezes mais com o propósito de constranger determinado ministro à crítica do que para fazê-lo mudar de opinião. Desse modo, há pouca consistência do julgamento final. A decisão colegiada é formada pela agregação das opiniões.[51]

A existência de deliberação e a formação de uma razão pública nos julgamentos do STF seriam o grande fator da sua legitimação,

---

49 RODRIGUEZ, José Rodrigo. *Como decidem as Cortes?*: para uma crítica do direito (brasileiro). Rio de Janeiro: Editora FGV, 2013. 82-83.

50 RODRIGUEZ, José Rodrigo. *Como decidem as cortes?:* para um crítica do direito (brasileiro). Rio de Janeiro: Editora FGV, 2013. p. 14.

51 RODRIGUEZ, José Rodrigo. *Como decidem as Cortes?*: para uma crítica do direito (brasileiro). Rio de Janeiro: Editora FGV, 2013. p. 82.

como Corte Constitucional e guardião da Constituição.[52] Entretanto, como na imensa maioria dos julgamentos, inexiste deliberação – do ponto de vista da construção coletiva do argumento –, e não há confronto de posições, mas apenas a externalização de opiniões, o julgamento é o somatório de perspectivas individuais. Por conseguinte, a decisão do pleno se torna apenas um agregado de personalismos. Os ministros decidem como "onze ilhas", para usar a expressão utilizada por Conrado Hübner Mendes[53].

Com isso, muitas vezes é difícil identificar qual é o entendimento da Corte, pois os votos não guardam coerência lógica entre si, pela divergência de fundamentos para se chegar a determinado resultado.[54] Num sistema que pretende incrementar a força dos precedentes (o que, no plano formal, ocorreu com o CPC/2015), a dificuldade de identificar a *ratio decidenti* de determinada decisão é algo problemático.[55] Diante disso, é possível que aquele que a interpreta busque defender o seu direito com base no voto que melhor sustenta a sua posição. Isso é agravado pelo fato de que a posição pessoal de cada ministro tem a pretensão de conter, em si, a razão de decidir do acórdão, considerando que a razão única da Corte é difícil de ser encontrada.[56]

---

52 SILVA, Virgílio Afonso da. Deciding Without Deliberating. *International Journal of Constitutional Law*, New York, v. 11, n. 3, p. 557–584, jul. 2013. p. 558.

53 MENDES, Conrado Hübner. Onze ilhas. *Folha de São Paulo*, 1º-2-2010. Disponível em: <https://www1.folha.uol.com.br/fsp/opiniao/fz0102201008.htm>. Acesso em: 5-10-2018.

54 BENVINDO, Juliano Zaiden; RÜBINGER-BETTI, Gabriel. Do Solipsismo Supremo à Deliberação Racional. *Direito, Estado e Sociedade*, Rio de Janeiro, n. 50, p. 149-178, jan.-jun. 2017. p. 173.

55 VALE, André Rufino do. *Argumentação Constitucional:* um estudo sobre a deliberação nos Tribunais Constitucionais. 2015. 415 f. Tese (Doutorado em Direito) – Faculdade de Direito, Universidade de Alicante; Faculdade de Direito, Universidade de Brasília, Alicante, Brasília, 2015. p. 298.

56 VALE, André Rufino do. *Argumentação Constitucional:* um estudo sobre a deliberação nos Tribunais Constitucionais. 2015. 415 f. Tese (Doutorado em Direito) – Faculdade de Direito, Universidade de Alicante; Faculdade de Direito, Universidade de Brasília, Alicante, Brasília, 2015. pp. 298-299.

Diante desse paradigma personalista, com a simples mudança na composição da Corte ou anúncio de que determinado ministro resolveu mudar de posição sobre algum tema, novamente são somados em perspectiva os possíveis votos sobre a matéria, e a Corte pode admitir que a questão seja rediscutida. Isso ocorre porque não há uma decisão construída coletivamente, senão a somatória de votos.[57]

De outro lado, poder-se-ia pensar que a solução para o problema seria a adoção do modelo *per curiam*, interno e deliberativo, como o que ocorre na Suprema Corte dos EUA. No entanto, nada indica que esse modelo possa melhorar o sistema brasileiro.

Em pesquisa realizada a partir de entrevistas com ministros do STF, indagados sobre a possibilidade de realização de uma sessão fechada previamente às sessões públicas do Plenário,[58] alguns disseram que seriam favoráveis, mas outros afirmaram ser contrários. Alguns deles também afirmaram que já houve tentativas nesse sentido, mas, em razão da cultura jurídica e da quantidade de processos julgados, isso tornou-se inviável.[59]

Além disso, ao contrário do que defendem alguns autores[60], nada garante que as sessões secretas prévias tornem o processo decisório mais deliberativo do que as sessões públicas.

---

57 BENVINDO, Juliano Zaiden; RÜBINGER-BETTI, Gabriel. Do Solipsismo Supremo à Deliberação Racional. *Direito, Estado e Sociedade*, Rio de Janeiro, n. 50, p. 149-178, jan.-jun. 2017. p. 165.

58 VALE, André Rufino do. Argumentação Constitucional: um estudo sobre a deliberação nos Tribunais Constitucionais. 2015. 415 f. Tese (Doutorado em Direito) – Faculdade de Direito, Universidade de Alicante; Faculdade de Direito, Universidade de Brasília, Alicante, Brasília, 2015. pp. 246-247.

59 VALE, André Rufino do. *Argumentação Constitucional:* um estudo sobre a deliberação nos Tribunais Constitucionais. 2015. 415 f. Tese (Doutorado em Direito) – Faculdade de Direito, Universidade de Alicante; Faculdade de Direito, Universidade de Brasília, Alicante, Brasília, 2015. pp. 247-248.

60 Também nesse sentido: MELLO, Patrícia Perrone Campos. *Nos bastidores do Supremo Tribunal Federal*. Rio de Janeiro: Forense, 2015. pp. 175.

Com efeito, é preciso fazer a diferença entre barganha e deliberação. Como aponta Mark Tushnet, a barganha é mais facilmente utilizada em segredo, pois os participantes podem defender as suas posições sinceras, aquelas que gostariam que fossem incorporadas à decisão final. Quando confrontados com uma posição contrária ou com alternativas, os participantes podem fazer concessões. Ao justificar a concessão, em uma sessão secreta, é possível utilizar a simples necessidade de se chegar a uma conclusão.[61] Assim, sessões secretas não aumentam necessariamente a qualidade da deliberação, pois podem ter como resultado apenas a melhor inserção do poder de barganha para se chegar a decisões que representem uma solução mediana, situada entre as opiniões mais extremadas.

Com isso, também não se pretende afirmar que sessões públicas levariam necessariamente à melhor qualidade da deliberação. Entretanto, como afirma Tushnet, diante de uma sessão aberta, os participantes tendem a oferecer razões jurídicas para defender a sua tese, ainda que para encobrir a sua posição, mas ficará mais difícil utilizar a barganha para fazer concessões e admitir posições intermediárias, pois teriam que abrir mão das suas razões jurídicas.[62]

Assim, o modelo institucional utilizado pelo STF, apesar de todas as suas imperfeições, no atual estágio de desenvolvimento da democracia brasileira, é preferível em relação ao modelo de reuniões prévias, interno e *per curiam*, pois, se este fosse adotado, não se saberia, ao certo, o que motivou cada juiz a decidir. Enfim, consideradas as contingências, ainda é preferível um modelo que prima pela

---

61 TUSHNET, Mark. New institutional mechanisms for making Constitutional Law. *Harvard Public Law Working Paper*, New York, n. 15-08, p. 1-18, abr. 2015. Disponível em: <https://papers.ssrn.com/sol3/papers.cfm?abstract_id=2589178>. Acesso em: 13-7-2018. pp. 2-3.

62 TUSHNET, Mark. New institutional mechanisms for making Constitutional Law. *Harvard Public Law Working Paper*, New York, n. 15-08, p. 1-18, abr. 2015. Disponível em: <https://papers.ssrn.com/sol3/papers.cfm?abstract_id=2589178>. Acesso em: 13-7-2018. pp. 2-3.

transparência a um modelo em que as decisões são tomadas "a portas fechadas" e no qual não haveria qualquer indicativo da melhora da qualidade da deliberação.

Portanto, chega-se a uma situação dramática. Se, de um lado, o modelo adotado pelo Brasil maximiza a publicidade das decisões, de outro, a prática do STF reduz a qualidade da deliberação, limita o poder persuasivo da argumentação e favorece à lógica da personificação dos julgadores.[63]

Essa é uma disfuncionalidade muito grave na sistemática de julgamento da mais alta Corte do país. Na grande maioria dos casos, a decisão da última instância da Justiça brasileira é tomada, na prática, por um relator, já que os demais apenas os seguem, ou, quando há manifestações individuais, não há dialogicidade.[64] Isso maximiza o poder político individual de cada ministro do STF, favorece o voluntarismo e coloca em questão a legitimidade da atuação da Corte, fragilizando muito o sistema de justiça constitucional brasileiro, sobretudo quando se considera que um tribunal constitucional é responsável por decidir as demandas relativas aos direitos mais caros para a sociedade.

4.4. O PODER DE PAUTA: DISCRICIONARIEDADE OU AUTORITARISMO?

O poder de pauta é um instrumento estratégico poderosíssimo para os ministros do STF. Ele permite, por exemplo, que cada ministro busque estabelecer a sua agenda dentro da Corte. Dois principais atores podem influenciar fundamentalmente no poder de pautar o julgamento da causa, quais sejam, o relator e o presidente.

O ministro relator pode, em tese, desvirtuar o poder de pauta em duas principais situações: quando há pedido de liminar, se ele

---

63 MELLO, Patrícia Perrone Campos. *Nos bastidores do Supremo Tribunal Federal*. Rio de Janeiro: Forense, 2015. p. 173.

64 GARGARELLA, Roberto. El nuevo constitucionalismo dialógico, frente al sistema de los frenos y contrapesos. *Revista Argentina de Teoría Jurídica*, Buenos Aires, v. 14, n. 2, p. 1-30, Diciembre 2013. p. 26.

não decide e nem submete a questão ao pleno, ficando a medida liminar pendente de decisão; quando há pedido liminar, se ele decide (favoravelmente ou não), mas não submete a questão para referendo pelo Pleno. Em tais situações, pode haver o uso estratégico do poder de pauta e do fator tempo, quando o ministro relator sabe que o órgão colegiado é contrário ao seu entendimento.

O desvirtuamento do poder de pauta fica mais evidente quando se observa que ele é utilizado inclusive em relação ao (não) julgamento de medidas liminares, já que, nessas hipóteses, há urgência, e o retardamento da tutela jurisdicional provisória causa grande gravame às partes.

Nesse tocante, é extremamente problemática a demora existente para que diversos processos tenham as suas medidas liminares pautadas para julgamento no STF. Na pesquisa denominada Supremo em Números, da lista das liminares que demoraram mais tempo para serem apreciadas pelo Pleno do STF, destacam-se as seguintes: ADI n. 1229, ajuizada em fevereiro de 1995 e cuja liminar foi julgada pelo Pleno do STF somente em abril de 2013, ou seja, 18 anos e 1 mês após o ajuizamento; ADI n. 2077, cuja liminar foi decidida pelo Pleno da Corte em março de 2013, ou seja, 13 anos e 3 meses após o ajuizamento; ADI n. 1945, cuja liminar foi decidida pelo Pleno 11 anos e 2 meses após o ajuizamento; ADI n. 1924, com decisão liminar proferida somente 10 anos e 4 meses após o ajuizamento; ADI n. 2356, cuja liminar foi decidida pelo Pleno do STF somente 9 anos e 10 meses após o ajuizamento; ADI n. 2362, com liminar decidida 9 anos e 10 meses depois; ADI n. 2139, cuja liminar foi apreciada 9 anos e 2 meses após o ajuizamento; ADI n. 2160, com liminar analisada após 9 anos e 1 mês; ADI n. 1923, em que a liminar foi apreciada depois de 8 anos e 8 meses; e ADI n. 183, cuja liminar foi julgada pelo Pleno do STF mais de 7 anos e 7 meses após o ajuizamento.[65]

---

65 FALCÃO, Joaquim; HARTMANN, Ivar A.; CHAVES, Vitor P. *Relatório Supremo em Números*: o Supremo e o tempo. Rio de Janeiro: Escola de Direito do Rio de Janeiro da Fundação Getulio Vargas, 2014. Disponível em: <http://bibliotecadigital.fgv.br/dspace/bitstream/handle/10438/12055/III%20Relat%C3%B3rio%20Supremo%20em%20N%C3%BAmeros%20-%20

O deferimento da medida liminar e a sua não submissão ao Pleno também constituem um recurso estratégico relacionado ao poder de pauta, mas, como já foi examinado no tópico anterior, não será abordado novamente aqui. Ressalta-se, apenas, que diversas ações tiveram as suas liminares deferidas e demoraram anos ou décadas para serem levadas a plenário.

Assim, por exemplo, quando o ministro relator acredita que não possui maioria no colegiado, pode simplesmente jamais pedir pauta para julgamento. Da mesma forma, se o ministro relator entende que o STF não deve intervir na questão porque ela deve ser resolvida pelo Legislativo ou pelo Executivo, ou simplesmente que a circunstância fática não deve ser modificada, pode, por exemplo, dizer que não há urgência, indeferir a liminar (por uma questão de forma) e jamais pautar o processo.

Também se observa grande disparidade entre a média de tempo que cada ministro demora entre a data da distribuição e a devolução do processo com relatório. No Relatório Supremo em Números, observou-se que o ex-Ministro Joaquim Barbosa levava em média 283 dias para decidir ou devolver o processo. Nos anos de 1997 a 2001, o Ministro Sepúlveda Pertence sempre foi quem alcançou a maior média de tempo, acima de 400 dias. De outro lado, o Ministro Oscar Corrêa levava em média 13 dias, sendo o mais rápido. Considerando membros do Tribunal em 2013, o Ministro Barroso era quem devolvia o processo com menor média de tempo, qual seja, de 40 dias.[66]

O%20Supremo%20e%20o%20Tempo.pdf?sequence=5&isAllowed=y>. Acesso em: 3-10-2017. pp. 119-121.

66 FALCÃO, Joaquim; HARTMANN, Ivar A.; CHAVES, Vitor P. *Relatório Supremo em Números*: o Supremo e o tempo. Rio de Janeiro: Escola de Direito do Rio de Janeiro da Fundação Getulio Vargas, 2014. Disponível em: <http://bibliotecadigital.fgv.br/dspace/bitstream/handle/10438/12055/III%20Relat%C3%B3rio%20Supremo%20em%20N%C3%BAmeros%20-%20O%20Supremo%20e%20o%20Tempo.pdf?sequence=5&isAllowed=y>. Acesso em: 3-10-2017.

Assim, o *timing* para apreciação das liminares e o poder de pauta podem ser utilizados como um recurso estratégico pelos ministros do STF, para estabelecer a sua agenda dentro da Corte. A esse respeito, na pesquisa de campo realizada por Virgílio Afonso da Silva, alguns Ministros da Suprema Corte brasileira mencionaram que o relator possui um grande "poder de agenda". Um dos Ministros afirmou que "o relator administra a tese que ele tem sob julgamento com o tempo". E continuou o mesmo Ministro: "Se ele for uma pessoa de visão tática, aí é uma questão não estritamente técnico-jurídica, mas que faz parte da formação do ser humano e também de quem chegou à Suprema Corte, de saber o seguinte: 'olha esse não é o momento de eu levar tal tema'".[67] Outro Ministro, em relação à mesma questão, salientou que "o relator tem um papel quase absoluto quanto à agenda, porque o processo só vai a julgamento a partir do momento em que ele resolva levar o processo a julgamento. [...] Esse é um poder grande de supressão da discussão".[68]

O poder da pauta também é uma prerrogativa do presidente do STF. Aliás, a pauta é elaborada pelo presidente da Corte Suprema sem que haja critérios claros. A crítica de que há "manipulação de pauta" por presidentes do STF é constante, inclusive por membros da própria Corte.[69]

No ano de 2016, entre os diversos processos que se encontravam prontos para julgamento, a Presidente do STF, Ministra Cármen Lúcia, selecionou 205 para inclusão em pauta, sem que fosse explicitado o critério de seleção. Se isso não bastasse, somente 108 desses

---

67 SILVA, Virgílio Afonso da. "Um voto qualquer"? O papel do ministro relator. *Revista Estudos Institucionais*, Rio de Janeiro, v. 1, n. 1, p. 180-200, 2015. p. 189.

68 SILVA, Virgílio Afonso da. "Um voto qualquer"? O papel do ministro relator. *Revista Estudos Institucionais*, Rio de Janeiro, v. 1, n. 1, p. 180-200, 2015. p. 190.

69 O GLOBO. Marco Aurélio critica 'manipulação da pauta' no STF: 'tempos estranhos'. 27-6-2018. Disponível em: <https://oglobo.globo.com/brasil/marco-aurelio-critica-manipulacao-da-pauta-no-stf-tempos-estranhos-22827300>. Acesso em: 1º-8-2018.

processos foram efetivamente submetidos a julgamento (ainda que este não tenha sido concluído), ou seja, apenas 52,7% do total.[70]

Assim, o fato de a ação estar pautada para julgamento não é garantia de que ela será julgada na sessão.[71] Pelo contrário, o STF, como prática recorrente, deixa de julgar temas que estão na pauta. De todos esses processos submetidos a julgamento, em 2016, apenas 59 receberam uma solução definitiva do plenário (julgamento concluído), vale dizer, somente 28,8%.[72] Há processos importantes, como relativos a ADIs, que foram pautados mais de 10 vezes sem que sequer fosse iniciado o seu julgamento.[73]

Essa prática de pautar e, na data marcada, não julgar os casos é algo bastante problemático. Além de não haver critérios objetivos para estabelecer os processos que serão incluídos em pauta, também não há transparência, já que esses dados são apagados do sítio eletrônico do STF.[74]

É possível observar, ainda, que a ineficiência do STF como um órgão julgador empodera muito o ministro relator e o presidente, pois diminuiu os constrangimentos para a demora na inclusão em pauta.

---

70 ESTEVES, Luiz Fernando Gomes. Supremo: um tribunal aparentemente eficiente? In: FALCÃO, Joaquim; ARGUELLES, Diego Wernerck; RECONDO, Felipe. *Onze supremos:* o supremo em 2016. Belo Horizonte: FGV Rio, 2017. pp. 80 e segs.

71 LEAL, Fernando. A dança da pauta no Supremo. In: FALCÃO, Joaquim; ARGUELLES, Diego Wernerck; RECONDO, Felipe. *Onze supremos:* o supremo em 2016. Belo Horizonte: FGV Rio, 2017. p. 58.

72 ESTEVES, Luiz Fernando Gomes. Supremo: um tribunal aparentemente eficiente? In: FALCÃO, Joaquim; ARGUELLES, Diego Wernerck; RECONDO, Felipe. *Onze supremos:* o supremo em 2016. Belo Horizonte: FGV Rio, 2017. pp. 80 e segs.

73 LEAL, Fernando. A dança da pauta no Supremo. In: FALCÃO, Joaquim; ARGUELLES, Diego Wernerck; RECONDO, Felipe. *Onze supremos:* o supremo em 2016. Belo Horizonte: FGV Rio, 2017. p. 58.

74 ESTEVES, Luiz Fernando Gomes. Supremo: um tribunal aparentemente eficiente? In: FALCÃO, Joaquim; ARGUELLES, Diego Wernerck; RECONDO, Felipe. *Onze supremos:* o supremo em 2016. Belo Horizonte: FGV Rio, 2017. pp. 80 e segs.

Vale dizer, sempre cabe a escusa de que há muitos processos para julgar. Assim, o poder de pauta pode, pragmaticamente, ser utilizado como um grande instrumento estratégico[75] e político, de forma solipsista e arbitrária, tanto pelo relator como pelo presidente da Corte.

Além disso, há um outro poder estratégico que pode ser ainda mais arbitrário e político, que é o poder que todos os ministros têm de pedir vista dos autos, como adiante se demonstrará.

4.5. O PODER ABSOLUTO DE CADA MINISTRO NO PEDIDO DE VISTA: TODOS CONTRA O PLENÁRIO

Outra regra que, se desvirtuada, dá poderes quase absolutos a cada ministro do STF, individualmente, diz respeito ao pedido de vista. Quando um pedido de vista num julgamento pela Corte Constitucional é realizado, é possível que seja legítimo, quando utilizado para que o ministro melhor analise a questão. Contudo, na prática, diversas vezes tem se mostrado uma forma de poder estratégico, de empoderamento de um ministro do Supremo em detrimento do seu colegiado, do Congresso e de toda a sociedade.

Em pesquisa realizada a partir de entrevistas com ministros do STF, eles, de modo geral, negaram o uso estratégico do pedido de vista.[76] Entretanto, o que se observa, a partir de pesquisas qualitativas e quantitativas, é que o pedido de vista se constitui em mais que uma prerrogativa individual, pois se trata de um poder absoluto de que

---

75 LEAL, Fernando. A dança da pauta no Supremo. In: FALCÃO, Joaquim; ARGUELLES, Diego Wernerck; RECONDO, Felipe. *Onze supremos:* o supremo em 2016. Belo Horizonte: FGV Rio, 2017. p. 58.

76 Em entrevista realizada por André Rufino do Vale com 8 ministros, indagados sobre se "pediria vista com a finalidade de suspender um julgamento que estivesse sendo conduzido no sentido contrário às suas teses", a maioria deles negou o seu uso estratégico (VALE, André Rufino do. *Argumentação Constitucional:* um estudo sobre a deliberação nos Tribunais Constitucionais. 2015. 415 f. Tese (Doutorado em Direito) – Faculdade de Direito, Universidade de Alicante; Faculdade de Direito, Universidade de Brasília, Alicante, Brasília, 2015. pp. 276-278)

cada ministro dispõe para jogar contra o colegiado, na medida em que ele não pode ser indeferido. Trata-se de um "instrumento potencial de *veto individual da deliberação*".[77]

Do ponto de vista estratégico, há evidências empíricas que indicam que o pedido de vista não é utilizado na prática para que ministros do STF estudem melhor casos complexos, mas se trata, em verdade, de um instrumento que lhes confere um poder de definição da sua própria agenda dentro da Corte.[78]

Na pesquisa exposta no Relatório Supremo em Números, apurou-se que, até 31-12-2013, havia 2.987 pedidos de vista. Considerando os pedidos de vista devolvidos, constatou-se que 2.215 o foram fora do prazo (que é de 20 dias – art. 940, CPC/2015).[79] É possível observar que, em apenas 20% dos casos, os pedidos de vista foram devolvidos dentro do prazo.[80] Também se constatou que a média de devolução de cada pedido de vista era de 1.095 dias.[81]

---

77 VALE, André Rufino do. *Argumentação Constitucional:* um estudo sobre a deliberação nos Tribunais Constitucionais. 2015. 415 f. Tese (Doutorado em Direito) – Faculdade de Direito, Universidade de Alicante; Faculdade de Direito, Universidade de Brasília, Alicante, Brasília, 2015. pp. 279-280.

78 ARGUELHES, Diego Werneck; HARTMANN, Ivar A.. Timing Control without Docket Control: How Individual Justices Shape the Brazilian Supreme Court's Agenda. *Journal of Law and Courts*, Chicago, v. 5, n. 1, p. 105-140, Spring 2017. p. 135.

79 FALCÃO, Joaquim; HARTMANN, Ivar A.; CHAVES, Vitor P. *Relatório Supremo em Números*: o Supremo e o tempo. Rio de Janeiro: Escola de Direito do Rio de Janeiro da Fundação Getulio Vargas, 2014. Disponível em: <fhttp://bibliotecadigital.fgv.br/dspace/bitstream/handle/10438/12055/III%20Relat%C3%B3rio%20Supremo%20em%20N%C3%BAmeros%20-%20O%20Supremo%20e%20o%20Tempo.pdf?sequence=5&isAllowed=y>. Acesso em: 3-10-2017. p. 18.

80 VASCONCELOS, Frederico. No STF só 20% dos pedidos de vista são devolvidos no prazo. *Folha da São Paulo*, São Paulo, 8-6-2015. Disponível em: <http://www1.folha.uol.com.br/poder/2015/06/1638875-no-stf-so-20-dos-pedidos-de-vista-sao-devolvidos-no-prazo.shtml>. Acesso em: 24-10-2017.

81 FALCÃO, Joaquim; HARTMANN, Ivar A.; CHAVES, Vitor P. *Relatório Supremo em Números*: o Supremo e o tempo. Rio de Janeiro: Escola de Direito do Rio de Janeiro da Fundação Getulio Vargas, 2014. Disponível em: <fhttp://

Em ações diretas de inconstitucionalidade (ADIs), ações de maior impacto para a sociedade (em razão do seu caráter vinculante e *erga omnes*), considerando-se os pedidos de vista em processos devolvidos (até 31-12-2013), a média de tempo entre o pedido de vista e a devolução era de 1,2 anos; considerando apenas os que não haviam sido devolvidos até o final de 2013, a média era de 3,7 anos.[82] Constatou-se, na mesma pesquisa, que o assunto com maior número de pedidos de vista já devolvidos era Direito Administrativo (950), mas que a maior média de duração ocorreu nos processos de Direito do Trabalho (1,9 ano).[83]

O maior tempo entre o pedido de vista e a devolução do processo foi constatado nas seguintes ações e recursos: AI n. 132755, com 20,1 anos; RMS n. 21053, com 19,7 anos; ADI n. 1229, com 15,8 anos; RE n. 215016, com 15,1 anos; CR n. 5806, com 14,9 anos; RE n. 183130, com 14,4 anos; ADI n. 1491, com 14,1 anos; RE n. 141190, com 13,2 anos; ADI n. 2383, com 12,8 anos; e o AI n. 127878, com 12,5 anos.[84]

---

bibliotecadigital.fgv.br/dspace/bitstream/handle/10438/12055/III%20 Relat%C3%B3rio%20Supremo%20em%20N%C3%BAmeros%20-%20 O%20Supremo%20e%20o%20Tempo.pdf?sequence=5&isAllowed=y>. Acesso em: 3-10-2017. p. 18.

82 FALCÃO, Joaquim; HARTMANN, Ivar A.; CHAVES, Vitor P. *Relatório Supremo em Números*: o Supremo e o tempo. Rio de Janeiro: Escola de Direito do Rio de Janeiro da Fundação Getulio Vargas, 2014. Disponível em: <http://bibliotecadigital.fgv.br/dspace/bitstream/handle/10438/12055/III%20 Relat%C3%B3rio%20Supremo%20em%20N%C3%BAmeros%20-%20 O%20Supremo%20e%20o%20Tempo.pdf?sequence=5&isAllowed=y>. Acesso em: 3-10-2017. p. 18.

83 FALCÃO, Joaquim; HARTMANN, Ivar A.; CHAVES, Vitor P. *Relatório Supremo em Números*: o Supremo e o tempo. Rio de Janeiro: Escola de Direito do Rio de Janeiro da Fundação Getulio Vargas, 2014. Disponível em: <http://bibliotecadigital.fgv.br/dspace/bitstream/handle/10438/12055/III%20 Relat%C3%B3rio%20Supremo%20em%20N%C3%BAmeros%20-%20 O%20Supremo%20e%20o%20Tempo.pdf?sequence=5&isAllowed=y>. Acesso em: 3-10-2017. pp. 18-19.

84 FALCÃO, Joaquim; HARTMANN, Ivar A.; CHAVES, Vitor P. *Relatório Supremo em Números*: o Supremo e o tempo. Rio de Janeiro: Escola de Direito do Rio de Janeiro da Fundação Getulio Vargas, 2014. Disponível em: <fhttp://bibliotecadigital.fgv.br/dspace/bitstream/handle/10438/12055/III%20 Relat%C3%B3rio%20Supremo%20em%20N%C3%BAmeros%20-%20

Analisando-se os dados fornecidos pelo próprio STF em 1º-8-2018 (atualizados até 13-7-2018), observou-se que, considerando apenas os processos que chegaram ao plenário da Corte, havia 114 processos com pedidos de vista não devolvidos (sem devolução do processo pelo ministro que pediu vista). Mas isso não seria tão grave não fosse a demora na devolução dos processos. Considerando apenas os processos ainda não devolvidos, constatou-se que a ADI n. 3.154 estava com pedido de vista há mais tempo (em 14-5-2009) e ainda não havia sido julgada, ou seja, aguardava devolução há mais de 9 anos. Além disso, havia 58 processos com pedidos de vista em 2009 que ainda não tinham sido devolvidos para julgamento (há 9 anos aguardando a devolução do processo para julgamento).[85]

Isso se revela ainda mais perturbador quando se observa que o pedido de vista, por diversas vezes, não é utilizado como instrumento para que determinado ministro possa refletir melhor a questão, senão como um recurso estratégico. A título de exemplo, durante o julgamento da ADI n. 4650, em 2-4-2014, já havia, em plenário, maioria formada pela parcial procedência da ação (para impedir doação de empresas a candidatos em eleições), quando o Ministro Gilmar Mendes, ainda não tendo votado, mas já vencido (ele entendia pela improcedência da ação), pediu vista dos autos.[86] Apesar da revolta do meio jurídico e de o Ministro ter sido duramente criticado por sua postura, devolveu o processo apenas um ano e cinco meses após, em 10-9-2015, com voto divergente, no sentido da improce-

---

O%20Supremo%20e%20o%20Tempo.pdf?sequence=5&isAllowed=y>. Acesso em: 3-10-2017. p. 100.

85 SUPREMO TRIBUNAL FEDERAL. Processos. Pedidos de Vista do Plenário. Planilha atualizada até 13-7-2018. Disponível em: <http://portal.stf.jus.br/textos/verTexto.asp?servico=processoPedidoVistaDevolvido>. Acesso em: 1º-8-2018.

86 BRASIL. Supremo Tribunal Federal. Ação Direta de Inconstitucionalidade n. 4650. Acompanhamento Processual. Disponível em: <http://www.stf.jus.br/portal/processo/verProcessoAndamento.asp?numero=4650&classe=ADI&codigoClasse=0&origem=JUR&recurso=0&tipoJulgamento=M>. Acesso em: 24-10-2017.

dência da ação.[87] Por fim, em 17-9-2015, a ação foi julgada parcialmente procedente, para impedir as doações de pessoas jurídicas diretamente a candidatos.[88] Embora vencido o Ministro Gilmar Mendes, o atraso no julgamento gerado pelo seu pedido de vista (pediu vista em 2-4-2014 e somente devolveu em 10-9-2015), quando já havia formação da maioria em sentido contrário ao seu voto, implicou que esse julgamento não pudesse ser finalizado e a decisão não fosse aplicada às eleições federais e estaduais de 2014.

Assim, o pedido de vista se tornou um instrumento estratégico para que cada ministro possa, individual e arbitrariamente, controlar o *timing* da decisão.[89] Pode ser utilizado como um recurso estratégico pelo ministro para, por exemplo, esperar a mudança da composição da Corte (quando existe uma maioria apertada em sentido contrário); aguardar outro momento político (esperando o melhor contexto, para diminuir os riscos de ataques à decisão e retaliações); aguardar simplesmente o decurso do tempo, para que o fato consumado torne difícil a reversão da situação; esperar que determinado evento aconteça, para que o julgamento fique prejudicado (quando, por exemplo, qualquer decisão, num sentido ou noutro, for impopular).[90]

A prerrogativa de pedido de vista é um instrumento estratégico tão poderoso que, de acordo com a prática do STF, pode ser utilizado mesmo com maioria já formada em determinado sentido, ou seja, qualquer ministro pode pedir vista e impedir que o resultado final seja proclamado.

---

87 BRASIL. Supremo Tribunal Federal. Ação Direta de Inconstitucionalidade n. 4650. Relator: Ministro Luiz Fux. Tribunal Pleno. Julgado em 17-9-2015. *DJe*-034, divulg. 23-2-2016, public. 24-2-2016.

88 BRASIL. Supremo Tribunal Federal. Ação Direta de Inconstitucionalidade n. 4650. Relator: Ministro Luiz Fux. Tribunal Pleno. Julgado em 17-9-2015. *DJe*-034, divulg. 23-2-2016, public. 24-2-2016.

89 BENVINDO, Juliano Zaiden; RÜBINGER-BETTI, Gabriel. Do Solipsismo Supremo à Deliberação Racional. *Direito, Estado e Sociedade*, Rio de Janeiro, n. 50, p. 149-178, jan.-jun. 2017. p. 171.

90 Em sentido semelhante: ARGUELHES, Diego Werneck; RIBEIRO, Leandro Molhano. Ministrocracia: o Supremo Tribunal individual e o processo democrático brasileiro. *Novos Estudos CEBRAP*, São Paulo, v. 37, n. 1, p. 13-32, jan.-abr. 2018. p. 18.

O pedido de vista, portanto, em grande parte dos casos, constitui-se em mais que uma prerrogativa individual, pois se trata de um verdadeiro poder de veto (*veto power*), na medida em que pode ser utilizado como uma prática anticolegiada[91] para a obstrução de julgamentos.[92]

Assim, os dados acima apresentados mostram que a utilização do pedido de vista pode ocorrer de forma autoritária, como ferramenta para que um ministro, sozinho, possa impedir a conclusão do julgamento pelo colegiado.

Mas, ainda que ultrapassadas todas essas barreiras, ainda há mais um entrave. É a barreira de "quando publicar". Com efeito, há acórdãos que demoraram mais de 13 anos para serem publicados, contados da data do julgamento. São os proferidos nos seguintes processos: RHC n. 71859, RHC n. 72296, RMS n. 21821, ADI n. 776, ADI n. 775, ADI n. 839, ADI n. 856, RHC n. 69427, RHC n. 79541 e RE n. 144768.[93]

Portanto, observa-se que essas disfuncionalidades no STF, consubstanciadas no abuso de poder ou no desvio de finalidade no exercício das prerrogativas do cargo, fomentam um sistema em que os ministros atuam contra o Pleno e em prol do acúmulo cada vez maior de poder individual. E esse poder individual aumenta muito os custos para uma decisão judicial final do STF. Com efeito, para

---

91 VALE, André Rufino do. *Argumentação Constitucional:* um estudo sobre a deliberação nos Tribunais Constitucionais. 2015. 415 f. Tese (Doutorado em Direito) – Faculdade de Direito, Universidade de Alicante; Faculdade de Direito, Universidade de Brasília, Alicante, Brasília, 2015. p. 279.

92 VALE, André Rufino do. *Argumentação Constitucional:* um estudo sobre a deliberação nos Tribunais Constitucionais. 2015. 415 f. Tese (Doutorado em Direito) – Faculdade de Direito, Universidade de Alicante; Faculdade de Direito, Universidade de Brasília, Alicante, Brasília, 2015. p. 275.

93 FALCÃO, Joaquim; HARTMANN, Ivar A.; CHAVES, Vitor P. *Relatório Supremo em Números*: o Supremo e o tempo. Rio de Janeiro: Escola de Direito do Rio de Janeiro da Fundação Getulio Vargas, 2014. Disponível em: <http://bibliotecadigital.fgv.br/dspace/bitstream/handle/10438/12055/III%20Relat%C3%B3rio%20Supremo%20em%20N%C3%BAmeros%20-%20O%20Supremo%20e%20o%20Tempo.pdf?sequence=5&isAllowed=y>. Acesso em: 3-10-2017. p. 78.

que a decisão final seja proferida, é preciso que o relator libere o caso para julgamento, o presidente da Corte inclua o processo na pauta, o julgamento seja iniciado e nenhum ministro impeça a sua conclusão com pedido de vista.[94] Além disso, depende da "agilidade" do relator em preparar o acórdão para a publicação. Isso mostra que a conclusão do julgamento depende da vontade de 11 ministros, que possuem diferentes agendas e podem, por um poder absoluto e individual, controlar o *timing* da decisão.

Além disso, a utilização estratégica e arbitrária dessas prerrogativas individuais, transformada em práticas recorrentes, pode estar ferindo o cerne da Constituição, como adiante se mostrará.

4.6. O PODER INDIVIDUAL HIPERTRÓFICO E O DESMEMBRAMENTO CONSTITUCIONAL

Segundo Richard Albert, algumas reformas constitucionais não são simples alterações, senão esforços autoconscientes para modificar as características essenciais de uma constituição e destruir a sua base. Para Albert, comumente essas mudanças transformadoras não são diferenciadas das demais, mas uma alteração radical desse tipo não é uma simples emenda à Constituição, senão um desmembramento constitucional. Nesse sentido, o autor preconiza que o desmembramento constitucional é "um esforço deliberado para transformar a identidade, os valores fundamentais ou a arquitetura da constituição sem romper com a continuidade jurídica".[95]

O desmembramento constitucional, conforme Albert, existe como um fenômeno hoje, pois, em todo o mundo, "vimos e continuamos a ver esforços para fazer mudanças constitucionais trans-

---

94 ARGUELHES, Diego Werneck; RIBEIRO, Leandro Molhano. Ministrocracia: o Supremo Tribunal individual e o processo democrático brasileiro. *Novos Estudos CEBRAP*, São Paulo, v. 37, n. 1, p. 13-32, jan.-abr. 2018. p. 21.

95 ALBERT, Richard. Constitutional Amendment and Dismemberment. *Yale Journal of International Law*, Boston College Law School, v. 43, Research Paper 424, p. 1-117, Nov. 2016. p. 1 (tradução livre).

formadoras sem romper a continuidade jurídica". Para ele, o desmembramento constitucional "procura deliberadamente alterar a identidade, os valores fundamentais ou a arquitetura da constituição, recorrendo às regras ordinárias da emenda constitucional". A teoria convencional da mudança constitucional nega a legitimidade de um desmembramento constitucional. Segundo ele, "normalmente, os tribunais impedem os desmembramentos constitucionais por exceder o poder de emenda dos atores modificadores".[96]

Na Constituição Federal brasileira, existe um núcleo duro, denominado de cláusulas pétreas. Diz respeito aos direitos fundamentais e às questões constitucionais que formam a base do Estado Democrático de Direito brasileiro. De acordo com o art. 60, § 4º, da Constituição Federal, são cláusulas pétreas "a forma federativa de Estado"; o "voto direto, secreto, universal e periódico"; a "separação dos Poderes"; e "os direitos e garantias individuais". Trata-se de um limite inclusive ao poder de emenda constitucional. Tal dispositivo tem por objetivo impedir, no plano institucional, aquilo que Richard Albert chamaria de desmembramento constitucional.

Analisar em que medida leis ou emendas constitucionais violam as cláusulas pétreas depende de interpretação, a qual é feita, em última instância, pela Corte Constitucional brasileira.[97] Assim, um desmembramento constitucional somente ocorreria, na prática, se houvesse conivência do STF. Desse modo, problema maior existe quando é a própria Corte Constitucional brasileira que toma decisões que parecem afrontar esse núcleo duro da Constituição, na medida

---

96 ALBERT, Richard. Constitutional Amendment and Dismemberment. *Yale Journal of International Law*, Boston College Law School, v. 43, Research Paper 424, p. 1-117, Nov. 2016. p. 115 (tradução livre).

97 Em perspectiva de direito constitucional comparado, Richard Albert dá como exemplo de desmembramento constitucional a Proposta de Emenda Constitucional (posteriormente promulgada como Emenda Constitucional n. 95/2016) que limitou os gastos públicos no Brasil por 20 anos, por atingir direitos sociais (ALBERT, Richard. Constitutional Amendment and Dismemberment. *Yale Journal of International Law*, Boston College Law School, v. 43, Research Paper 424, p. 1-117, Nov. 2016. pp. 29-31).

em que esse tipo de conduta pode ficar praticamente sem controle se não houver uma resistência forte dos demais Poderes Constituídos.

Desse modo, o risco de desmembramento constitucional no Brasil deve ser analisado à luz da atuação do STF frente a esses direitos estruturais e fundamentais.

Na base da Constituição brasileira, estão as disposições sobre a distribuição de competências entre os Poderes Constituídos. Em determinadas hipóteses especificadas na Constituição, é possível que o STF exerça o controle de constitucionalidade e, quando isso é realizado de forma concentrada e em abstrato, as suas decisões possuem força *erga omnes* e vinculante.

A revisão judicial, amplamente admitida e utilizada na maior parte dos países do mundo, não é um problema em si. Pelo contrário, em geral, tem dado respostas satisfatórias em termos democráticos. O problema é a forma como a revisão judicial tem sido utilizada no Brasil contemporaneamente.

A Constituição brasileira estabeleceu a competência para a revisão judicial ao Supremo Tribunal Federal, composto por 11 ministros. Entretanto, como se mostrou anteriormente, cada ministro tem agido cada vez mais individualmente. Decisões monocráticas liminares que suspendem leis, emendas constitucionais e outros atos normativos têm sido uma prática em ascensão por ministros do STF, inclusive contra a jurisprudência consolidada da própria Corte.[98] Medidas liminares extremamente controversas e que acabam tornando prejudicado o próprio mérito também têm sido comuns.[99] Já

---

98 Aliás, há estudos que apontam que, Ministros do STF deferiram monocraticamente em torno de 23% das liminares em *Habeas Corpus* impetrados por réus presos em razão de decisão de segunda instância, contrariando a jurisprudência da Corte (CONGRESSO EM FOCO. Ministros do STF contrariam entendimento sobre prisão em segunda instância. 4-3-2018. Disponível em: <https://congressoemfoco.uol.com.br/especial/noticias/ministros-do-stf-contrariam-entendimento-sobre-prisao-em-segunda-instancia/>. Acesso em: 19-7-2018).

99 A título de exemplo, a medida liminar concedida pelo Ministro Gilmar Mendes, no Mandado de Segurança Coletivo n. 34.070, em 18-3-2016, para

houve até medida liminar que concedeu, monocraticamente, aumento a carreiras jurídicas.[100] Enfim, se já é questionável a legitimidade de a Corte Constitucional legislar – discussão que se tem ao redor do mundo –, o que se dizer da possibilidade de um ministro do STF, de forma monocrática, por medida liminar, suspender leis ou proferir decisões que, na prática, inovam na ordem jurídica, derrubando emendas constitucionais, leis e atos de natureza política do Presidente da República, sem que haja uma forma de constranger o ministro a levar imediatamente a questão ao Plenário do STF?

Como se pode observar, os poderes individuais dos ministros do STF, individualmente considerados, têm se hipertrofiado, ou seja, tem crescido de forma anormal, excessiva, não autorizada pela Constituição. O exercício autoritário desse poder hipertrófico tem causado diversos problemas do ponto de vista do papel que deveria a Suprema Corte brasileira desempenhar na ordem constitucional. As decisões tomadas individualmente, a supressão do caso ao órgão colegiado, a mudança de entendimento conforme a parte do processo, o controle individual sobre o tempo da decisão e a prática de, individualmente, contrariar os próprios precedentes da Corte não apenas esvaziam a missão constitucional do STF, como também desrespeitam a Constituição e diminuem o papel simbólico da Corte na ordem constitucional, na medida em que um tribunal constitucional sem respeitabilidade pode ser desobedecido sem custos.[101]

---

suspender a nomeação de Luiz Inácio Lula da Silva para o cargo de Ministro Chefe da Casa Civil de Lula durante o Governo Dilma (BRASIL. Supremo Tribunal Federal. Mandado de Segurança n. 34070, Medida Cautelar. Liminar. Relator: Min. Gilmar Mendes. Julgado em 18-3-2016. *DJe*-054, divulg. 22-3-2016, public 28-3-2016).

100 Na Ação Originária 1773/DF, o Ministro Luiz Fux decidiu, liminarmente, em 15-9-2014, conceder auxílio-moradia a juízes e membros do Ministério Público (BRASIL. Supremo Tribunal Federal. Ação Originária n. 1773/DF. Decisão monocrática. Relator: Ministro Luiz Fux. Julgado em 15-9-2014, publ. 18-9-2014).

101 MENDES, Conrado Hübner. Na prática, ministros do STF agridem a democracia, escreve professor da USP. *Folha de São Paulo*, 28-1-2018. Disponível em: <http://www1.folha.uol.com.br/ilustrissima/2018/01/1953534-

Além disso, essa atuação individual prejudica a formação de uma "esfera pública constitucional".[102]

A revisão judicial tem sido realizada individualmente, em decisões monocráticas, por ministros do STF. Entretanto, num Estado Democrático de Direito, o poder estatal não pode estar concentrado nas mãos de uma só pessoa. Além disso, todo aquele que exerce poder também deve estar submetido ao direito, de modo que possa ser controlado por outros órgãos ou poderes. Ocorre que os poderes individuais dos juízes constitucionais brasileiros são hipertróficos e têm se tornado praticamente incontroláveis.

Assim, as práticas anteriormente expostas dos ministros do STF, individualmente considerados, têm violado o cerne do Estado Democrático de Direito, onde o constitucionalismo tem sido utilizado abusiva e autoritariamente como um instrumento retórico para ações estratégicas e ilegítimas.

Enfim, se a revisão judicial pode ser um instrumento importante para a democracia e para o constitucionalismo, no Brasil, a prática do STF, que hipertrofiou o poder individual de seus ministros, se aproxima de um verdadeiro desmembramento constitucional judicial, sobretudo pela forma como alguns deles, individualmente, se arvoram na competência do STF e inovam na ordem jurídica, de forma contrária à Constituição, à ordem democrática e, aliás, muitas vezes de forma contrária à própria jurisprudência da Corte.

Essa hipertrofia do poder político individual dos ministros do STF e a sua atuação estratégica na política possui diversos riscos, bem como geram grandes desafios ao constitucionalismo, que serão analisados no próximo capítulo.

-em-espiral-de-autodegradacao-stf-virou-poder-tensionador-diz-professor.shtml>. Acesso em: 19-2-2018.

102 MENDES, Conrado Hübner. Na prática, ministros do STF agridem a democracia, escreve professor da USP. *Folha de São Paulo*, 28-1-2018. Disponível em: <http://www1.folha.uol.com.br/ilustrissima/2018/01/1953534-em-espiral-de-autodegradacao-stf-virou-poder-tensionador-diz-professor.shtml>. Acesso em: 19-2-2018.

5

STF e política: *design* institucional, jogo estratégico, opinião pública, riscos e desafios

A atuação das Cortes Constitucionais na política é um fenômeno crescente e que tem despertado diversas críticas não somente no Brasil, mas também ao redor do mundo. No âmbito doméstico, contudo, os maiores problemas gerados por esse fenômeno não são a chamada "dificuldade contramajoritária", senão outros, muito mais complexos e de difícil solução. Há diversos problemas estruturais da Corte Constitucional brasileira e fatores conjunturais que contribuem para colocar à prova a legitimidade da sua atuação na seara política. No entanto, não são suficientes respostas meramente teóricas ou sem a necessária contextualização, sendo necessária uma investigação que considere as especificidades da jurisdição constitucional brasileira e os contextos em que o Supremo Tribunal Federal atua. Desse modo, neste capítulo, pretende-se analisar esses problemas estruturais e conjunturais do STF, de forma contextualizada, a partir de uma perspectiva crítica e propositiva.

Assim, inicia-se a investigação aferindo-se o processo de nomeação para o cargo de ministro do STF, talvez o berço de muitos problemas atualmente enfrentados pela Corte. Nesse tocante, analisa-se como esse processo de nomeação ocorre na prática, como são feitas as campanhas para o cargo e como acontece o acerto prévio com a classe política no Executivo e no Senado Federal. Será analisado, também, como o *design* institucional das cortes constitucionais em diversos países – considerando, sobretudo, a sua forma de composição, mais independente da política – contribui para que possa mitigar o risco de captura pelas elites políticas. A seguir, busca-se investigar como a sobrecarga e a morosidade processual são utilizadas para justificar o uso estratégico do procedimento, reduzindo os constrangimentos e gerando escusas para que haja o controle do *timing* de julgamentos de determinados processos pelos ministros da Corte brasileira. Após, também é investigada a atuação do STF no combate à corrupção, bem como os riscos de que seus membros sejam cooptados pelas elites políticas. Nesse tocante, analisa-se a problemática do que se denomina de justiça telefônica, que pode colocar por terra todo o trabalho do aparato estatal no combate à corrupção. Além disso, investiga-se o papel da opinião pública na jurisdição constitucional, o apoio que pode fornecer para a efetivação das decisões judiciais contra as elites políticas e o governo, o seu poder de (des)legitimação da Corte Constitucional brasileira, bem como os seus riscos. Por fim, a par de toda a complexidade existente, pretende-se oferecer uma possível resposta para o problema central, acerca de como deve ser a atuação do STF na política, considerando que ela influencia e condiciona a Corte Constitucional brasileira. Conhecer mais aprofundadamente esses problemas estruturais e conjunturais do Tribunal Constitucional brasileiro permitirá refletir sobre eventuais alternativas, no sentido de aumentar a sua capacidade de corrigir disfuncionalidades nas instituições políticas.

5.1. A POLÍTICA PARA O STF: REFLEXÕES SOBRE PROCESSOS DE NOMEAÇÃO MAIS PÚBLICOS E MENOS POLÍTICOS

A proteção do constitucionalismo, como aponta Anibal Pérez-Liñán, exige pelo menos duas condições necessárias, quais sejam, a existência de instrumentos jurídicos e de juízes independentes dispostos a aplicá-los adequadamente.[1] No Brasil, os instrumentos jurídicos foram dados pela Constituição Federal de 1988, bem como as garantias formais de independência. Todavia, é preciso que os juízes constitucionais sejam efetivamente independentes, bem como estejam dispostos a aplicar as garantias constitucionais, sob pena de o próprio constitucionalismo fracassar.

Nesse tocante, o processo de nomeação dos juízes constitucionais influencia não apenas a sua independência, mas também o tipo e o perfil de juízes que comporão o tribunal constitucional, com impactos diretos no comportamento da corte.[2] Os valores e as ideologias dos juízes constitucionais podem ser determinantes na forma como eles exercerão o poder *de iure*.[3] Por exemplo, há evidências de que, se os juízes constitucionais são escolhidos dentre pessoas fora do Judiciário, haveria maior propensão de expandir o papel tradicional do tribunal constitucional em áreas de políticas tradicionalmente reservadas para os órgãos políticos.[4]

Os atores que mais comumente participam do processo de nomeação de juízes constitucionais nos países da América Latina são o presidente, o congresso, os tribunais, os conselhos judiciais e a sociedade civil organizada. A maior parte dos países latino-americanos atualmente incluiu, no processo de nomeação dos juízes de tribunais constitucionais, a participação de três órgãos – o presiden-

---

1 PÉREZ-LIÑÁN, Anibal. The Conditions for Effective Constitutional Adjudication: Lessons from Latin America. *Duquesne Law Review*, Pittsburgh, v. 49, n. 2, p. 133-144, Spring 2011. p. 141 (tradução livre).

2 No Brasil, o processo de nomeação talvez seja determinante no fato de que juízes constitucionais possuem elevado grau de independência, mas menor atuação contra o governo federal e elites políticas, como já se demonstrou.

3 Como já se demonstrou, o processo de nomeação talvez seja determinante no fato de que juízes constitucionais possuem elevado grau de independência, mas menor atuação contra o governo federal e elites políticas.

4 RÍOS-FIGUEROA, Julio. Institutions for Constitutional Justice in Latin America. In: HELMKE, Gretchen; RÍOS-FIGUEROA, Julio (Org.). *Courts in Latin America*. New York: Cambridge University Press, 2011. p. 27-54. pp. 37-38.

te, o congresso e algum outro.[5] Em alguns países, o tribunal constitucional possui composição mista, com cotas de indicação por diferentes órgãos, e, em outros, a indicação ocorre por um órgão e a aprovação por outro, como é o caso do Brasil.

No Brasil, a forma de nomeação de ministros do STF é altamente politizada – nesse aspecto, não destoa da maioria dos países.[6] Além disso, o Presidente da República e o Senado possuem papel determinante no processo de nomeação (art. 84, XIV, CF). Isso tende a garantir uma posição diferenciada para a autoridade nomeante na defesa de seus interesses na Suprema Corte brasileira. Além disso, é preciso considerar que esse poder de influência política na Corte – ou, ao menos, a expectativa de poder exercê-lo – pode ter impactos no baixo grau de ataques mais contundentes da classe política ao STF, se comparado aos demais países da América Latina.[7]

Atualmente, no Brasil, para preencher uma vaga no STF, são cogitados alguns nomes pelo meio jurídico, mas a indicação para o cargo é feita pelo Presidente da República de forma isolada, sem que a sociedade civil possa participar, passando o indicado apenas por uma sabatina no Senado, na qual se sabe, de antemão, que o escolhido será aprovado, pois já houve prévia submissão do candidato à classe política, ou seja, antes mesmo da indicação, os líderes do Senado já foram consultados sobre o pretenso candidato do Presidente da República, que teve de fazer campanha e peregrinar pelos gabinetes de influentes políticos.[8] Ainda que não haja comprovação empírica de que o

---

5 RÍOS-FIGUEROA, Julio. Institutions for Constitutional Justice in Latin America. In: HELMKE, Gretchen; RÍOS-FIGUEROA (Org.). *Courts in Latin America.* New York: Cambridge University Press, 2011. p. 27-54. p. 39.

6 GINSBURG, Tom; GAROUPA, Nuno. Building Reputation in Constitutional Courts: Political and Judicial Audiences. *Arizona Journal of International & Comparative Law,* v. 28, n. 3, p. 539-568, 2011. p. 568.

7 PÉREZ-LIÑÁN, Anibal. The Conditions for Effective Constitutional Adjudication: Lessons from Latin America. *Duquesne Law Review,* Pittsburgh, v. 49, n. 2, p. 133-144, Spring 2011. p. 139.

8 MARTINS, Argemiro. A escolha dos ministros do STF como uma questão pública. *Jota,* 6-2-2017. Disponível em: <https://www.jota.info/stf/do-su-

processo político de nomeação garanta um perfil alinhado com a autoridade nomeante[9], o ministro do STF não ficará indene de suspeitas de parcialidade quando julgar causas de interesse do governo, do Presidente ou de influentes políticos do Senado.

No Brasil, o problema da politização da nomeação é ainda mais grave quando se considera o poder individual hipertrófico dos ministros da Corte Constitucional. Considerando esse poder, o ministro recém-nomeado pode, por exemplo, paralisar todos os julgamentos contra a autoridade nomeante, mediante diversos artifícios processuais, como o pedido de vista, o já se expôs anteriormente.[10] Esse e outros poderes individuais hipertróficos (p. ex.: conceder liminares, não submeter a questão a julgamento etc.) torna cada nomeação ao cargo de ministro do STF algo extremamente estratégico para o governo federal e a classe política.[11]

Em razão disso, no Brasil, há diversas propostas de se reduzir o componente político da nomeação dos membros do Tribunal Constitucional, algumas delas mais radicais (no sentido de impedir qualquer componente político)[12], outras tendentes a ampliar os ato-

---

premo/escolha-dos-ministros-stf-como-uma-questao-publica-06022017>. Acesso em: 29-6-2018.

9 MELLO, Patrícia Perrone Campos. Quando julgar se torna um espetáculo: a interação entre o Supremo Tribunal Federal e a opinião pública, a partir de reflexões da literatura estrangeira. *Revista de Direito Internacional*, Brasília, v. 14, n. 1, p. 402-423, 2017. pp. 415-416.

10 Também nesse sentido: ARGUELHES, Diego Werneck. Supremo: porto seguro para ministros políticos. *Jota*, 7-2-2017. Disponível em: <https://www.jota.info/stf/supra/disfuncao-stf-encoraja-escolha-de-alexandre-de-moraes-07022017>. Acesso em: 7-8-2018.

11 BENVINDO, Juliano Zaiden. Brazil's Increasingly Politicized Supreme Court. *International Journal of Constitutional Law*, February 2017. Disponível em: <http://www.iconnectblog.com/2017/02/brazils-increasingly-politicized-supreme-court/>. Acesso em: 7-8-2018.

12 De acordo com a PEC n. 52/2015, os Ministros do STF seriam nomeados "após aprovação em concurso público de provas e títulos, para mandatos de cinco anos" (art. 84, inc. IV), os quais também deveriam ser "cidadãos com mais de trinta e cinco e menos de sessenta e cinco anos de idade, de notável saber jurídico e reputação ilibada" (art. 101). (BRASIL. Senado Federal. Pro-

res que participam do processo de escolha[13]. Essas aspirações de afastar a política da nomeação dos ministros da Corte Constitucional brasileira são compreensíveis, haja vista que, se um tribunal constitucional precisa ser imparcial para julgar os conflitos, nada melhor do que isolá-lo da política desde a escolha dos seus membros. Entretanto, embora essa perspectiva seja interessante, empiricamente e considerando o direito comparado, observa-se que não há nenhum exemplo de isolamento total da política.[14]

Fazer com que a nomeação de ministros do STF seja realizada dentre juízes de carreira poderia até ser uma alternativa viável, mas não afastaria diversos dos problemas existentes no modelo atual. Como afirma Julio Ríos-Figueroa, se o cargo de juiz constitucional é também o ápice da carreira judicial, serão nomeados, em tese, os melhores e mais brilhantes juízes de carreira, mas há a tendência de que eles compartilhem valores do serviço civil, como respeito pelas

---

posta de Emenda à Constituição n. 52/2015. Disponível em: <https://legis.senado.leg.br/sdleg-getter/documento?dm=1400535&ts=1529331751406&disposition=inline&ts=1529331751406>. Acesso em: 1º-8-2018)

13 Por exemplo, a PEC 35/2015 daria ao art. 101, § 1º, a seguinte redação: "A escolha dos Ministros do Supremo Tribunal Federal será feita pelo Presidente da República, dentre os integrantes de lista tríplice elaborada, no prazo de até um mês a contar do surgimento da vaga, por um colegiado composto pelos seguintes membros: I – o Presidente do Supremo Tribunal Federal; II – o Presidente do Superior Tribunal de Justiça; III – o Presidente do Tribunal Superior do Trabalho; IV – o Presidente do Superior Tribunal Militar; V – o Presidente do Tribunal de Contas da União; VI – o Procurador-Geral da República; VII – o Presidente do Conselho Federal da Ordem dos Advogados do Brasil." (BRASIL. Senado Federal. Proposta de Emenda à Constituição n. 35/2015. Disponível em: <https://legis.senado.leg.br/sdleg-getter/documento?dm=1401366&ts=1529331745871&disposition=inline&ts=1529331745871>. Acesso em: 1º-8-2018)

14 RUSSEL, Peter H.. Conclusion. In: MALLESON, Kate; RUSSEL, Peter H.. *Appointing Judges in an Age of Judicial Power:* Critical Perspectives from around the Word. Toronto, Buffalo and London: University of Toronto Press, 2006. p. 420-435. p. 420.

regras e capacidade técnica, de modo que estão mais propensos a desempenhar papéis judiciais tradicionais.[15]

Em contraponto, Willian Partlett aponta que, em países onde os tribunais possuem maior participação no processo de nomeação dos membros da suprema corte, haveria maior propensão de que eles assumissem compromissos atitudinais e de recrudescer as condições democráticas, sobretudo quando os juízes dos tribunais constitucionais se veem como parte de uma comunidade que possui o papel amplo de melhorar o funcionamento da democracia.[16] Isso é o que aconteceu, por exemplo, nos Tribunais Constitucionais da Índia, da África do Sul e da Colômbia, exemplos de independência judicial.[17] De outro lado, segundo Partlett, os Tribunais Constitucionais do Quirguistão, da Ucrânia e do Cazaquistão, por terem um procedimento de nomeação judiciária despolitizados, os seus juízes foram facilmente manipulados pela classe política.[18]

Entretanto, ainda que se defenda que os tribunais constitucionais é que deveriam escolher os seus próprios membros, é preciso considerar que, mesmo assim, a escolha seria política. Desse modo, do ponto de vista empírico, é preciso se reconhecer que o processo de nomeação é inevitavelmente político.[19] Além disso, a política

---

15 RÍOS-FIGUEROA, Julio. Institutions for Constitutional Justice in Latin America. In: HELMKE, Gretchen; RÍOS-FIGUEROA, Julio (Org.). *Courts in Latin America.* NewYork: Cambridge University Press, 2011. p. 27-54. p. 37.

16 PARTLETT, William. Courts and Constitution-Making. *Wake Forest Law Review*, Wake Forest University School of Law, Winston-Salem, CN, v. 50, p. 921-949, 2015. p. 948.

17 PARTLETT, William. Courts and Constitution-Making. *Wake Forest Law Review*, Wake Forest University School of Law, Winston-Salem, CN, v. 50, p. 921-949, 2015. p. 943-944.

18 PARTLETT, William. Courts and Constitution-Making. *Wake Forest Law Review*, Wake Forest University School of Law, Winston-Salem, CN, v. 50, p. 921-949, 2015. p. 944.

19 Também nesse sentido: HIRSCHL, Ran. The Judicialization of Mega-Politics and the Rise of Political Courts. *The Annual Review of Political Science*, v. 11, p. 93-118, 2008. p. 109.

feita por juízes dentro de tribunais para ascenderem na carreira é sempre algo problemático.

Então, se o objetivo é tornar o tribunal constitucional mais imparcial e menos sujeito ao poder arbitrário de agentes políticos, a aspiração não deve ser propriamente isolar o processo de nomeação da política, senão torná-lo mais aberto, público, submetido ao crivo de toda a sociedade, impedindo que o poder e a influência de atores políticos sejam mascarados.

Como afirma Ríos-Figueroa, quanto mais aberto o procedimento de nomeação (com a participação, p. ex., da sociedade civil, das organizações não governamentais, dos conselhos de classe dos advogados, das faculdades de direito, das organizações de minorias e dos sindicatos), mais provável é que juízes menos tradicionais componham o tribunal constitucional. Esse é o sistema adotado, por exemplo, na Guatemala e em Honduras.[20]

De outro lado, no Brasil, observa-se a necessidade de se ampliar a participação da sociedade civil, não necessariamente para que organizações ou pessoas fora do Estado possam nomear representantes, mas no sentido de que a escolha dos juízes constitucionais precisa ser pública e passar pelo crivo da sociedade civil.[21]

A esse respeito, o processo de nomeação de juízes constitucionais na Argentina pode ser um bom exemplo de como essa medida traz mais legitimidade à Corte Constitucional. Durante a década de 1990, a Suprema Corte argentina foi muito criticada por não ter independência em relação ao Poder Executivo, que sempre decidia as causas a favor do governo. Durante o governo do Presidente Néstor Kirchner (que durou de 2003 a 2007), todos os membros da *Corte Suprema de Justicia de la Nación* que compunham a chamada "maio-

---

20 RÍOS-FIGUEROA, Julio. Institutions for Constitutional Justice in Latin America. In: HELMKE, Gretchen; RÍOS-FIGUEROA, Julio (Org.). *Courts in Latin America.* NewYork: Cambridge University Press, 2011. p. 27-54. p. 38.

21 MARTINS, Argemiro. A escolha dos ministros do STF como uma questão pública. *Jota,* 6-2-2017. Disponível em: <https://www.jota.info/stf/do-supremo/escolha-dos-ministros-stf-como-uma-questao-publica-06022017>. Acesso em: 29-6-2018.

ria automática" (*mayoría automática*) foram removidos dos seus cargos por renúncia ou por julgamento político.[22] A Corte Constitucional da Argentina era marcada pela instabilidade de suas decisões e pelo favorecimento ao governo.

Em 2003, logo depois de tomar posse como Presidente, Néstor Kirchner editou o Decreto n. 222/2003[23], que estabeleceu um procedimento público para nomear membros da Corte Suprema. Esse Decreto prevê, dentre outras regras, que os nomes dos candidatos ao cargo devem constar de lista publicada na imprensa oficial por duas vezes, antes da nomeação (art. 4º). O candidato a juiz constitucional deve ter compromisso com os direitos humanos e os valores democráticos (art. 2°). Além disso, a composição da Corte Suprema deve refletir as diversidades de gênero, de especialidades jurídicas, e de diferentes províncias e regiões do País (art. 3°). Estabelece o Decreto, ainda, que os cidadãos em geral, as organizações não-governamentais, as associações profissionais, as entidades acadêmicas e de direitos humanos poderão, no prazo de quinze dias da última publicação, se manifestar por escrito, inclusive juntando documentos, sobre os candidatos ao cargo de ministro da Corte Suprema (art. 6°). Embora haja publicização do processo de escolha, a nomeação continua sendo de competência do Presidente, havendo necessidade de aprovação por dois terços do Senado, conforme previsto na Constituição da Argentina (art. 99).

Esse Decreto foi reconhecido, inclusive pela oposição, como um passo positivo. Após ele, foi renovada a composição da Corte Suprema da Argentina, seguindo-se decisões como a que, em 2007, declarou inconstitucional o indulto do ex-Presidente Carlos Menem ao General Santiago Omar Riveros, acusado de ter cometido crimes

---

22 O último dos "automáticos", o Ministro Antonio Boggiano, foi destituído do cargo em 29 de setembro de 2005.

23 ARGENTINA. Decreto n. 222/2003. Disponível em: <http://poderciudadano.org/decreto-222-procedimiento-participativo-para-el-nombramiento-de-los-magistrados-de-la-corte-suprema-de-justicia-de-la-nacion/>. Acesso em: 1º-8-2018.

contra a humanidade durante a ditadura argentina,[24] abrindo a possibilidade de anular indultos concedidos a repressores ainda vivos.

Essa experiência mostra que tornar pública a escolha dos juízes constitucionais pode ser um importante passo para que eles sejam vinculados com as questões constitucionais, sobretudo de direitos humanos, bem como que tenham maior independência em relação ao governo e às elites políticas.

Portanto, a submissão dos indicados ao cargo de ministro do STF ao escrutínio público poderia gerar muitos ganhos em termos democráticos. Além disso, mesmo não sendo capaz de livrar a escolha da política, essa publicização ao menos poderia fazer com que as campanhas ao cargo fossem mais públicas do que políticas, o que reduziria a influência da classe política sobre a Corte. Contudo, talvez este seja exatamente o problema e explique a falta de interesse da classe política em tornar o processo de nomeação mais público. Em outras palavras: Politicamente, a quem interessaria aumentar a publicidade do processo de nomeação?

5.2. A SOBRECARGA E A MOROSIDADE PROCESSUAL: JOGO DE CENA, ESTRATÉGIAS E CUSTOS

O art. 102 da Constituição Federal brasileira estabelece uma ampla gama de competências ao STF, de modo que praticamente qualquer questão pode ganhar roupagem jurídica e ser decidida pela Corte brasileira.[25] Além disso, seguindo-se uma tradição latino-americana[26], há

---

24 CLARÍN. Derechos Humanos: Confirman una medida que ya habian tomado jueces y camaras: La Corte anula hoy los indultos que Menem otorgó a militares. *Buenos Aires*, 13-7-2007. Disponível em: <https://www.clarin.com/ediciones-anteriores/corte-anula-hoy-indultos-menem-otorgo-militares_0_r1rgF8eJRtg.html>. Acesso em: 20-8-2018.

25 BENVINDO, Juliano Zaiden; ACUNHA, Fernando José Gonçalves. O papel da política na atuação das Cortes Supremas. *Novos Estudos*, CEBRAP, São Paulo, v. 37, n. 1, p. 57-79, jan.–abr. 2018. p. 62.

26 RÍOS-FIGUEROA, Julio. Institutions for Constitutional Justice in Latin America. In: HELMKE, Gretchen; RÍOS-FIGUEROA, Julio (Org.).

grande diversidade de instrumentos para se chegar ao Tribunal Constitucional brasileiro, tais como mandado de segurança (individual e coletivo), mandado de injunção, *habeas data, habeas corpus*, revisão criminal, reclamação constitucional, conflito de competência, medidas cautelares, ação direta de inconstitucionalidade, ação declaratória de constitucionalidade, ação direta de inconstitucionalidade por omissão, ação de descumprimento de preceito fundamental, recurso extraordinário, recurso ordinário e agravo, entre outros.

Além dessa amplitude de competências no plano formal, o comportamento permissivo em admitir ações originárias e recursos extraordinários, bem como o alto quantitativo de julgamentos aproximam o STF de um tribunal de apelação.[27]

No final do ano de 2017, existia um acervo de 45.437 em tramitação na Corte brasileira.[28] De 1º-1-2018 a 15-7-2018, foram distribuídos 55.141 processos ao STF[29], sendo que ele, no mesmo período, proferiu 78.081 decisões.[30] Esses números podem dar uma noção da sobrecarga de trabalho na Corte Constitucional brasileira. Há uma distribuição excessiva de processos ao Supremo, bem como uma quantidade exorbitante de julgamentos.

Courts in Latin America. New York: Cambridge University Press, 2011. p. 27-54. p. 31.

27 TAYLOR, Matthew M.. *Judging Policy*: Courts and Policy Reform in Democratic Brazil. Redwood City: Stanford University Press, 2014. p. 28.

28 SUPREMO TRIBUNAL FEDERAL. Estatística. Acervo atual. Acervo atual - Listagem completa de processos. Disponível em: <http://portal.stf.jus.br/textos/verTexto.asp?servico=estatistica&pagina=acervoatual>. Acesso em: 20-7-2018.

29 SUPREMO TRIBUNAL FEDERAL. Estatística. Acervo atual. Listagem de processos recebidos este ano. Disponível em: <http://portal.stf.jus.br/textos/verTexto.asp?servico=estatistica&pagina=acervoatual>. Acesso em: 20-7-2018.

30 SUPREMO TRIBUNAL FEDERAL. Estatística. Estatística de decisões (a partir de 2010). Decisões - geral. Disponível em: <http://portal.stf.jus.br/textos/verTexto.asp?servico=estatistica&pagina=decisoesgeral>. Acesso em: 20-7-2018.

Ao se comparar o STF à Suprema Corte dos EUA, constata-se que a Corte brasileira julga, em média, mil e duzentas vezes mais processos do que a Corte estadunidense[31], o que parece não ter qualquer razoabilidade. De um lado, é certo que não se deve simplificar e pretender aplicar um sistema estrangeiro no Brasil sem considerar toda a complexidade que está envolvida; de outro, não há nada que indique que, no Brasil, o STF deva manter um papel de tribunal de apelação, sobretudo quando se considera que o Superior Tribunal de Justiça foi criado pela Constituição de 1988 exatamente para que o Supremo pudesse se dedicar a casos de natureza exclusivamente constitucional.

Ocorre que o STF não tem buscado uma redução significativa das suas competências. A detenção de competências que vão muito além de um tribunal constitucional, paradoxalmente, amplia o próprio poder dos membros da Corte, pois permite que eles atuem no campo da barganha política, na medida em que, na prática, podem julgar, pela via originária ou em última instância[32], qualquer ação que tramita no país, bastando que ela tenha recebido uma roupagem constitucional.[33]

Esse empoderamento dos ministros do STF ocorre desde o controle de entrada (*docket control*). Com efeito, o controle de admissibilidade de processos na Corte também é um recurso estratégico, que constitui o poder de agenda.[34] Os ministros e a Corte podem definir quais causas admitirão para julgamento. Nesse contexto, atores políticos relevantes e altas autoridades da República podem ter mais poder de barganha para que suas causas cheguem no STF, na medida em que se legitimam para propor as ações constitucionais.

---

31 TAYLOR, Matthew M.. *Judging Policy*: Courts and Policy Reform in Democratic Brazil. Redwood City: Stanford University Press, 2014. pp. 39-40.

32 Qualquer demanda que for formulada a partir de um discurso constitucional pode, em tese, chegar ao STF pela via do recurso extraordinário.

33 BENVINDO, Juliano Zaiden; ACUNHA, Fernando José Gonçalves. O papel da política na atuação das Cortes Supremas. *Novos Estudos*, CEBRAP, São Paulo, v. 37, n. 1, p. 57-79, jan.–abr. 2018. p. 71.

34 FONTANA, David. Docket Control and the Success of Constitutional Courts. In: GINSBURG, Tom; DIXON, Rosalind (eds.). *Comparative Constitutional Law*. Northampton, MA: Elgar Publishing, 2011. p. 624-641. p. 624.

Há diversos legitimados para cada tipo de ação, o que aumenta as chances de que a mesma questão chegue ao STF por diferentes vias. A questão pode chegar à Corte Constitucional brasileira pelas mais diversas ações, que possuem diferentes legitimados[35] e procedimentos, bem como geram diversas competências internas do STF (decisão monocrática, da turma ou do pleno) e efeitos (*erga omnes* e vinculante, p. ex.).

A combinação entre os elementos amplitude de competência, extenso rol de legitimados e diversidade de ações maximiza a complexidade das estratégias dos diversos atores e dos ministros do STF, pois permite um conjunto muito variado de táticas para levar a questão política à Corte Suprema, de acordo com os objetivos de cada *player*.[36] Tudo isso, aliado a um comportamento permissivo, não pode ter outra consequência senão a sobrecarga de processos na Corte e, como consectário, a grande morosidade no julgamento das ações e dos recursos.

Isso tudo leva a alguns questionamentos: a quem interessa a demora do processo? Como ocorre o controle do *timing* do processo? Qual é o seu impacto para a capacidade de o STF melhorar a democracia brasileira?

Se houvesse alteração no texto constitucional ou mudança de entendimento do STF que efetivamente implicasse redução do quantitativo de processos que chegam à Corte, essa medida reduziria o seu poder e também tornaria a primeira instância praticamente incontrolável pela classe política, o que parece não interessar nem ao governo, nem à classe política, tampouco à própria Corte Constitucional brasileira.[37]

A combinação entre revisão judicial, poder individual hipertrófico de ministros do STF e relacionamento destes com os membros

---

35 TAYLOR, Matthew M.. *Judging Policy*: Courts and Policy Reform in Democratic Brazil. Redwood City: Stanford University Press, 2014. p. 22.

36 TAYLOR, Matthew M.. *Judging Policy*: Courts and Policy Reform in Democratic Brazil. Redwood City: Stanford University Press, 2014. p. 22.

37 No Brasil, os juízes de primeira instância são selecionados por concurso público, de modo que o poder político é menos influente em relação a esses magistrados. Ao menos em tese, as altas autoridades da República tendem a ter mais "acesso" a Ministros do STF do que a juízes de primeira instância.

dos demais Poderes Constituídos possibilita que aqueles possam ditar o ritmo das decisões judiciais, o que proporciona vantagens mútuas,[38] muitas vezes de maneira ilegítima e não republicana. Essas relações aumentam à medida que cresce a judicialização da política e o ativismo judicial, quando questões políticas essenciais para o governo passam a ser submetidas à revisão judicial pelo STF.

Talvez isso explique o fato de que mais de 60% dos processos que tramitam no STF dizem respeito ao ente federal, incluindo a sua administração direta e indireta.[39] Assim, o quantitativo de processos distribuídos no Supremo parece ser algo teoricamente inconcebível para uma Corte Constitucional, pois não encontra parâmetro em outros países, ao menos no continente americano, mas parece ter uma razão de ser dentro da perspectiva da política brasileira.

No âmbito da sua competência penal, a lógica parece ser a mesma. A alta permissividade de *Habeas Corpus* e a grande quantidade de ações penais originárias que passaram a tramitar no STF a partir das investigações da Operação Lava Jato – que desvendaram diversos esquemas de corrupção nos mais altos cargos da República e em empresas estatais –, tornaram a pauta da Corte brasileira sobrecarregada de ações e recursos de natureza penal. Embora a decisão do Supremo limitando um pouco a sua competência originária em matéria penal (foro por prerrogativa de função),[40] ele continua sendo a última instância nos processos criminais.

---

38 BENVINDO, Juliano Zaiden. Corporate Campaign Contributions in Brazil: Of Courts, Congresses, and the Agendas of Individual Justices. *International Journal of Constitutional Law Blog*, July 2015. Disponível em: <http://www.iconnectblog.com/2015/07/corporate-campaign-contributions-in-brazil-of-courts-congresses-and-the-agendas-of-individual-justices/>. Acesso em: 7-8-2018.

39 TAYLOR, Matthew M.. *Judging Policy*: Courts and Policy Reform in Democratic Brazil. Redwood City: Stanford University Press, 2014. p. 40.

40 O STF, em 3-5-2018, no julgamento da questão de ordem da Ação Penal n. 937, restringiu o foro por prerrogativa de função, dizendo que ele "aplica-se apenas aos crimes cometidos durante o exercício do cargo e relacionados às funções desempenhadas" (BRASIL. Supremo Tribunal

Ocorre que o fato de a Corte ser transformada num tribunal penal parece não incomodar muito à maioria dos ministros. Pelo contrário, essa amplitude de competência penal do STF permite que os seus ministros exerçam controle de todas as ações penais que tramitam no país, seja pela via originária ou recursal, e isso parece interessar à classe política e a atores que possuem – ou julgam possuir – relações pessoais com os membros da Corte.

Assim, a sua forma de composição e a possibilidade de, mediante recurso extraordinário, atuar praticamente em qualquer ação individual iniciada em juízo de primeira instância fazem do STF, paradoxalmente, um tribunal constitucional altamente empoderado, dada a natureza política da sua atuação. Aliado a isso, o tempo do processo se torna um instrumento que entra no cálculo estratégico, no jogo político e no poder de barganha.

O grande volume de processos que ingressam, o imenso acervo de ações e recursos que aguardam julgamento e o elevado número de casos julgados pelo STF constituem uma pronta justificativa para o longo tempo que os processos permanecem parados na Corte, facilitando ainda mais o uso estratégico disso.[41] Como foi possível observar nos capítulos anteriores, a grande demora do processo com o relator (até pedir pauta para julgamento), a discricionariedade do presidente da Corte na escolha dos processos que serão pautados e a possibilidade de cada ministro pedir vista de um processo e ficar longo tempo com ele são recursos estratégicos potencializados pelo grande acervo processual do STF, pois serve como um "jogo de cena", como uma pronta "justificativa" para cada ação dessas. Portanto, o *timing* de cada ato passa a ser um potencial recurso estratégico durante o tramitar do processo.

Federal. Questão de Ordem na Ação Penal n. 937. Relator Ministro Luís Roberto Barroso. Julgado em 3-5-2018).

41 KAPISZEWSKI, Diana. How Courts Work: Institutions, Culture, and the Brazilian Supremo Tribunal Federal. In: COUSO, Javier; HUNEEUS, Alexandra; SIEDER, Rachel (eds.). *Cultures of Legality:* Judicialization and Political Activism in Latin America. New York: Cambridge University Press, 2010. p. 51-77. p. 66.

O controle estratégico do *timing* das decisões não seria tão problemático não fosse o abuso dessa prática, diante de uma demora incomensurável. O fato de juízes de cortes constitucionais manipularem o momento das decisões não é exclusividade brasileira. Não é incomum que tribunais constitucionais aguardem para julgar determinada matéria até que haja um clima político (ou judicial) mais favorável. Por exemplo, nos EUA, a Suprema Corte pode não aceitar julgar determinada matéria, aguardando o melhor momento para tanto (controle de entrada). No entanto, uma vez aceita para julgamento, a decisão ocorre aproximadamente em 3 meses após as sustentações orais.[42] Em contraste, no Brasil, a causa pode aguardar por muitos anos ou até décadas até o juízo de admissibilidade. Após admitida a causa para julgamento, há diversas possibilidades, concedidas a qualquer um dos ministros da Corte, de impor vetos à deliberação e à conclusão do julgamento, podendo o processo, por exemplo, mediante um simples pedido de vista por qualquer deles, aguardar indefinidamente, até que o ministro o devolva para julgamento.

Além disso, a demora processual pode ser utilizada pelas partes como uma tática para não ter contra si a aplicação do direito,[43] mesmo no caso de recursos inadmissíveis.[44] Ou seja, o processo judicial, por diversas vezes, é utilizado como mecanismo para suspender a

---

42 EPSTEIN, Lee; LANDES, William M.; POSNER, Richard A.. The Best for Last: The Timing of U.S. Supreme Court Decisions. *Duke Law Journal*, Durham, v. 64, n. 6, p. 991–1022, March 2015. pp. 992-993.

43 SANTISO, Carlos. Economic Reform and Judicial Governance in Brazil: Balancing Independence with Accountability. In: GLOPPEN, Siri; GARGARELLA, Roberto; SKAAR, Elin (Org.). *Democratization and the Judiciary:* The Accountability Function of Courts in New Democracies. London: Routledge, 2005. p. 117-143. p. 124.

44 O sistema judicial brasileiro nem sempre é utilizado como um mecanismo para resolução de conflitos, pois pode ser usado como recurso estratégico para postergar a entrega do direito à parte. No âmbito do STF, a lógica não é diferente. Considerando que um recurso extraordinário pode ficar aguardando decisão tanto na fase de admissibilidade quanto na fase de julgamento, a mazela da morosidade no STF é um problema mesmo no caso de recursos inadmissíveis.

aplicação do direito constitucional, enquanto a questão é discutida judicialmente. E essa utilização estratégica do tempo do processo é bastante comum no STF, como foi possível observar nos capítulos anteriores.

Mas o problema da sobrecarga e da morosidade processual não é somente potencializar a politização do processo no STF. A maximização da incerteza gerada pela excessiva demora nos julgamentos pela Corte possui diversos impactos negativos, pelos aspectos vista político, social e econômico. Do ponto de vista político, porque a própria função de fazer justiça fica comprometida; do ponto de vista social, porque a situação jurídica e fática dos cidadãos e das empresas fica indefinida enquanto o processo não é julgado, sendo que os baixos índices de confiança no Judiciário são uma boa medida de como a população não está contente com essa forma de fazer justiça; e do ponto de vista econômico, porque o tempo do processo, a falta de confiabilidade e a incerteza do processo judicial aumentam o custo brasileiro para fazer negócios e atrair investimentos estrangeiros.[45]

Assim, a mazela do tempo do processo no STF – "justificado" pela alta distribuição e sobrecarga de trabalho – se torna um importante recurso estratégico para diversos *players*, bem como empodera muito os ministros da Corte, individualmente considerados, mas com um alto custo, na medida em que coloca em questão a própria função judicial e a real necessidade de um tribunal constitucional.

Portanto, não é difícil concluir que, sob a perspectiva do tempo do processo em termos gerais, o STF não tem cumprido a contento a sua missão de resolução de conflitos de natureza constitucional.

Nesse tocante, diante dessa "sobrecarga de processos" e das suas relações com a política, também se questiona a atuação do STF

---

45 SANTISO, Carlos. Economic Reform and Judicial Governance in Brazil: Balancing Independence with Accountability. In: GLOPPEN, Siri; GARGARELLA, Roberto; SKAAR, Elin (Org.). *Democratization and the Judiciary:* The Accountability Function of Courts in New Democracies. London: Routledge, 2005. p. 117-143. p. 128.

no combate à corrupção nas instituições políticas brasileiras, os seus riscos e desafios, sobretudo quando as investigações envolvem altas autoridades da República. Essa importante questão será objeto de análise a seguir.

5.3. A ATUAÇÃO DO STF NO COMBATE À CORRUPÇÃO NA POLÍTICA E A "JUSTIÇA TELEFÔNICA"

A crise política brasileira que se iniciou em 2013 teve como uma das suas principais causas a corrupção institucionalizada descortinada por operações da Polícia Federal, sobretudo no âmbito da Operação Lava Jato e seus desdobramentos. Altas autoridades e políticos foram presos e passaram a ser investigados. Políticos ocupantes dos mais altos cargos da República eram alvo de operações policiais, investigados por crimes relacionados à corrupção. O Senador Delcídio do Amaral (PT-MS) e o Deputado Federal e Presidente da Câmara dos Deputados Eduardo Cunha (MDB-RJ) foram presos. A então Presidenta Dilma Rousseff também passou a ser alvo de investigações por corrupção e, na sequência, foi afastada do mandato pelo Senado Federal, após um longo processo de *impeachment*. O Vice-Presidente Michel Temer assumiu interinamente a Presidência da República e também passou a ser investigado por corrupção. O Senador Aécio Neves (PSDB-MG), um dos políticos mais poderosos do país, que havia ficado em segundo lugar na eleição presidencial anterior (em 2014), foi investigado e chegou a ser afastado do cargo, embora esta medida tenha sido revertida pouco tempo depois. O Senador e então Presidente do Senado Renan Calheiros (MDB-AL) também foi investigado e chegou a ser afastado do mandato de Presidente da Casa por uma decisão liminar que não foi confirmada posteriormente. O mais alto escalão de políticos e autoridades da República foram expostos em razão de escândalos de corrupção. O cenário político nacional passou a ser ocupado por investigações, processos criminais e prisões. Ainda que sob diversas críticas, aconteceu algo sem precedentes na história brasileira.

No Brasil, assim como em vários países latino-americanos, um dos maiores problemas para a democracia é o elevado grau de corrupção nas diversas esferas do Estado. A corrupção, além de minar a burocracia estatal, prejudicar o desenvolvimento da economia e empobrecer o Estado[46], também aumenta a descrença da população nas instituições estatais. Além disso, a corrupção no setor público fortalece os políticos e partidos que compõem a base do governo, enfraquece a oposição e prejudica a alternância no poder.[47]

É nesse contexto de disfuncionalidade de instituições democráticas e de corrupção nas instituições que a Corte Constitucional brasileira teria um papel ainda mais importante, no sentido de combater esse grave problema para a democracia brasileira[48]. Ocorre que, diante de processos que atingem diretamente políticos poderosos e altas autoridades da República, a capacidade do STF de melhorar a democracia brasileira é colocada em xeque.

No Brasil, diferentemente do que ocorre em outros países, o STF possui uma ampla gama de competências criminais, por uma garantia constitucional concedida a altas autoridades da República, que constitui o que se chama de foro por prerrogativa de função (art. 102, I, CF). Dado o quantitativo de inquéritos policiais e ações penais que passaram a tramitar no STF recentemente, a sua pauta passou a ser dominada por questões penais. Embora tenha decidido limitar a sua própria competência originária em matéria penal[49], continuou com ampla gama de competências nesta seara.

---

46 SANTISO, Carlos. Economic Reform and Judicial Governance in Brazil: Balancing Independence with Accountability. In: GLOPPEN, Siri; GARGARELLA, Roberto; SKAAR, Elin (Org.). Democratization and the Judiciary: The Accountability Function of Courts in New Democracies. London: Routledge, 2005. p. 117-143. p. 117.

47 ISSACHAROFF, Samuel. Constitutional Courts and Consolidated Power. *The American Journal of Comparative Law*, Oxford University Press, v. 62, n. 3, p. 585-612, jul. 2014. p. 585).

48 MELLO, Patrícia Perrone Campos. *Nos bastidores do Supremo Tribunal Federal*. Rio de Janeiro: Forense, 2015. p. 323.

49 BRASIL. Supremo Tribunal Federal. Questão de Ordem na Ação Penal n. 937. Relator Ministro Luís Roberto Barroso. Julgado em 3-5-2018.

Isso, por si só, não seria um problema não fosse o fato de que o STF é uma Corte Constitucional e, como tal, não possui a sua estrutura institucional voltada para julgar ações penais originariamente. Além disso, como tribunal constitucional, possui um forte componente político em suas decisões. Com isso, o grande quantitativo de investigações criminais e ações penais que passaram a tramitar no STF a partir da Operação Lava Jato coloca em evidência algumas questões: Qual é a aptidão da Corte para julgar ações penais originariamente? Qual é a independência dos ministros do STF para julgar questões de natureza penal? O componente político está presente em julgamentos criminais?

Embora um Judiciário independente possa limitar o poder do governo, de autoridades públicas e de líderes políticos, reduzindo as oportunidades de corrupção, uma independência mais significativa que impeça o controle do Judiciário pode aumentar as fontes de abusos e de corrupção dentro do próprio Judiciário. Com efeito, há evidências empíricas de que qualquer sistema de justiça em que juízes e promotores, nos diferentes níveis, sejam atores sem controle gera incentivos para que abusem de suas posições, podendo ser fontes de corrupção.[50] Se, de um lado, um nível baixo de independência do Judiciário pode impedir este de efetivamente controlar os atos do governo e limitar o poder de políticos, um nível extremamente alto pode aumentar os incentivos para que haja abusos e corrupção dentro do próprio Judiciário. Desse modo, o *design* institucional e o sistema jurídico devem conferir à Corte independência com responsabilidade, ou seja, exigir prestação de contas.[51]

Nesse tocante, há evidências empíricas de que o *design* das instituições do sistema de justiça pode ajudar a controlar abusos e a

---

50 RÍOS-FIGUEROA, Julio. Justice System Institutions and Corruption Control: Evidence from Latin America. *The Justice System Journal*, v. 33, n. 2, p. 195-214, 2012. p. 195.

51 RÍOS-FIGUEROA, Julio. Justice System Institutions and Corruption Control: Evidence from Latin America. *The Justice System Journal*, v. 33, n. 2, p. 195-214, 2012. pp. 195-196.

corrupção.[52] Em pesquisa realizada nos países da América Latina, buscando identificar a relação entre combate à corrupção e independência judicial, considerando as variáveis que garantem independência interna e externa, Julio Ríos-Figueroa procurou investigar as seguintes hipóteses: a) se o órgão do Ministério Público for localizado fora do Poder Executivo, aumentam-se as probabilidades de denúncias por atos de corrupção, de investigação, e de que funcionários corruptos sejam processados e acusados; b) níveis extremamente altos ou baixos de independência judicial externa reduzem os incentivos aos juízes do tribunal constitucional para punir atos corruptos nos Poderes Executivo e Legislativo; e c) níveis muito altos de independência interna criam incentivos para a corrupção dentro do próprio Judiciário.[53]

Após analisar os dados empíricos, o autor chegou à conclusão de que a percepção de corrupção é maior nos países com níveis mais altos de independência interna e com órgãos de Ministério Público subordinado ao Poder Executivo. Assim, concluiu que juízes e promotores podem ser geralmente considerados como controladores dos outros órgãos governamentais, mas, se eles não forem controlados, também podem constituir fontes de corrupção. De outro lado, a pesquisa empírica realizada não conseguiu comprovar se graus extremos de independência externa estão relacionados a percepções mais elevadas de corrupção.[54]

Além disso, a referida pesquisa, analisando os casos do Chile e do México, apontou que o fato de não haver controle do Judiciário

52 RÍOS-FIGUEROA, Julio. Justice System Institutions and Corruption Control: Evidence from Latin America. *The Justice System Journal*, v. 33, n. 2, p. 195-214, 2012. p. 195.

53 RÍOS-FIGUEROA, Julio. Justice System Institutions and Corruption Control: Evidence from Latin America. *The Justice System Journal*, v. 33, n. 2, p. 195-214, 2012. p. 201.

54 RÍOS-FIGUEROA, Julio. Justice System Institutions and Corruption Control: Evidence from Latin America. *The Justice System Journal*, v. 33, n. 2, p. 195-214, 2012. p. 210.

é prejudicial ao combate à corrupção.[55] A mesma pesquisa afirma que Conselhos Judiciais, que fiscalizam os membros do Judiciário, devem merecer mais atenção como mecanismo para equilibrar independência judicial e responsabilidade.[56]

Analisando-se essas variáveis, também se observa que, no sistema judiciário brasileiro, o Ministério Público foi colocado no *design* constitucional como um órgão autônomo, fora da estrutura do Executivo e também do Judiciário (art. 127, §§ 2º e 3º, CF). No entanto, a nomeação do Procurador-Geral da República, chefe da instituição na esfera federal, ocorre por escolha do Presidente da República dentre membros do Ministério Público da União, com aprovação do Senado Federal (art. 128, § 1º, CF).

No Brasil, uma das grandes críticas que havia ao Judiciário era a existência de altos níveis de independência judicial, com baixos níveis de controle. Ocorre que um nível ótimo de independência judicial não é equivalente a um nível máximo de independência. Ao invés disso, um nível ótimo de independência judicial seria aquele em que houvesse combinação entre independência e responsabilidade[57], de modo que a independência externa possa ser controlada por políticos e pelos próprios juízes.

A Emenda Constitucional n. 45/2004 (chamada de Reforma do Judiciário) pretendeu estabelecer mecanismos para aumentar o controle dos juízes[58], mas, no âmbito do STF, essas possibilidades de

---

55 RÍOS-FIGUEROA, Julio. Justice System Institutions and Corruption Control: Evidence from Latin America. *The Justice System Journal*, v. 33, n. 2, p. 195-214, 2012. p. 211.

56 RÍOS-FIGUEROA, Julio. Justice System Institutions and Corruption Control: Evidence from Latin America. *The Justice System Journal*, v. 33, n. 2, p. 195-214, 2012. p. 211.

57 RÍOS-FIGUEROA, Julio. Justice System Institutions and Corruption Control: Evidence from Latin America. *The Justice System Journal*, v. 33, n. 2, p. 195-214, 2012. p. 200.

58 No entanto, há diversos autores que questionam a real capacidade de o CNJ promover responsabilidade e transparência no Judiciário brasileiro (ALBERT, Richard; BENVINDO, Juliano Zaiden; RADO, Klodian; ZHILLA,

controle interno ficam quase que apagadas, seja pela falta de controle administrativo (não há notícia de possibilidade de correição de ministros do STF pelo própria Corte, nem possibilidade de controle de seus atos pelo CNJ), seja pela falta de controle judicial (não há instância judicial superior que possa reformar a decisão do pleno do STF). Como não há qualquer outro tribunal acima do STF, os seus ministros são julgados pelos próprios pares. Isso reduz significativamente a possibilidade de constrangimentos e prestação de contas em casos de eventual favorecimento ideológico ou partidário a algum político ou autoridade pública por ministro da Corte.

Além disso, é preciso considerar que os ministros do STF são indicados pelo presidente da República, com necessidade de aprovação pelo Senado Federal. Logo, o candidato ao cargo terá de "conversar" com influentes atores políticos e altas autoridades para que seja escolhido pelo presidente da República e aprovado pelos Senadores.[59] Com efeito, por diversas vezes, são noticiadas "campanhas" para o cargo, com um grande acordo político entre o candidato a ministro com o presidente da República e, inclusive, com as elites políticas do parlamento, pois comumente tudo tem de ser acertado antes da sabatina realizada pelo Senado. Por exemplo, o Ministro Luiz Fux, em entrevista, contou como fez contatos com diversos políticos, advogados e autoridades próximas aos ex-Presidentes Lula e Dilma para ser nomeado ao cargo.[60] Diante de um contexto em que havia o processo conhecido como "Mensalão"[61],

---

Fabian. Constitutional reform in Brazil: lessons from Albania?. *Revista de Investigações Constitucionais,* Curitiba, v. 4, n. 3, p. 11-34, set./dez. 2017. pp. 18-19).

59 MELLO, Patrícia Perrone Campos. Comportamento ideológico e estratégico no Supremo Tribunal Federal. In: SARMENTO, Daniel (Coord.). *Jurisdição constitucional e política.* Rio de Janeiro: Forense, 2015. p. 273-310. pp. 288-289.

60 BERGAMO, Mônica. Em campanha para o STF, Fux procurou Dirceu. *Folha de São Paulo,* 2-12-2012. Disponível em: <https://www1.folha.uol.com.br/fsp/poder/81379-em-campanha-para-o-stf-fux-procurou-dirceu.shtml?loggedpaywall#>. Acesso em: 16-7-2018.

61 BRASIL. Supremo Tribunal Federal. Ação Penal n. 470 (Mensalão). Relator: Ministro Joaquim Barbosa. Acompanhamento Processual. Disponível em:

que envolvia a persecução penal contra altas autoridades e importantes políticos ligados aos governos Lula e Dilma, em que as votações estariam virtualmente empatadas (cinco votos para cada lado) – e que o ministro a ser nomeado teria de desempatá-las –, o então candidato a ministro do STF disse que "mataria no peito", o que, nos bastidores palacianos, teria sido entendido que votaria a favor dos petistas.[62] No entanto, após assumir o cargo, o Ministro Luiz Fux foi um dos mais implacáveis contra os acusados no processo do "Mensalão", o que teria despertado grande revolta nos políticos e autoridades que trabalharam para a sua nomeação.[63]

Assim, é certo que o escolhido para o cargo de ministro do STF, após tomar posse, possui diversas garantias constitucionais de independência. No entanto, também deve se considerar que transita ou teve de transitar no ambiente da política.

Desse modo, considerando que o ministro do STF tem de julgar, em processos criminais, políticos poderosos ou altas autoridades públicas, deve ser buscado um *design* institucional que evite o favorecimento de decisões por amiguismo, clientelismo, troca de favores, vinculação partidária ou ideológica.[64] Ou seja, é preciso que, mesmo

---

<http://www.stf.jus.br/portal/processo/verProcessoAndamento.asp?incidente=11541>. Acesso em: 20-8-2018.

62 BERGAMO, Mônica. Em campanha para o STF, Fux procurou Dirceu. *Folha de São Paulo*, 2-12-2012. Disponível em: <https://www1.folha.uol.com.br/fsp/poder/81379-em-campanha-para-o-stf-fux-procurou-dirceu.shtml?loggedpaywall#>. Acesso em: 16-7-2018.

63 BERGAMO, Mônica. Em campanha para o STF, Fux procurou Dirceu. *Folha de São Paulo*, 2-12-2012. Disponível em: <https://www1.folha.uol.com.br/fsp/poder/81379-em-campanha-para-o-stf-fux-procurou-dirceu.shtml?loggedpaywall#>. Acesso em: 16-7-2018.

64 A corrupção operacional é mais comum nos níveis mais altos dos poderes constituídos. Julio Rios-Figueroa aponta que, a fim de dissuadir as práticas de corrupção operacional no Judiciário, é imprescindível que o *design* institucional seja projetado para que o ato corrupto seja detectado, julgado e punido por um tribunal (RÍOS-FIGUEROA, Julio. Justice System Institutions and Corruption Control: Evidence from Latin America. *The Justice System Journal*, v. 33, n. 2, p. 195-214, 2012. p. 197).

em uma Corte política, as decisões, dentro dos processos criminais, sejam guiadas pela estrita obediência ao direito penal e, é claro, ao direito constitucional.

No caso de crimes comuns, mesmo quando há atores políticos e autoridades públicas, o julgamento não pode ser político, nem ter motivações ideológicas, partidárias e políticas. Ou seja, nesses casos, a dificuldade não é simplesmente evitar a corrupção administrativa, senão também e sobretudo a corrupção operacional.[65]

Desse modo, é preciso buscar combater o que se poderia chamar de "justiça telefônica", ou seja, o acesso privilegiado de determinados políticos, advogados e grandes autoridades públicas a juízes constitucionais.

Assim, ainda que não haja comprovação ou evidências de corrupção administrativa dos atuais ministros do STF nos casos acima, é preciso considerar que, enquanto todo o aparato do Estado pode trabalhar para a investigação e a punição de corruptos, apenas um telefonema a um magistrado da Corte Constitucional pode derrubar todo o trabalho das diversas instituições no combate à corrupção.

Num contexto em que a crise política se agrava e cada vez mais são descortinados esquemas de corrupção nos mais altos cargos da República, o acesso direto de políticos e autoridades públicas investigadas em processos criminais a ministros do STF é algo que retira a própria credibilidade da Justiça e coloca dúvidas sobre a sua capacidade de corrigir as disfunções e combater a corrupção nas instituições representativas brasileiras.

Portanto, a justiça telefônica é algo que precisa ser combatido na Corte Constitucional brasileira, pois pode colocar em xeque a sustentação da própria instituição.

Além disso, é preciso encontrar mecanismos de controle público (não necessariamente político) sobre a atividade dos ministros

---

65 RÍOS-FIGUEROA, Julio. Justice System Institutions and Corruption Control: Evidence from Latin America. *The Justice System Journal*, v. 33, n. 2, p. 195-214, 2012. p. 196.

do STF. Na medida em que o poder judicial cresce, também devem aumentar a publicização da sua atuação e as exigências de prestação de contas perante a opinião pública, sem que se desconheçam os riscos de segui-la. É nessa complexa seara que ora se passa a adentrar.

5.4. O STF, A CONFIABILIDADE NO JUDICIÁRIO E A OPINIÃO PÚBLICA

Um importante fator que precisa ser considerado no controle da atuação do STF, sobretudo nos processos em que precisa decidir sobre causas que impactam diretamente em interesses do governo ou de atores políticos influentes, é a opinião pública, ainda que tal designação seja carregada de complexidade[66] e não se adira ao constitucionalismo popular[67].

O STF e o Judiciário brasileiro em geral convivem com índices baixos de confiança, seja em termos absolutos, seja comparativamente a outras instituições brasileiras. Em pesquisa que mede o índice de confiança nas instituições, verificou-se que, no ano de 2017, entre as 14 instituições consideradas, o STF e o Judiciário ficavam em 9º lugar (ambos com 24%), atrás, por exemplo, das Forças Armadas (56%), da Igreja Católica (53%), das Redes Sociais (37%) e da Imprensa Escrita (35%), mas à frente das instituições políticas. Com efeito, os piores índices de confiança foram constatados em relação ao Congresso Nacional (7%), aos Partidos Políticos (7%) e ao Governo Federal (6%).[68] A imagem que o STF criou, pelo seu

---

66 TORRE, Carlos de la. The Resurgence of Radical Populism in Latin America. *Constellations*, v. 14, n. 3, p. 384-397, 2007. p. 394.

67 FRIEDMAN, Barry. Mediated popular constitutionalism. *Michigan Law* Review, Ann Arbor, Michigan, v. 101, n. 8, p. 2595-2632, 2013. p. 2596-2597.

68 RELATÓRIO ICJ BRASIL. Brasil: Fundação Getulio Vargas, 2017. Disponível em: <http://bibliotecadigital.fgv.br/dspace/bitstream/handle/10438/19034/Relatorio-ICJBrasil_1_sem_2017.pdf?sequence=1&isAllowed=y>. Acesso em: 3-8-2018. p. 13.

comportamento, é de uma instituição relativamente independente, muito poderosa e relativamente acessível, mas muito sobrecarregada e que demora em seus julgamentos.[69]

Embora o índice de confiança no Judiciário brasileiro seja baixo, ele é maior do que o índice dos demais países latino-americanos.[70] Isso, por óbvio, não serve de escusa, mas mostra que o problema vivenciado no Brasil é historicamente semelhante do existente em outros países latino-americanos[71], sobretudo se comparado tal quadro à situação de países fora da região. Por exemplo, o índice de confiança do povo estadunidense no seu Judiciário é de 69%.[72]

Talvez para melhorar a sua relação com a opinião pública, o STF investiu em transparência e, mediante diversos mecanismos, passou a se comunicar mais diretamente com a população, sobretudo mediante julgamentos televisionados[73], como os transmitidos através da TV Justiça, mas também por outros canais, como a Central do Cidadão, a Rádio Justiça, o Twitter, o YouTube e o sítio eletrônico do STF, que disponibiliza as mais diversas informações sobre a

---

69 KAPISZEWSKI, Diana. How Courts Work: Institutions, Culture, and the Brazilian Supremo Tribunal Federal. In: COUSO, Javier; HUNEEUS, Alexandra; SIEDER, Rachel (eds.). *Cultures of Legality:* Judicialization and Political Activism in Latin America. New York: Cambridge University Press, 2010. p. 51-77. p. 67.

70 HELMKE, Gretchen; RÍOS-FIGUEROA, Julio. Introduction. In: HELMKE, Gretchen; RÍOS-FIGUEROA, Julio (Org.). *Courts in Latin America.* New York: Cambridge University Press, 2011. p. 1-26. pp. ¾.

71 Nos países da América Latina, os índices de confiança no Judiciário e nas Cortes Constitucionais são historicamente baixos (HELMKE, Gretchen; RÍOS-FIGUEROA, Julio. Introduction. In: HELMKE, Gretchen; RÍOS-FIGUEROA, Julio (Org.). *Courts in Latin America.* New York: Cambridge University Press, 2011. p. 1-26. p. 3)

72 HELMKE, Gretchen. Public Support and Judicial Crises in Latin America. *Journal of Constitutional Law,* v. 13, n. 2, p. 397-411, 2010. p. 398.

73 Contudo, a leitura de longos acórdãos, escritos em linguagem técnico-jurídica, tem pouco alcance ao público leigo, que busca em comentaristas alguma explicação para o emaranhado de expressões jurídicas.

Corte, inclusive as previstas na Lei do Acesso à Informação (Lei n. 12.527/2011).[74]

Contudo, a par desses dados objetivos, para compreender melhor a relação da Corte Constitucional brasileira com a opinião pública, é preciso saber qual é o influxo desta no comportamento dos ministros.

Em pesquisa realizada a partir de entrevistas com ministros do STF, após serem questionados sobre se entendem que a Corte deveria levar em consideração a "vontade popular" ou os "anseios sociais",[75] a maioria deles afirmou que entendia que o Tribunal não pode se curvar ao "clamor das ruas", mas também não deve ignorar a opinião pública.[76]

Na prática, é possível observar que, sobretudo em casos de grande repercussão midiática e social, a influência da opinião pública é bastante forte nos julgamentos.[77] Se, de um lado, a opinião pública não pode ser sobrevalorizada, de outro, é preciso reconhecer a sua importância.

Nesse tocante, deve-se considerar que o conhecimento de determinado tema se dá a partir de intermediários da informação, geralmente jornalistas. Todavia, a imprensa não é neutra, nem em relação aos fatos que reporta, tampouco no tocante à valoração des-

---

74 BRASIL. Supremo Tribunal Federal. Central do Cidadão STF. Disponível em: <http://www.stf.jus.br/portal/cms/verTexto.asp?servico=centralDoCidadaoAcessoInformacao&pagina=sobreCentralCidadao>. Acesso em: 9-7-2018.

75 VALE, André Rufino do. *Argumentação Constitucional:* um estudo sobre a deliberação nos Tribunais Constitucionais. 2015. 415 f. Tese (Doutorado em Direito) – Faculdade de Direito, Universidade de Alicante; Faculdade de Direito, Universidade de Brasília, Alicante, Brasília, 2015. p. 322.

76 VALE, André Rufino do. *Argumentação Constitucional:* um estudo sobre a deliberação nos Tribunais Constitucionais. 2015. 415 f. Tese (Doutorado em Direito) – Faculdade de Direito, Universidade de Alicante; Faculdade de Direito, Universidade de Brasília, Alicante, Brasília, 2015. pp. 325-326.

77 VALE, André Rufino do. *Argumentação Constitucional:* um estudo sobre a deliberação nos Tribunais Constitucionais. 2015. 415 f. Tese (Doutorado em Direito) – Faculdade de Direito, Universidade de Alicante; Faculdade de Direito, Universidade de Brasília, Alicante, Brasília, 2015. p. 326.

ses fatos.[78] Além disso, atualmente, sobretudo em razão da rapidez com que as informações circulam, a maior parte da imprensa está mais preocupada com o impacto da notícia e com a agilidade de sua divulgação do que propriamente com o seu conteúdo e veracidade. A qualidade cede espaço à quantidade, e o conhecimento cede espaço à informação, num mundo em que cada leitor se torna um "comentarista" e divulga a sua opinião, na grande maioria das vezes sem investigar e refletir o problema – aliás, muitas vezes, sem sequer checar se a informação é verdadeira. Ademais, as pessoas parecem estar mais preocupadas em atribuir rótulos e julgar do que buscar analisar a questão em si.[79]

Além disso, o chamado "efeito manada" costuma ocorrer em temas de grande apelo, sobretudo quando despertam as paixões das pessoas, externalizadas em reações imediatas e momentâneas. Nesse contexto, o Judiciário e, particularmente, o STF, por diversas vezes têm de lidar com a opinião pública formada e replicada rapidamente, sem qualquer tipo de reflexão.

A título de exemplo, uma imensa quantidade de protestos conduziu o *impeachment* da Presidenta Dilma Rousseff, mas pouca discussão houve sobre quem a sucederia no mais alto cargo do país. Na sequência, assumiu o Presidente Michel Temer, e protestos por *impeachment* contra ele também ocorreram, de forma esparsa no país e em diferentes momentos, mas novamente pouca ou nenhuma discussão houve sobre quem seria o seu sucessor, ou se o *impeachment* poderia resolver os problemas políticos e econômicos do país.[80]

---

78 MELLO, Patrícia Perrone Campos. Quando julgar se torna um espetáculo: a interação entre o Supremo Tribunal Federal e a opinião pública, a partir de reflexões da literatura estrangeira. *Revista de Direito Internacional*, Brasília, v. 14, n. 1, p. 402-423, 2017. p. 407.

79 MELLO, Patrícia Perrone Campos. Quando julgar se torna um espetáculo: a interação entre o Supremo Tribunal Federal e a opinião pública, a partir de reflexões da literatura estrangeira. *Revista de Direito Internacional*, Brasília, v. 14, n. 1, p. 402-423, 2017. pp. 418-419.

80 Aliás, há evidências de que *impeachments* presidenciais não conseguem resolver os problemas mais profundos que originaram a crise institucional. Nesse sentido, Aníbal Pérez-Liñán (Instituciones, coaliciones callejeras e

Embora devam ser reconhecidos seus riscos, também é importante observar que a opinião pública pode aumentar o capital político da Suprema Corte e maximizar as suas chances de enfrentar as disfuncionalidades das instituições políticas. Ou seja, nas situações em que a decisão da corte desagrada o governo ou interesses de políticos influentes, a opinião pública pode ser determinante para o sucesso da revisão judicial.

Em pesquisa empírica, Gretchen Helmke aponta que há um conjunto de dados que leva a concluir que, na América Latina, os ataques políticos contra os tribunais superiores estavam relacionados ao baixo apoio público aos juízes. Aponta, assim, que os baixos níveis de legitimidade popular têm mais peso do que outros fatores de instabilidade judicial intuitivamente plausíveis.[81] Helmke também mostra que os tribunais superiores latino-americanos que mais sofreram ataques e tiveram crises foram os que tinham menor índice de aprovação popular, e os que tinham maiores índices de aprovação foram os que menos sofreram ataques políticos.[82]

Assim, a opinião pública possui grande importância no combate à corrupção e às outras disfuncionalidades na política, seja como apoio à Corte Constitucional contra altas autoridades e políticos poderosos, seja como mecanismo de fiscalização de juízes constitucionais, aumentando o custo de decisões com base em favorecimentos pessoais, partidários ou ideológicos.[83]

---

inestabilidad política: perspectivas teóricas sobre las crisis presidenciales. *América Latina Hoy*, Salamanca, v. 49, p. 105-126, Dic. 2008. pp. 124-125).

81 HELMKE, Gretchen. Public Support and Judicial Crises in Latin America. *Journal of Constitutional Law*, v. 13, n. 2, p. 397-411, 2010. pp. 397-398.

82 HELMKE, Gretchen. Public Support and Judicial Crises in Latin America. *Journal of Constitutional Law*, v. 13, n. 2, p. 397-411, 2010. pp. 402-403.

83 MELLO, Patrícia Perrone Campos. Quando julgar se torna um espetáculo: a interação entre o Supremo Tribunal Federal e a opinião pública, a partir de reflexões da literatura estrangeira. *Revista de Direito Internacional*, Brasília, v. 14, n. 1, p. 402-423, 2017. p. 416.

Desse modo, as chances de uma Corte Constitucional sofrer constrangimentos aumentam se ela compactuar ou não reagir contra casos de abuso de poder ou corrupção por parte da classe política. Com efeito, é muito difícil que qualquer dos Poderes Constituídos decida sistematicamente de forma contrária à opinião pública e não sofra qualquer consequência negativa por isso. Há evidências empíricas de que, quando as decisões judiciais se afastam muito daquilo que o povo tolera, as chances de represálias à corte aumentam.[84]

No Brasil, a opinião pública é um importante fator externo, que, a partir de 2013, impulsionou a atuação do Judiciário – e, especialmente, do STF – no combate à corrupção nas instituições políticas. Durante os protestos de 2013 e os que se seguiram nos anos subsequentes, a grande maioria dos manifestantes apoiava a Operação Lava Jato. A crítica da imprensa e as manifestações populares colocaram em evidência os casos dos processos criminais contra políticos poderosos, grandes empresários e altas autoridades da República. Com isso, eventuais condutas desviantes de juízes constitucionais seriam colocadas mais abertamente às críticas da população.

Além disso, é preciso considerar que os ministros do STF podem não agir de forma coesa diante da opinião pública. A maior ou menor sensibilidade a ela varia bastante em relação a cada ministro. A opinião pública pode ser vista como uma ameaça à independência judicial, como um aspecto neutro ou irrelevante ou, ainda, como um fator de legitimação da própria atividade judicial.[85] Essa sensibilidade de cada ministro à opinião pública também pode variar de acordo com o tipo de questão (ex.: penal e não penal).

Além disso, durante diversos julgamentos realizados pelo pleno da Corte brasileira, foi possível observar investidas de alguns

---

84 HELMKE, Gretchen. Public Support and Judicial Crises in Latin America. *Journal of Constitutional Law*, v. 13, n. 2, p. 397-411, 2010. p. 397.

85 MELLO, Patrícia Perrone Campos. Quando julgar se torna um espetáculo: a interação entre o Supremo Tribunal Federal e a opinião pública, a partir de reflexões da literatura estrangeira. *Revista de Direito Internacional*, Brasília, v. 14, n. 1, p. 402-423, 2017. p. 417.

ministros para constranger outros em razão de determinadas posturas e entendimentos, sobretudo quando envolviam poderosos políticos e altas autoridades da República. A título de exemplo, em discussão pessoal que marcou a sessão plenária do STF de 22-3-2018, o Ministro Gilmar Mendes tentou constranger o Ministro Luiz Fux por este não ter pautado o processo relativo ao questionamento do auxílio-moradia concedido aos juízes[86], tentou constranger a então Presidente do STF, Ministra Cármen Lúcia, por não pautar determinados processos e também o Ministro Luís Roberto Barroso por uma decisão da sua Turma que concedeu direito ao aborto[87], no que foi retrucado por este, partindo-se para uma discussão pessoal.[88]

Aliás, após os processos da Operação Lava Jato, tornaram-se comuns tentativas de ministros do STF mais "punitivistas" constranger outros mais "garantistas" diante das decisões destes de conceder liberdade ou anular processos contra políticos e empresários poderosos, buscando utilizar a crítica da opinião pública para garantir a punição de processados por corrupção. Essas tentativas de se utilizar da opinião pública para gerar constrangimentos, inclusive, já transbordaram as sessões de julgamento. A título de exemplo, o Ministro Luís Roberto Barroso, rebatendo a crítica do Ministro Gilmar Mendes (de que "Barroso não sabe o que é alvará de soltura") afirmou, em entrevista à imprensa, que "[...] o Direito deve ser igual para ricos e para pobres, e não é feito para proteger amigos e perseguir inimigos.

---

86 BRASIL. Supremo Tribunal Federal. Ação Originária n. 1773/DF. Decisão monocrática. Relator: Ministro Luiz Fux. Julgado em 21-3-2018. Disponível em: <http://portal.stf.jus.br/processos/downloadPeca.asp?id=314033184&ext=.pdf>. Acesso em: 31-8-2018

87 BRASIL. Supremo Tribunal Federal. *Habeas Corpus* n. 124306, Relator: Ministro Marco Aurélio, Relator(a) p/ Acórdão: Ministro Roberto Barroso, Primeira Turma, julgado em 9-8-2016, processo eletrônico *DJe*-052, divulg. 16-3-2017, public. 17-3-2017.

88 G1. Discussão acalorada entre Barroso e Gilmar suspende sessão no Supremo. 22-3-2018. Disponível em: <http://g1.globo.com/jornal-nacional/noticia/2018/03/discussao-acalorada-entre-barroso-e-gilmar-suspende-sessao-no-supremo.html>. Acesso em: 28-6-2018.

Não frequento palácios, não troco mensagens amistosas com réus e não vivo para ofender as pessoas".[89]

Isso mostra que, em temas polêmicos e que envolvem políticos importantes, as divergências entre os ministros do STF se acentuam, bem como ficam salientes as relações entre alguns deles e poderosos políticos, muitas vezes decorrente da própria natureza política da nomeação para o cargo, ou de outras relações familiares, profissionais e pessoais.[90]

Além disso, quando se fala da importância da opinião pública no apoio ao combate à corrupção, também não se pode sobrevalorizá-la. A visão do público acerca da atividade desenvolvida pelos ministros individualmente e também pela Corte Constitucional brasileira se forma a partir da perspectiva de poucos casos julgados, geralmente dos que possuem maior repercussão. Ademais, na maioria das vezes, a impressão dos cidadãos sobre a atuação da Corte é formada a partir dos resultados gerados pelos julgamentos, e não propriamente pelos fundamentos jurídicos da decisão.[91]

---

89 SADI, Andreia."Jamais antecipei julgamento", diz Barroso em resposta a Gilmar Mendes. *G1*, 28-2-2018. Disponível em: <https://g1.globo.com/politica/blog/andreia-sadi/post/2018/02/28/jamais-antecipei-julgamento-diz-barroso-em-resposta-a-gilmar-mendes.ghtml>. Acesso em: 28-6-2018.

90 SOUZA, Nivaldo de. 6 relações de Gilmar Mendes que expõem sua atuação como juiz. *Nexo*, 18-8-2017. Disponível em: <https://www.nexojornal.com.br/expresso/2017/08/18/6-rela%C3%A7%C3%B5es-de-Gilmar-Mendes-que-exp%C3%B5em-sua-atua%C3%A7%C3%A3o-como-juiz>. Acesso em: 6-7-2018. Vide também: UOL NOTÍCIAS. Lava Jato lista relações de Gilmar Mendes com empresários presos e pede suspeição do ministro. *UOL*, 18-8-2017. Disponível em: <https://noticias.uol.com.br/politica/ultimas-noticias/2017/08/18/lava-jato-recorre-a-pgr-para-impedir-gilmar-mendes-de-decidir-prisao-de-empresarios-do-rio.htm>. Acesso em: 6-7-2018.

91 BURBANK, Stephen B.; FRIEDMAN, Barry. Reconsidering Judicial Independence. In: BURBANK, Stephen B.; FRIEDMAN, Barry (Eds). *Judicial Independence at the Crossroads:* An Interdisciplinary Approach. Thousand Oaks: Sage Publications, 2002. p. 9-42. pp. 33-34.

De outro lado, a pressão do público não pode ser vista necessariamente como violadora da independência, tampouco como salvaguarda para o controle da Suprema Corte. Mas é preciso considerar que, ao se ajustar às preferências do povo, talvez a própria Corte Constitucional brasileira esteja promovendo a legitimidade de sua atuação, desde que não perca a necessária independência.[92]

De qualquer forma, o apoio da opinião pública é um importante instrumento para aumentar a capacidade de a Corte Constitucional brasileira melhorar as condições democráticas do país, combater a corrupção no alto escalão das autoridades públicas e também para corrigir outras disfuncionalidades nas instituições, sobretudo quando há fortes ameaças de represálias ou de descumprimento.

Entretanto, é preciso considerar que, ao mesmo tempo em que os tribunais são capazes de construir uma base popular de apoio, eles também seriam capazes de se utilizar da opinião pública para desviar eventuais críticas e possibilidades de controle do poder.[93] Nesse ponto, deve-se tomar cuidado com a questão da manipulação da opinião pública, seja por atores externos[94], seja pelo próprio tribunal constitucional.[95] Ainda que se reconheça a importância da opinião pública para que o STF possa eficazmente corrigir problemas de disfuncionalidades democráticas, é preciso considerar os riscos de que ele próprio se utilize dela desvirtuadamente.

---

92 FRANKLIN, Charles H.. Behavioral Factors Affecting Judicial Independence. In: BURBANK, Stephen B.; FRIEDMAN, Barry (Eds.). *Judicial Independence at the Crossroads:* An Interdisciplinary Approach. Thousand Oaks: Sage Publications, 2002. p. 148-159. p. 150.

93 HELMKE, Gretchen. Public Support and Judicial Crises in Latin America. *Journal of Constitutional Law,* v. 13, n. 2, p. 397-411, 2010. p. 397.

94 FRIEDMAN, Barry. Mediated popular constitutionalism. *Michigan Law* Review, Ann Arbor, Michigan, v. 101, n. 8, p. 2595-2632, 2013. p. 2598-2599.

95 SHERRY, Suzanna. Issue Manipulation by the Burger Court: Saving the Community from Itself. *Minnesota Law Review,* Minneapolis, Minnesota, v. 70, n. 3, p. 611-664, Mar. 1986. pp. 611-612.

Assim, deve-se ter cuidado para que o Tribunal Constitucional brasileiro não recaia num populismo constitucional judicial, consistente na utilização de uma retórica populista como instrumento para legitimação de decisões judiciais controversas.[96] Em momentos de graves crises na política e baixa sensação de representatividade nos Poderes eleitos, tem sido comum que a população busque "heróis nacionais" ou "salvadores da pátria" em algumas figuras no Judiciário, de modo que qualquer discordância em relação a eles implica "grave heresia".

A título de exemplo, nos casos dos processos relacionados ao chamado "Mensalão"[97], ocorrido durante o governo Lula, a figura do "herói nacional" ou do "salvador da pátria" contra a corrupção foi personificada no então Ministro do STF Joaquim Barbosa[98]; nos processos criminais relacionados à Operação Lava Jato, relacionados aos governos Lula, Dilma e Temer, essa figura foi personificada no Juiz Sergio Moro[99]. Aliás, o próprio Juiz Moro já reconheceu

---

96 Segundo Juan Pablo Sarmiento, o populismo constitucional é a prática política que se apropria progressivamente da Constituição para a converter em um instrumento a serviço de interesses eleitorais e conjunturais de curto prazo, deixando de lado a sua capacidade fundadora e integradora da comunidade política. (SARMIENTO E., Juan Pablo. El populismo constitucional en Colombia, hacia la instrumentalización simbólica de la Constitución por medio de proyectos de actos legislativos fallidos. *Estudios socio-jurídicos*, Universidad del Rosário, Bogotá, v. 15, n. 2, p. 75-109, dec. 2013. pp. 79-80).

97 BRASIL. Supremo Tribunal Federal. Ação Penal n. 470 (Mensalão). Relator: Ministro Joaquim Barbosa. Acompanhamento Processual. Disponível em: <http://www.stf.jus.br/portal/processo/verProcessoAndamento.asp?incidente=11541>. Acesso em: 20-8-2018.

98 SOUZA, André de. Joaquim Barbosa é chamado de'herói'e diz ser'barnabé'. O Globo, 31-8-2012. Disponível em: <https://oglobo.globo.com/brasil/joaquim-barbosa-chamado-de-heroi-diz-ser-barnabe-5969822 >. Acesso em: 23-7-2018.

99 MARTÍ, Silas. Moro é apresentado como"herói nacional"em evento nos EUA. *Folha de São Paulo*, 17-5-2018. Disponível em: <https://www1.folha.uol.com.br/poder/2018/05/moro-e-apresentado-como-heroi-nacional-em-evento-nos-eua.shtml>. Acesso em: 23-7-2018.

que "o forte apoio da opinião pública brasileira foi crucial", a qual foi utilizada por ele como "ferramenta" nos processos relacionados à Operação Lava Jato.[100] Isso talvez possa ser corroborado pelo fato de que, nos casos dos processos criminais relacionados à Operação Lava Jato, o índice de reforma das decisões do Juiz Sergio Moro é baixíssimo. Com efeito, segundo pesquisa realizada, apenas 3,8% das suas decisões foram modificadas.[101]

Se, de um lado, a opinião pública é um fator importante para que o Judiciário possa implementar as suas decisões contra interesses governistas e de atores políticos influentes, de outro, é preciso considerar que esse é o ambiente em que crescem os riscos do populismo constitucional judicial, pois membros do Judiciário passam a falar diretamente para a população, pedindo apoio popular, reivindicando legitimidade para determinadas decisões ou afirmando que são mais capazes de captar o sentimento popular em detrimento da classe política, mais preocupada com interesses escusos, egoísticos ou eleitoreiros.[102]

Além disso, ao se preconizar que o STF deve prestar contas à opinião pública, também é preciso se ter cuidado para que a Corte não recaia num constitucionalismo popular.[103]

---

100 MARTÍ, Silas. Moro é apresentado como "herói nacional" em evento nos EUA. *Folha de São Paulo*, 17-5-2018. Disponível em: <https://www1.folha.uol.com.br/poder/2018/05/moro-e-apresentado-como-heroi-nacional-em-evento-nos-eua.shtml>. Acesso em: 23-7-2018.

101 KATTAH, Eduardo; MACEDO, Fausto; BRANDT, Ricardo; CHAPOLA, Ricardo. Cortes superiores revisaram menos de 4% das decisões do juiz Sergio Moro. Disponível em: <http://politica.estadao.com.br/blogs/fausto-macedo/cortes-superiores-revisaram-menos-de-4-das-decisoes-do-juiz-sergio-moro/>. Acesso em: 17-10-2017.

102 ARGUELHES, Diego Werneck. Judges Speaking for the People: Judicial Populism Beyond Judicial Decisions. Blog of the International Journal of Constitutional Law and ConstitutionMaking.org. May, 2017. Disponível em: <http://www.iconnectblog.com/2017/05/judges-speaking-for-the-people-judicial-populism-beyond-judicial-decisions/>. Acesso em: 24-10-2017.

103 Aqueles que defendem o constitucionalismo popular, em geral, preconizam que o próprio povo ("people themselves"), e não juízes, devem ter a autoridade democrática para interpretar a Constituição. Esses teóricos consi-

Portanto, a questão central é encontrar um equilíbrio entre a pouca e a demasiada capacidade de resposta judicial à opinião pública.[104] De um lado, a aproximação entre a opinião pública e o STF poderia ser um importante fator para suprir o seu déficit de legitimidade, ou para angariar capital político. De outro, é preciso considerar os riscos e ter o necessário cuidado para não a seguir cegamente, sob pena de desvirtuar a própria missão constitucional da Corte.

5.5. A ATUAÇÃO DO STF NA POLÍTICA: PROBLEMAS, RISCOS E DESAFIOS

A crise política que se iniciou em 2013 mostrou que havia um grande déficit de legitimidade nos Poderes eleitos, diante de graves problemas de representação, pela forma como o poder político vinha sendo exercido. Aliás, há bastante tempo são constatados baixos índices de identificação dos brasileiros com partidos políticos.[105]

Diversas pesquisas realizadas no contexto da crise política, a maioria das pessoas dizia não se sentir representada por partido nem pela classe política brasileira.[106] Ademais, em diversas manifestações

---

deram a revisão judicial por juízes não eleitos como sendo "contra-majoritária" ou não democrática (BRETTSCHNEIDER, Corey. Popular constitutionalism contra populism. *Constitutional Commentary*, v. 30, n. 1, p. 81-88, Winter 2015. p. 81).

104 FRIEDMAN, Barry. Mediated popular constitutionalism. *Michigan Law* Review, Ann Arbor, Michigan, v. 101, n. 8, p. 2595-2632, 2013. p. 2598.

105 Em pesquisa comparada, Mauricio Morales Quiroga mostra que, no Brasil, há um baixo índice de identificação parditária das pessoas, bem como partidos com poucas raízes sociais (QUIROGA, Mauricio Morales. Identificación partidaria y crisis de representación: América Latina en perspectiva comparada. *Revista de Ciencias Sociales*, Maracaibo, Venezuela, v. 17, n. 4, p. 583-597, octubre-diciembre 2011. p. 584).

106 Quando indagados sobre quais as reivindicações que os levavam às ruas, 38% dos entrevistados apontaram a questão do transporte público como *primeiro motivo* de mobilização, sendo que, na sequência, aparecem as reivindicações por mudanças no ambiente político (30%). Quando con-

populares no período, os principais motivos para as pessoas irem às ruas protestar foram o apoio ao combate à corrupção e o descontentamento contra os políticos em geral.[107] Ter manifestações populares pedindo a saída dos chefes do Executivo e dos presidentes das duas Casas Legislativas a partir de 2013 não era algo que acontecesse rotineiramente no Brasil.

Da mesma forma, apesar das diversas crises políticas, não é corriqueiro ter, como ocorreu em 2015, o mandato de uma Presidenta da República cassado pelo Congresso Nacional; um Presidente da Câmara dos Deputados afastado, cassado e, depois, preso; e um Presidente do Senado investigado.[108]

---

siderada a soma de todas as questões mencionadas pelos manifestantes, 65% reivindicavam mudanças no atual ambiente político, 54% no transporte público e 37% na área da saúde. Na pesquisa de campo, o IBOPE Inteligência ouviu 2002 manifestantes em oito capitais brasileiras (São Paulo, Rio de Janeiro, Belo Horizonte, Porto Alegre, Recife, Fortaleza, Salvador e Distrito Federal), no dia 20 de junho. Segundo a pesquisa, a margem de erro é dois pontos percentuais e o intervalo de confiança é 95%. (IBOPE. 89% dos manifestantes não se sentem representados por partidos. 25-6-2013. Disponível em: <http://www.ibope.com.br/pt-br/noticias/Paginas/89-dos-manifestantes-nao-se-sentem-representados--por-partidos.aspx>. Acesso em 25-7-2018)

107 O IBOPE realizou pesquisa de campo, nos dias 19 e 20 de junho de 2013, com 1008 pessoas. Indagados sobre se sabiam ou ouviram falar dos motivos das manifestações, 59% afirmou que um dos fundamentos era o aumento das passagens do transporte público; 32% que era um movimento contra a corrupção; 31% que as reinvindicações tinham na pauta maiores investimentos na educação; 18% disseram que as manifestações eram contra os políticos em geral; 18% contra as empresas de ônibus; e 18% contra a inflação. Dos entrevistados, apenas 6% haviam participado das manifestações. Tal pesquisa foi realizada com 1008 pessoas e não foi induzida, ou seja, não havia respostas prontas, sendo colhidas as respostas dadas espontaneamente pelos entrevistados. (IBOPE. Pesquisa de opinião pública sobre as manifestações. Junho de 2013. Disponível em: <http://www.ibope.com.br/pt-br/noticias/Documents/JOB_0948_BRASIL%20--%20Relatorio%20de%20tabelas.pdf>. Acesso em 25.7.2018. p. 55)

108 MELLO, Patrícia Perrone Campos. Quando julgar se torna um espetáculo: a interação entre o Supremo Tribunal Federal e a opinião pública, a partir

Nesse contexto, parece se justificar uma intervenção maior da Corte Constitucional, no sentido de coibir o mau uso do poder, ainda que se considere que, no Judiciário, a fetichização do poder também pode ocorrer.

De outro lado, há um grande apelo à atuação do STF no controle de constitucionalidade em razão do argumento de proteção aos direitos fundamentais. Contudo, esse argumento é supervalorizado, na medida em que, do ponto de vista empírico, não se observa grande atuação do STF na proteção de direitos fundamentais. Essa realidade, aliás, não é peculiaridade da Corte Constitucional brasileira. Até mesmo tribunais constitucionais conhecidos pelo sucesso da revisão judicial, como o dos EUA, enfrentam mais dificuldades ou têm menos estímulos para a adjudicação de direitos do que para atuar em questões relativas ao arbitramento de conflitos políticos entre os Poderes Constituídos e entre os diferentes níveis de governo.[109]

De outro lado, a revisão judicial é, sem dúvida, um dos grandes mecanismos de controle do Executivo e do Legislativo. Em relação ao arbitramento de conflitos políticos, há evidências empíricas de que a revisão judicial produz resultados, podendo ser neutra, ser utilizada para apoiar o regime ou mesmo para derrubá-lo.[110] Dentro de uma métrica internacional, comparativamente aos demais países

---

de reflexões da literatura estrangeira. *Revista de Direito Internacional*, Brasília, v. 14, n. 1, p. 402-423, 2017. p. 405.

109 SHAPIRO, Martin. Judicial Review in Developed Democracies. In: GLOPPEN, Siri; GARGARELLA, Roberto; SKAAR, Elin (Org.). *Democratization and the Judiciary:* The Accountability Function of Courts in New Democracies. London: Routledge, 2005. p. 5-18. p. 14.

110 Tom Ginsburg afirma que a revisão judicial é um produto da democratização e que, sem democracia, a revisão judicial teria pouco sentido do ponto de vista das autoridades políticas (GINSBURG, Tom. *Judicial Review in New Democracies*. New York: Cambridge University Press, 2003. pp. 261-262). Contudo, analisando a realidade dos países da América Latina, talvez fosse mais correto dizer que, mesmo em regimes autoritários ou menos democráticos, a revisão judicial produz resultados.

da América Latina[111], é possível dizer que a Corte Constitucional brasileira foi mais atuante no controle do Poder Executivo – considerando a tendência dos presidentes de centralizar poder e de governar editando atos normativos.[112]

A esse respeito, nos anos de 1992 e 2016, a Corte brasileira garantiu os processos de *impeachment* de dois Presidentes da República e, no meio da crise que se instaurou em 2013, suspendeu mandatos parlamentares e decretou a prisão de diversos políticos por crimes relacionados à corrupção – ainda que a sua atuação não tenha sido uniforme para todos os casos.

---

111 Na América Latina, no entanto, a necessidade de diversas reformas no plano econômico que se seguiram ao período pós-ditadura passaram a ser feitas por decretos dos Presidentes, o que corroeu em grande medida o papel do Legislativo e também a função de controle que deveria ser exercido pelo Judiciário. Com efeito, o Judiciário, e particularmente o tribunal constitucional, teria de fazer um controle após já implementada determinada política-econômica, o que dificultou em grande medida que o Judiciário desempenhasse o seu papel. Além disso, os Presidentes procuraram, pelo processo de nomeação, formar aliados políticos nos tribunais constitucionais, que não obstaculizassem as reformas econômicas (SANTISO, Carlos. Economic Reform and Judicial Governance in Brazil: Balancing Independence with Accountability. In: GLOPPEN, Siri; GARGARELLA, Roberto; SKAAR, Elin (Org.). *Democratization and the Judiciary:* The Accountability Function of Courts in New Democracies. London: Routledge, 2005. p. 117-143. p. 118).

112 Após a redemocratização, a maioria das democracias da América Latina optaram por sistemas presidencialistas de governo, bem como estabeleceram os decretos executivos como um mecanismo para governar. Ocorre que os Decretos Executivos são mecanismos que ampliam muito os poderes do Presidente da República em detrimento do Legislativo, dando uma certa autonomia para o Executivo governar e elaborar políticas públicas. Desse modo, na América Latina, os poderes de revisão judicial desses instrumentos são indicadores importantes na medição do desempenho judicial. Por exemplo, na sua função de corrigir disfucionalidades democráticas, o impacto da atuação do Judiciário sobre o processo político também pode ser medido, nos sistemas presidencialistas dos países da América Latina, pelo impacto da revisão judicial sobre decretos do Executivo.

Nesse tocante, outro fator que merece ser considerado diz respeito à sua atuação quando envolve direitos e prerrogativas de partidos minoritários e de oposição, em contraposição a partidos majoritários ou que compõem a base governista. É possível observar que os partidos da oposição representam o percentual de 90% das ADIs propostas por partidos políticos.[113] No entanto, o índice de sucesso de partidos políticos em ADIs é baixíssimo.

Isso poderia ser explicado pela tendência da Corte Constitucional brasileira de beneficiar as maiorias políticas e os interesses do governo, havendo algumas evidências empíricas disso, como já demonstrado. Contudo, também é preciso considerar outro fator que influencia sobremaneira esse dado estatístico, qual seja, o fato de que a oposição e as minorias políticas, em várias oportunidades, ajuízam ações no STF sabendo, de antemão, que possuem pouca ou quase nenhuma chance de sucesso, mas mesmo assim o fazem para ganhar exposição midiática e mostrar à sua base eleitoral que foram até a última instância defendendo a questão.[114]

De outro lado, é importante analisar a atuação do STF quando tem de enfrentar elites políticas ou interesses governistas, sobretudo diante da crise política que se iniciou em 2013, a qual realçou os poderes, os limites e as deficiências da Corte. Embora a teoria dos diálogos interinstitucionais tenha um papel importante como paradigma, a deliberação interinstitucional, na prática, parece não ter ocorrido inteiramente às claras, de modo que as motivações verdadeiras nem sempre foram externalizadas nas decisões.[115]

---

113 TAYLOR, Matthew M.. *Judging Policy*: Courts and Policy Reform in Democratic Brazil. Redwood City: Stanford University Press, 2014. pp. 84-85.

114 Com efeito, a oposição, derrotada no processo político deliberativo, pode recorrer ao tribunal constitucional apenas com o objetivo de aumentar a sua exposição e marcar sua posição para o seu eleitorado. Nesse sentido: HIRSCHL, Ran. The New Constitutionalism and the Judicialization of Pure Politics Worldwide. *Fordham Law Review*, New York, v. 75, n. 2, p. 721-753, nov. 2006. pp. 744-745.

115 Como afirmam Juliano Zaiden Benvindo e Rafael Estorilio, a interação entre poderes é "trabalhada nos bastidores", o que permite que "o STF possa barganhar seus interesses corporativos, enquanto busca legitimar

A esse respeito, sobretudo em questões estruturais ou que geram impacto na classe política, o STF – assim como os tribunais constitucionais em geral – costuma fazer um cálculo estratégico de como suas decisões serão recebidas, analisando o intervalo de tolerância em que ficará mais fácil o seu cumprimento. Ao confrontar os interesses de maiorias concertadas, será bastante provável que os prejudicados por essa decisão tentem descumpri-la diretamente, contorná-la ou buscar alguma forma de retaliação ao Tribunal. Por isso, observa-se a utilização de certo pragmatismo envolvendo o cálculo estratégico pela Corte Constitucional brasileira quando as suas decisões podem contrariar interesses governistas ou de elites políticas.

Se, de um lado, pode ser altamente criticável a atuação do STF nas situações em que se curvou às elites políticas e ao governo, de outro, em determinados casos, talvez tenha atuado de maneira realista, para evitar desgastes desnecessários que pudessem colocar em xeque a autoridade das suas decisões. Aliás, esse cálculo estratégico é utilizado mesmo em tribunais constitucionais que têm ocasionado melhorias nas condições democráticas confrontando elites políticas, como as Cortes Constitucionais da Índia, Colômbia e África do Sul.[116] Com efeito, os exemplos de tribunais constitucionais bem-sucedidos, que conseguiram melhorar as condições democráticas de seus países, demonstram que é preciso ser realista e avaliar quais as opções políticas que são viáveis, a fim de que a própria autoridade da Corte Constitucional não seja desnecessariamente fragilizada.[117]

---

decisões dos outros poderes por meio de técnicas argumentativas que ofuscam sua verdadeira motivação". (BENVINDO, Juliano Zaiden; ESTORILIO, Rafael. O Supremo Tribunal Federal como agente do constitucionalismo abusivo. *Cadernos Adenauer*, Rio de Janeiro, a. 18, n. 1, p. 173-192, jul. 2017. p. 176)

116 PARTLETT, William. Courts and Constitution-Making. *Wake Forest Law Review*, Wake Forest University School of Law, Winston-Salem, CN, v. 50, p. 921-949, 2015. p. 946.

117 MENDES, Conrado Hübner. Fighting for Their Place: Constitutional Courts as Political Actors. A Reply to Heinz Klug. *Constitutional Court Review*, Claremont, Cape Town, South Africa, v. 3, p. 33-44, 2010. p. 40.

Entretanto, se o Tribunal Constitucional brasileiro simplesmente se curvar às elites políticas e deixar de implementar melhorias no sistema político e na democracia, o seu próprio papel constitucional pode perder sentido. Além disso, embora, a curto prazo, possa ser até justificável, para evitar retaliações e desgastes, a longo prazo a Corte restará enfraquecida, pelo seu baixo desempenho na sua função de melhorar as condições democráticas e corrigir disfuncionalidades nas instituições políticas. Ademais, como afirma Willian Partlett, o papel ativo da Corte Constitucional na melhoria da política ajuda a tornar mais provável que os atores políticos respeitem a revisão judicial.[118]

No Brasil, fazendo-se um balanço geral da atuação do STF para melhorar a democracia e o ambiente político, são inegáveis alguns avanços, sobretudo no combate à corrupção na política. Todavia, embora pudesse ter se firmado, sobretudo a partir de 2013, como garantidor da democracia e de uma nova política, menos corrupta e mais republicana, a imagem que passou para a população foi a de um Tribunal poderoso, mas vulnerável; capaz de combater a corrupção, mas com leniência em relação a alguns políticos. Além disso, mostrou ser um Tribunal altamente dependente da discricionariedade de cada ministro, isoladamente considerado, o que deixou o destino de algumas ações e réus praticamente ao acaso (sorteio do relator).

Nesse tocante, é preciso avançar muito no controle do poder individual de cada ministro do STF. Os riscos de se ter como juízes da Suprema Corte indivíduos irresponsáveis, incompetentes ou aventureiros não é exclusividade do sistema brasileiro. O que é surpreendente no caso da Suprema Corte brasileira é que ainda não tenham sido encontrados mecanismos para mitigar os danos que seus ministros podem individualmente causar.[119] Assim, fica

---

118 PARTLETT, William. Courts and Constitution-Making. *Wake Forest Law Review*, Wake Forest University School of Law, Winston-Salem, CN, v. 50, p. 921-949, 2015. p. 948.

119 FEREJOHN, John. Independent Judges, Dependent Judiciary: Explaining Judicial Independence. *Southern California Law Review*, Los Angeles, v. 72, n. 2 & 3, p. 353-384, January & March 1999. p. 362-363.

evidente a necessidade de se criar instrumentos para que, se uma decisão individual controversa for dada, seja possível haver a imediata deliberação pelo colegiado, de modo a corrigir de plano o ato individual ou, então, insistir na decisão, mas com a deliberação judicial colegiada.

Ao se colocar como guardião da Constituição, o STF gera nos cidadãos expectativas de que contribuirá para uma nova política, isenta de corrupção. Todavia, na realidade, o seu comportamento e as suas decisões parecem contribuir, em diversos casos, para a perpetuação da *velha política*.[120] Embora a tentativa de alguns ministros de contribuir para a mudança na forma de fazer política, grande parte das decisões da Suprema Corte brasileira parece ir no sentido da preservação do *status quo*.

Esse comportamento se assemelha mais ao que José Rodrigo Rodriguez denomina de "zonas de autarquia"[121], que permitem "manobras levadas adiante pelos detentores de posições de poder que visam congelar instituições postas".[122] Embora com alguns avanços, ainda existe um longo caminho para que o STF se torne um "tribunal de boa governança", no sentido de se impor com "compromissos de atitude".[123]

Desse modo, parece haver, em torno do STF, um poder simbólico hipertrófico[124], na medida em que existe uma grande tensão

---

120 BENVINDO, Juliano Zaiden; ACUNHA, Fernando José Gonçalves. O papel da política na atuação das Cortes Supremas. *Novos estudos*, CEBRAP, São Paulo, v. 37, n. 1, p. 57-79, jan.–abr. 2018. p. 76.

121 RODRIGUEZ, José Rodrigo. *Como decidem as Cortes?*: para uma crítica do direito (brasileiro). Rio de Janeiro: Editora FGV, 2013. p. 21.

122 RODRIGUEZ, José Rodrigo. *Como decidem as Cortes?*: para uma crítica do direito (brasileiro). Rio de Janeiro: Editora FGV, 2013. p. 21.

123 PARTLETT, William. Courts and Constitution-Making. *Wake Forest Law Review*, Wake Forest University School of Law, Winston-Salem, CN, v. 50, p. 921-949, 2015. p. 941.

124 A expressão é utilizada por Juan Pablo Sarmiento quando analisa o ordenamento constitucional colombiano (SARMIENTO E., Juan Pablo. El populismo constitucional en Colombia, hacia la instrumentalización simbólica de la Constitución por medio de proyectos de actos legislativos fallidos.

entre as aspirações permanentemente crescentes e inconclusas daquilo que se quer que a Corte realmente faça e aquilo que ela representa e é capaz de fazer. O STF mostrou ser um órgão importante, mas com uma capacidade ainda limitada para implementar um ganho substancial em termos de melhoria das condições democráticas ou de impedir que elites políticas abusem do seu poder.[125]

Enfim, as promessas constitucionais de que o Supremo Tribunal Federal seja o guardião da Constituição e, dessa forma, possa melhorar a política brasileira ainda estão longe de ser cumpridas.

Estudios socio-jurídicos, Universidad del Rosário, Bogotá, v. 15, n. 2, p. 75-109, dec. 2013. p. 75).

125 No mesmo sentido: PARTLETT, William. Courts and Constitution-Making. *Wake Forest Law Review*, Wake Forest University School of Law, Winston--Salem, CN, v. 50, p. 921-949, 2015. p. 922.

Conclusão

Ao se propor investigar a capacidade institucional de o STF melhorar as condições democráticas do país, é necessário ultrapassar as discussões convencionais sobre judicialização da política e ativismo judicial. Do ponto de vista dinâmico e contextualizado, as questões constitucionais que envolvem a atuação da Corte Constitucional brasileira possuem maior complexidade, muito além da clássica dicotomia ativismo *versus* autocontenção.

Diversos outros estudos contemporâneos sugerem que não haveria, como regra, uma oposição verdadeira da classe política em relação aos tribunais constitucionais. Nesse contexto, é possível observar que, desde a "terceira onda" de democratização que ocorreu nos países latino-americanos, aumentaram os estudos sobre o papel das cortes constitucionais na política, de modo que a tese relativa à dificuldade contramajoritária tem perdido espaço nas pesquisas da região. Aliás, pelas análises quantitativas e qualitativas desenvolvidas nesta obra, observa-se que há boas razões para que o governo, o parlamento e as elites políticas fortaleçam e fomentem o poder de revisão judicial da Corte Constitucional brasileira.

Nesse contexto, para investigar o problema da atuação do STF na política, é necessário considerar um conjunto bastante amplo de fatores, tais como a inserção da Corte brasileira numa métrica internacional, sobretudo em comparação com os tribunais constitucionais dos demais países latino-americanos; as questões institucionais, principalmente a partir da Constituição de 1988; a estrutura de oportunidades constitucionais e os incentivos sociopolíticos para a judicialização de questões políticas; e o comportamento do STF e de seus ministros.

Nesse tocante, foi possível observar que a problemática não é apenas doméstica, pois diversas outras cortes constitucionais enfrentam questões semelhantes, relacionadas ao seu contexto e à sua realidade institucional, que podem dificultar ou impedi-las de atuar de forma independente em relação a elites políticas. Com essa perspectiva comparada, não se pretende colocar todos os problemas vivenciados pelos tribunais constitucionais num mesmo plano, tampouco trazer à investigação soluções simplistas ou descontextualizadas. Entretanto, é possível observar que muitos problemas semelhantes também são enfrentados por outras cortes constitucionais, além do que cada uma delas possui seus problemas específicos, comumente ligados ao seu contexto, seus institutos, instituições, funções e sistemas jurídicos.

Considerando a questão institucional, a estrutura de oportunidades constitucionais, os incentivos sociopolíticos, o comportamento dos ministros e o conjunto de estratégias que envolvem os diversos atores no cenário político, buscou-se investigar o novo papel assumido pelo Tribunal Constitucional brasileiro na revisão judicial da política, bem como quais são as causas do fenômeno, seus limites e os principais problemas enfrentados quando as causas envolvem interesses governistas ou de outras elites políticas.

O aspecto institucional possui grande relevância na consideração do novo papel desempenhado pelo STF. A Constituição de 1988 estabeleceu uma ampla estrutura de oportunidades para a constitucionalização, judicialização e tribunalização de conflitos políticos. Com efeito, é possível observar que ela: a) distribuiu poder entre os diversos ramos e níveis de governo, e entre Estado e sociedade; b) estabeleceu pré-compromissos ideológicos; c) além de ser abrangente, foi bastante específica, mas, ao mesmo tempo, imprecisa; e d) estabeleceu diversos mecanismos para acessar a Corte Constitucional brasileira, com instrumentos de revisão concreta e abstrata, bem como ampliou seus legitimados.

Entretanto, não são somente as questões institucionais que importam. A par da extrema relevância da análise desses instrumentos de controle de constitucionalidade previstos legalmente e dos elementos anteriormente analisados, é preciso também investigar se eles são efetivamente utilizados pela Corte Constitucional brasileira. Vale dizer, a disponibilidade dos instrumentos para a revisão judicial não implica necessariamente a sua efetiva utilização. Além de não existir um modelo institucional infalível, os contextos político e econômico, o apoio popular, o poder político dividido entre diversos partidos, coligações e atores são, por exemplo, fatores que influenciam sobremaneira as decisões da Suprema Corte brasileira, o seu cumprimento e a existência ou não de represálias a ela.

De acordo com o *design* institucional do Tribunal Constitucional brasileiro, existem garantias formais que, consideradas em seu conjunto, geram incentivos para que os seus ministros julguem sinceramente, de acordo com a ortodoxia constitucional e legal, preocupando-se em mostrar aparência de imparcialidade. Esse *design* institucional criou muitos incentivos para que a Suprema Corte brasileira desempenhasse amplamente o papel de distribuição de poder entre os diversos órgãos e níveis de governo. A combinação entre texto constitucional específico e impreciso, um sistema judicial fortalecido institucionalmente e a previsão de diversas ações constitucionais cria incentivos para que os conflitos de natureza política possam facilmente ganhar roupagem constitucional para chegarem à Suprema Corte brasileira. Nesse ínterim, a decisão política final sobre determinada lei, com a sua aprovação ou rejeição pelo Congresso Nacional, não costuma ser a decisão final sobre a matéria. Aqueles que são derrotados na deliberação do parlamento podem facilmente transmudar a discussão política para uma demanda de natureza constitucional e acessar a Corte Constitucional brasileira.

De outro lado, os aspectos institucionais, a estrutura de oportunidades constitucionais e de incentivos sociopolíticos não indicam, necessariamente, que a Corte Constitucional terá uma postura ativa no arbitramento de conflitos políticos ou na adjudicação de direitos. Desse modo, para analisar melhor essa questão, é imprescindível investigar o comportamento judicial dos ministros do STF. Nesse tocante, constata-se que o Tribunal Constitucional brasileiro foi permissivo em relação à sua competência para arbitrar conflitos políticos e distribuir poder. Com efeito, após a Constituição de 1988, a Corte Constitucional brasileira passou a atuar amplamente no arbitramento de conflitos intergovernamentais, distribuindo poder e fixando competências entre órgãos políticos, nos diversos níveis (federal, estadual e municipal). Além disso, verificou-se, por pesquisas empíricas, que existe tendência de o Supremo arbitrar os conflitos intergovernamentais a favor do Poder Executivo e do Governo Federal.

De outro lado, estudos empíricos apontam que o STF não teve o mesmo empenho na proteção de direitos fundamentais, sobretudo em relação a direitos de segunda e terceira geração, ao menos em termos quantitativos. Talvez essa postura mais tímida em relação à proteção desses direitos seja justificada por uma atuação proficiente das instâncias judiciais inferiores em relação a direitos fundamentais. De qualquer modo, o que não se pode admitir é que o discurso de proteção de direitos fundamentais seja utilizado retoricamente para legitimar interesses de determinadas elites políticas.

Diante dos incentivos irresistíveis para que o governo e as elites políticas intervenham no poder judicial, é preciso se atentar para os riscos da judicialização da política, a fim de que não se torne simples politização da justiça e o Judiciário não seja transformado em apenas mais uma arena política. A judicialização da política passou a ser uma realidade no Brasil, o que possui impactos significativos para o Estado de Direito e para a democracia. Contudo, em diversas situações, quando contraria interesses do governo federal ou de elites políticas, o próprio papel do STF em manter e aprimorar a ordem democrática passou a ser desafiado.

Desse modo, análises puramente normativas não conseguem dar respostas satisfatórias para o problema. É preciso considerar a atuação da Corte Constitucional brasileira na política de forma mais global, internalizando problematizações além do paradigma jurídico, a fim de que seja analisado como os diversos *players* se comportam, como ocorre a atuação do STF frente a elites políticas e interesses governistas, quais os riscos e as dificuldades da Corte quando enfrenta esses interesses, bem como quais são as respostas das instituições e dos atores políticos.

Considerando a complexidade das questões políticas em que a Corte Constitucional brasileira intervém, a sua real capacidade de enfrentar os Poderes eleitos e os atores políticos é muito mais limitada do que a doutrina tradicional de direito constitucional e as teorias constitucionais *standard* sugerem. É possível observar que algumas absolutizações como "supremocracia" e "ditadura do Judiciário" não se sustentam em todas as situações, bem como que análises teoréticas sobre revisão judicial forte ou fraca são subcomplexas.

Desse modo, é mais produtivo analisar a questão de forma dinâmica, considerando o contexto político em que o STF se insere; as estratégias das elites políticas para descumprirem, direta ou indiretamente, as suas decisões judiciais; as estratégias políticas de que se utiliza a Corte Constitucional brasileira para aumentar as probabilidades de sucesso no exercício da revisão judicial e no cumprimento de suas decisões. Enfim, é preciso considerar como, na seara do direito constitucional comparado e no âmbito doméstico, o STF acumula capital político para tomar decisões contrárias às elites políticas e como estas, na prática, buscarão se evadir das decisões judiciais.

Se fosse possível definir o comportamento judicial do STF numa única palavra quando atua para arbitrar conflitos políticos, essa palavra seria prudência. Ao distribuir poder, o Supremo costuma ser bastante cauteloso. Comumente, aloca poder em relação ao órgão ou ente mais forte, a não ser que tal medida seja de inconstitucionalidade manifesta. Todavia, ainda que se possa defender que seja algo contingencial, esse tipo de "prudência" pode gerar consequências extremamente negativas a médio e a longo prazo. Com efeito, esse comportamento pode passar a impressão, para o público em geral e para os futuros litigantes, de que o Tribunal Constitucional brasileiro seria fraco, partidário ou que não teria aptidão para defender direitos.

Em meio à crise política que se iniciou em 2013, foi possível observar uma classe política acuada e uma Corte Constitucional que, na prática, intervém analisando os seus próprios limites e as possibilidades de efetivação das suas decisões. Considerando casos emblemáticos de intervenção do STF na política, verificou-se diversos problemas, como decisões monocráticas que mudaram os rumos do país, bem como situações em que a Corte Constitucional brasileira se curvou às elites políticas.

Além disso, análises do desempenho do STF antes da crise política que se iniciou em 2013 talvez tenham de ser revistas, ou, ao menos, não se apliquem inteiramente à sua atuação após o início da crise. Alguns casos mostraram que o Tribunal Constitucional brasileiro se revelou como um Poder mais fraco e muito dependente de capital político para impor as suas decisões. Além disso, a Corte Constitucional brasileira foi desafiada em alguns casos e acabou cedendo diante de poderosos políticos. Nessas situações, optou por não atuar de forma completamente independente, considerando as forças externas que circundam as suas decisões, incluindo as chances de que elas não fossem cumpridas ou fossem contornadas. Outras vezes, no entanto, alguns ministros da Corte brasileira podem ter entrado no jogo político e abusado do poder individual.

Em diversas situações, o direito constitucional foi utilizado pelo STF apenas para justificar ou dar aparência de legitimidade a uma decisão, que, em verdade, tinha natureza eminentemente política. Nesses casos, houve o abuso do direito constitucional, quando ele apenas foi utilizado para justificar uma decisão tomada a partir de outras bases não jurídicas. Trata-se de uma prática que constitui constitucionalismo abusivo e seletivo, a qual se pretendeu descortinar.

Além disso, diversos casos envolvendo altas autoridades da República e poderosos políticos deixaram transparecer aquilo que denomino de "fulanização dos julgamentos". Em idêntica situação jurídica, os julgamentos do STF foram diferentes a depender da parte e do interesse envolvido no processo. O Senador Delcídio do Amaral (PT-MS), o Deputado Federal e Presidente da Câmara dos Deputados Eduardo Cunha (MDB-RJ), o Senador e Presidente do Senado Renan Calheiros (MDB-AL) e o Senador Aécio Neves (PSDB-MG), com idênticas prerrogativas parlamentares, na forma da Constituição, tiveram tratamento completamente distinto pelo Supremo Tribunal Federal. A decisão sobre o caso da nomeação do ex-Presidente Lula para o cargo de Ministro de Estado no Governo Dilma foi diferente da dada para o caso da nomeação do Ministro

Moreira Franco pelo Presidente interino Michel Temer. Nessas situações, as decisões sobre situações jurídicas semelhantes foram distintas, a depender do contexto político, das pressões populares, do ministro relator e de outras variáveis que têm envolvido o intrincado jogo estratégico praticado atualmente no STF. A Corte Constitucional brasileira atuou circunstancialmente, fulanizando os julgamentos, desrespeitando a integridade e a coerência do sistema jurídico pela inobservância dos próprios precedentes. Contudo, é preciso considerar que a "fulanização de julgamentos" não é apenas um problema particularizado, pois pode gerar graves consequências para o Estado de Direito e para a democracia.

Além disso, é possível observar que, em diversos casos, o STF parece ter assumido o papel de um verdadeiro *player* dentro da arena política. Nesse aspecto, pode, inclusive, ter mudado os rumos políticos do país em 2016. Ao se evidenciar a afeição de alguns ministros em relação a determinadas ideologias, partidos e políticos, a Corte brasileira pode ter contribuído para o aprofundamento da crise de governabilidade e para a instabilidade política no país. A desigualdade gerada pela maior ou menor potencialidade de influência de atores específicos no STF pode minar a própria razão democrática da atuação judicial em matéria de política. Além disso, em tese, pode corroer a própria expectativa de que o Tribunal Constitucional brasileiro seja o guardião da ordem constitucional, do Estado de Direito e da democracia.

Mas não é só. Instrumentos formais de revisão judicial também foram desvirtuados para favorecer determinados atores. O instituto da repercussão geral, que deveria constituir um filtro para que somente recursos extraordinários com matéria constitucional fossem admitidos pela Corte, passou a ser um mecanismo utilizado para negar direitos constitucionais. A suspensão dos processos pelo reconhecimento da repercussão geral tem gerado, na prática, a negativa de justiça àqueles que possuem o direito. O direito de natureza constitucional, garantido pelas demais instâncias ordinárias, pode ser suspenso pela Corte por tempo indeterminado, com esse mecanismo. Nesta seara, o STF, que deveria ser guardião da Constituição, tem atuado, em diversas causas de interesse do governo, para impedir que esses direitos constitucionais sejam efetivados, gerando um estado permanente de *non liquet*.

Outro desvirtuamento que merece ser considerado está relacionado às audiências públicas. Trata-se de um importante instrumento formal para conferir maior legitimidade à revisão judicial, mediante a participação de diversos atores em questões sensíveis para o Estado e a sociedade, tendente a possibilitar um julgamento mais dialógico, a partir da ampliação e da qualificação dos debates. Entretanto, esse instrumento novo tem sido utilizado para velhas práticas. O baixo grau de comparecimento dos ministros às audiências e a pouca referência a elas em seus votos revelam que a Corte desperdiça o seu potencial, mas, mesmo assim, as utiliza como instrumento pseudo legitimador da sua atuação. A prática do STF torna as audiências públicas um mecanismo de constitucionalismo de camuflagem, pois, com retóricas democráticas ou de legitimação, encobre jogos de interesses sub-reptícios. Isso mostra que ainda há um longo caminho a percorrer a fim de que se possa cumprir a promessa constitucional de aumentar o compromisso dos juízes constitucionais com o constitucionalismo democrático.

Além disso, é possível observar práticas autoritárias por ministros da Corte, individualmente considerados. Entretanto, não se trata do autoritarismo clássico, senão de um autoritarismo velado, que é mais difícil de ser identificado, porque encoberto por práticas, interpretações, culturas e outras circunstâncias. Ele se arvora em premissas de legitimidade e legalidade, mas esconde algo que não é possível perceber senão a partir do jogo político ou dos interesses que estão por trás da ação. Nesta forma de autoritarismo velado, que se pretendeu denunciar, a atuação do STF é marcada pela ação autoritária individual e pelo fator tempo, ou seja, como mecanismo que permite uma decisão individual e que subtrai do órgão colegiado o julgamento. Pela análise de diversos casos, foi possível observar como cada ministro da Corte age monocraticamente nas decisões liminares e não leva a questão ao plenário; como o relator possui o poder supremo de submeter ou não o processo a julgamento pelo colegiado, impedindo que questões constitucionais sensíveis sejam julgadas, quando o entendimento do plenário é possivelmente contrário à sua posição individual; como existe um poder discricionário ou arbitrário de pautar os processos; como ministros do STF, quando observam que o pleno já atingiu maioria em sentido contrário, usam abusivamente da prerrogativa de pedir vista, apenas para impedir o término do julgamento pelo pleno.

Enfim, em diversas situações, os ministros do STF agiram autoritariamente de forma a evitar um julgamento colegiado. O voluntarismo prevaleceu sobre a razão. Contudo, a utilização abusiva e autoritária das regras procedimentais para impedir que a decisão colegiada prevaleça viola o cerne da Constituição, pois quando esta prevê a competência do Supremo, pressupõe um julgamento institucional, pelo seu órgão colegiado, e não a conduta voluntarista de um ministro, que impede o julgamento colegiado.

Embora a revisão judicial possa ser um instrumento importante para a democracia e para o constitucionalismo, no Brasil, a prática do STF, que hipertrofiou o poder individual de seus ministros, se aproxima de um verdadeiro desmembramento constitucional judicial, sobretudo pela forma como cada ministro, individualmente, se arvora na competência do colegiado e inova na ordem jurídica, muitas vezes divergindo da própria jurisprudência da Corte, de forma contrária à Constituição e à ordem democrática.

Quando os juízes constitucionais brasileiros agem de forma isolada e autoritária, tomando para si o poder constitucionalmente atribuído ao colegiado, o critério aleatório de distribuição (o fator sorte) acaba sendo fator determinante para o sucesso ou o insucesso de determinado pleito. Desse modo, os ministros da Corte brasileira passam a ser considerados como mais um ator ou *player* num complexo e intrincado processo político, tornando tênue ou fragilizando, de forma perigosa, a fronteira entres os sistemas do direito e da política. Isso pode interessar a cada ministro individualmente, mas não à instituição do STF, tampouco à sociedade.

Assim, a forma arbitrária e voluntarista como são invertidos os papéis do órgão e de seus membros acaba por desvirtuar a função da Suprema Corte brasileira como verdadeiro tribunal constitucional. Isso tudo traz sérios questionamentos sobre a real capacidade de o STF corrigir disfucionalidades na política.

Diante da imensa crise política vivenciada a partir de 2013, o Judiciário deveria se apresentar como uma instituição capaz de corrigir as disfuncionalidades nas instituições políticas. Entretanto, seja porque o STF é uma corte política, ou porque as instituições jurídicas são falíveis, a Corte Constitucional brasileira também se mostrou imperfeita e com grande fragilidade diante de outras instituições e atores políticos.

Nesse tocante, uma questão importante diz respeito ao processo político de nomeação dos ministros da Corte Constitucional brasileira. Ele influencia não apenas a sua independência, mas também o tipo e o perfil de juízes que comporão o Tribunal, com impactos diretos no comportamento deste.

No Brasil, o problema da politização da nomeação é ainda mais grave quando se leva em conta o poder individual hipertrófico dos ministros do STF. Considerando esse poder, o ministro recém-nomeado pode, por exemplo, paralisar todos os julgamentos contra a autoridade nomeante, mediante diversos artifícios, como o deferimento de liminares, a não liberação do caso para julgamento, o artifício do pedido de vista, entre outros. Esses poderes individuais hipertróficos tornam cada nomeação ao cargo de ministro do Supremo algo extremamente estratégico para o governo e a classe política.

De outro lado, como a natureza política da nomeação parece ser inevitável, é preciso tornar o Tribunal Constitucional brasileiro mais imparcial e menos sujeito ao poder arbitrário de agentes políticos. Assim, a aspiração não deve ser propriamente de isolar o processo de nomeação da política, senão de torná-lo mais aberto, público, submetido ao crivo de toda a sociedade, impedindo que o poder e a influência de atores políticos sejam mascarados. Nesse sentido, deve-se ampliar a participação da sociedade civil, não necessariamente no sentido de que organizações ou pessoas fora do Estado possam nomear representantes, mas para que a escolha dos juízes constitucionais seja pública e passe pelo crivo da sociedade, a fim de que eles sejam vinculados com as questões constitucionais, sobretudo de direitos humanos, bem como que tenham maior independência em relação ao governo e às elites políticas. Mesmo não sendo capaz de livrar a escolha da política, isso ao menos pode fazer com que as campanhas ao cargo de ministro do STF sejam mais públicas do que políticas.

A sobrecarga e a morosidade processual no STF são fatores que também apresentam muitos custos para toda a sociedade. Apesar disso, observa-se que não há nenhuma sinalização de que a Corte brasileira buscará reduzir significativamente as suas competências. Ademais, a alta distribuição de processos e a sobrecarga de trabalho são fatores comumente utilizados para justificar o tempo do processo. Permitem, por exemplo, que possam servir de escusa "legítima" para o fato de um processo demorar anos – às vezes, décadas – para ser julgado. Assim, em verdade, o tempo do processo no STF – justificado pela alta distribuição e sobrecarga de trabalho – se torna um importante recurso estratégico para diversos *players*, bem como empodera muito os ministros da Corte, individualmente considerados, mas com um alto custo, qual seja, de colocar em questionamento a própria função judicial e a real necessidade de um tribunal constitucional.

A capacidade do STF de melhorar as instituições políticas também é testada quando envolve a investigação e a punição da corrupção nos altos escalões da República – o que foi colocado em evidência sobretudo a partir da crise política de 2013, ocasionada, sobretudo, por escândalos de corrupção. Em primeiro lugar, porque a classe política, sentindo-se acuada, pode se unir, ainda que circunstancialmente, para retaliar a Corte e afrontar a sua autoridade. Mas não é só. As relações pessoais entre ministros da Corte e políticos também podem dificultar o enfrentamento da corrupção. Enquanto todo o aparato do Estado pode trabalhar para a investigação e a punição de corruptos, apenas um telefonema a um ministro da Corte Constitucional pode derrubar todo esse trabalho.

Num contexto em que a crise política se agrava e cada vez mais são descortinados esquemas de corrupção nos mais altos cargos da República, o acesso direto de autoridades públicas e políticos investigados criminalmente a ministros do STF é algo que retira a própria credibilidade da Justiça brasileira e coloca dúvidas sobre a sua capacidade de corrigir as disfunções e combater a corrupção nas instituições representativas brasileiras. Enfim, a mazela da "justiça telefônica" é algo que precisa ser combatido na Corte Constitucional brasileira.

Nesse sentido, é preciso encontrar mecanismos de controle público sobre a atividade dos ministros da Corte Constitucional brasileira. Na medida em que o poder judicial cresce, também deve aumentar a publicização da sua atuação e as exigências de prestação de contas perante a opinião pública, sem que se desconheça os riscos de segui-la. A questão central é encontrar um equilíbrio entre a pouca e a demasiada capacidade de resposta judicial à opinião pública. De um lado, a aproximação entre a opinião pública e o STF poderia ser um importante fator para suprir o seu déficit de legitimidade. De outro, é preciso considerar os seus riscos e ter o necessário cuidado para não a seguir cegamente, sob pena de desvirtuar a própria missão constitucional da Corte.

Desse modo, um STF independente, transparente e responsável ainda é um paradigma a ser perseguido. Ao se colocar como guardião da Constituição, o Supremo gera nos cidadãos expectativas de que pode contribuir para uma nova forma de fazer política. Contudo, o seu comportamento e as suas decisões, em grande parte dos casos, ainda parecem estar ligados à "velha política". Embora a tentativa de alguns ministros de contribuir para a mudança na forma de fazer política, grande parte das decisões da Corte Constitucional brasileira ainda estão no sentido de preservação das mesmas elites que dominam a política brasileira há bastante tempo.

Portanto, há uma grande frustração diante daquilo que se pretendia que o STF fizesse e aquilo que, na prática, representa e é capaz de fazer. A promessa constitucional de que o Supremo seria o guardião da Constituição ainda não foi cumprida. Embora seja um órgão importante na estrutura institucional, o STF ainda possui uma capacidade bastante limitada para melhorar a política brasileira.

Referências Bibliográficas

ALBERT, Richard. Constitutional Amendment and Dismemberment. *Yale Journal of International Law*, Boston College Law School, v. 43, Research Paper 424, p. 1-117, Nov. 2016.

_______; BENVINDO, Juliano Zaiden; RADO, Klodian; ZHILLA, Fabian. Constitutional reform in Brazil: lessons from Albania?. *Revista de Investigações Constitucionais*, Curitiba, v. 4, n. 3, p. 11-34, set./dez. 2017.

_______. Counterconstitutionalism. *Dalhousie Law Journal*, v. 31, n. 1, p. 1-54, Spring 2008.

_______. The Cult of Constitutionalism. *Florida State University Law Review*, Florida State University College of Law, Tallahassee, Florida, v. 39, p. 373-416, 2012.

ALMEIDA, Danilo dos Santos; BOGOSSIAN, Andre Martins. "Nos termos do voto do relator": considerações acerca da fundamentação coletiva dos acórdãos do STF. *Revista Estudos Institucionais*, Rio de Janeiro, v. 2, n. 1, p. 263-297, jul. 2016.

ARGUELHES, Diego Werneck. Judges Speaking for the People: Judicial Populism Beyond Judicial Decisions. Blog of the International Journal of Constitutional Law and ConstitutionMaking.org. May, 2017. Disponível em: <http://www.iconnectblog.com/2017/05/judges-speaking-for-the-people-judicial-populism-beyond-judicial-decisions/>. Acesso em: 24-10-2017.

_______; RIBEIRO, Leandro Molhano. Ministrocracia: o Supremo Tribunal individual e o processo democrático brasileiro. Novos estudos CEBRAP, São Paulo, v. 37, n. 1, p. 13-32, jan.-abr. 2018.

______; PEREIRA, Thomaz. O Supremo das estratégias e o STF de Rosa Weber. Disponível em: <https://www.jota.info/stf/supra/o-supremo-das-estrategias-rosa-weber-lula-06042018>. Acesso em: 12-4-2018.

______; RIBEIRO, Leandro Molhano. O Supremo Individual: mecanismos de atuação direta dos Ministros sobre o processo político. *Direito, Estado e Sociedade,* Rio de Janeiro, n. 46, p. 121-155, jan./jun. 2015.

______; LIMA, João Marcelo da Costa e Silva. Políticas públicas, interpretação judicial e as intenções do legislador: o ProUni e o "cripto-ativismo" do Supremo Tribunal Federal. *Revista de Investigações Constitucionais,* Curitiba, v. 4, n. 2, p. 163-192, mai.-ago. 2017.

______; RIBEIRO, Leandro Molhano. Preferências, Estratégias e Motivações: Pressupostos institucionais de teorias sobre comportamento judicial e sua transposição para o caso brasileiro. *Revista Direito e Práxis,* v. 4, n. 7, p. 85-121, 2013.

______. Supremo: porto seguro para ministros políticos. *Jota,* 7-2-2017. Disponível em: <https://www.jota.info/stf/supra/disfuncao-stf-encoraja-escolha-de-alexandre-de-moraes-07022017>. Acesso em: 25-7-2018.

______; HARTMANN, Ivar A.. Timing Control without Docket Control: How Individual Justices Shape the Brazilian Supreme Court's Agenda. *Journal of Law and Courts,* Chicago, v. 5, n. 1, p. 105-140, Spring 2017.

ASHENFELTER, Orley; EISENBERG, Theodore; SCHWAB, Stewart J.. Politics and the Judiciary: The Influence of Judicial Background on Case Outcomes. *University of Chicago Press,* Chicago, v. 24, p. 257-281, jun. 1995.

BARAK, Aharon. *The Judge in a Democracy.* Princeton: Princeton University Press, 2006.

BARBERIS, Mauro. Neoconstitucionalismo (trad. Juliana Salvetti, Marcelo Lamy e Luiz Carlos de Souza Auricchio). *Revista Brasileira de Direito Constitucional,* São Paulo, n. 7, v. 1, pp. 18-30, jan.-jun. 2006.

BARBOSA, Leonardo Augusto de Andrade. *História constitucional brasileira:* mudança constitucional, autoritarismo e democracia no Brasil pós-1964. 2. reimpr. Brasília: Câmara dos Deputados, Edições Câmara, 2016.

BARROSO, Luís Roberto. Constituição, Democracia e Supremacia Judicial: direito e política no Brasil contemporâneo. *Revista de Direito do Estado,* Rio de Janeiro, a. 4, n. 16, p. 3-42, out.-dez. 2009.

______. *Curso de direito constitucional contemporâneo:* os conceitos fundamentais e a construção do novo modelo. 3. ed. São Paulo: Saraiva, 2011.

______; BENVINDO, Juliano Zaiden; OSORIO, Aline. Developments in Brazilian Constitutional Law: The Year 2016 in Review. Blog of the International Journal of Constitutional Law and ConstitutionMaking.org. October 2017. Disponível em: <http://www.iconnectblog.com/2017/10/developments-in-brazilian-constitutional-law-the-year-2016-in-review/#_edn3>. Acesso em: 13-8-2018.

BENVINDO, Juliano Zaiden. A "última palavra", o poder e a história: O Supremo Tribunal Federal e o discurso de supremacia no constitucionalismo brasileiro. *Revista de Informação Legislativa,* Brasília, v. 51, n. 201, jan.-mar. 2014.

______. Ativismo judicial no Supremo Tribunal Federal: um debate sobre os limites da racionalidade. In: GUERRA, Luiz. (Org.). Temas contemporâneos do direito: homenagem ao bicentenário do Supremo Tribunal Federal. Brasília: Guerra, 2011. p. 560-582.

______. Brazil's Increasingly Politicized Supreme Court. International *Journal of Constitutional Law,* February 2017. Disponível em: <http://www.iconnectblog.com/2017/02/brazils-increasingly-politicized-supreme-court/>. Acesso em: 7-8-2018.

______. Corporate Campaign Contributions in Brazil: Of Courts, Congresses, and the Agendas of Individual Justices. *International Journal of Constitutional Law Blog,* July 2015. Disponível em: <http://www.iconnectblog.com/2015/07/corporate-campaign-contributions-in-brazil-of-courts-congresses-and-the-agendas-of-individual-justices/>. Acesso em: 7-8-2018.

______; RÜBINGER-BETTI, Gabriel. Do Solipsismo Supremo à Deliberação Racional. *Direito, Estado e Sociedade,* Rio de Janeiro, n. 50, p. 149-178, jan.-jun. 2017.

______; ACUNHA, Fernando José Gonçalves. O papel da política na atuação das Cortes Supremas. *Novos estudos,* CEBRAP, São Paulo, v. 37, n. 1, p. 57-79, jan.-abr. 2018.

______; ESTORILIO, Rafael. O Supremo Tribunal Federal como agente do constitucionalismo abusivo. *Cadernos Adenauer,* Rio de Janeiro, a. 18, n. 1, p. 173-192, jul. 2017.

______. *On The Limits of Constitutional Adjudication:* Deconstructing Balancing and Judicial Activism. Berlim: Springer, 2010.

______. Parliamentarism in Brazil: Stability for Whom?. *International Journal of Constitutional Law Blog,* August 2017. Disponível em: <http://www.iconnectblog.com/2017/08/parliamentarism-in--brazil-stability-for-whom/>. Acesso em: 7-8-2018.

______. The Forgotten People in Brazilian Constitutionalism: Revisiting Behavior Strategic Analyses of Regime Transitions. *International Journal of Constitutional Law,* v. 15, n. 2, p. 332-357, April 2017.

______. The Rule of Law in Brazil: A Conceptual Challenge. *International Journal of Constitutional Law Blog,* May 2018. Disponível em: <http://www.iconnectblog.com/2018/05/the-rule-of-law-in-brazil--a-conceptual-challenge/>. Acesso em: 7-8-2018.

BERCOVICI, Gilberto. Constituição e política: uma relação difícil. *Lua Nova,* São Paulo, n. 61, p. 5-24, 2004.

______. O Poder Constituinte do Povo no Brasil: Um Roteiro de Pesquisa sobre a Crise Constituinte. *Lua Nova,* São Paulo, n. 88, p. 305-325, 2013.

BICKEL, Alexander M.. *The Least Dangerous Branch.* New Haven: Yale University Press, 1986.

BONAVIDES, Paulo. *Curso de direito constitucional.* 3. ed. São Paulo: Malheiros, 1998.

______; ANDRADE, Paes de. *História Constitucional do Brasil.* Rio de Janeiro: Paz e Terra, 1991.

BRANCO, Paulo Gustavo Gonet. *Juízo de ponderação na jurisdição constitucional.* São Paulo: Saraiva, 2009.

BRETTSCHNEIDER, Corey. Popular constitutionalism contra populism. *Constitutional Commentary*, v. 30, n. 1, p. 81-88, Winter 2015.

BROUARD, Sylvain; HÖNNIGE, Christoph. Constitutional courts as veto players: Lessons from the United States, France and Germany. *European Journal of Political Research*, v. 56, n. 3, p. 529-552, August 2017.

BURBANK, Stephen B.; FRIEDMAN, Barry; GOLDBERG, Deborah. Introduction. In: BURBANK Stephen B.; FRIEDMAN, Barry (Eds). *Judicial Independence at the Crossroads:* An Interdisciplinary Approach. Thousand Oaks: Sage Publications, 2002. p. 3-8.

______; ______. Reconsidering Judicial Independence. In: BURBANK, Stephen B.; FRIEDMAN, Barry (Eds). *Judicial Independence at the Crossroads:* An Interdisciplinary Approach. Thousand Oaks: Sage Publications, 2002. p. 9-42.

BRINKS, Daniel M. "Faithful Servants of the Regime": The Brazilian Constitutional Court's Role under the 1988 Constitution. In: HELMKE, Gretchen; RÍOS-FIGUEROA, Julio (Org.). *Courts in Latin America.* New York: Cambridge University Press, 2011. p. 128-153.

CALSAMIGLIA, Albert. Postpositivismo. *Doxa,* Alicante, 21, n. 1, p. 209-220, 1998.

CARBONELL, Miguel. Neoconstitucionalismo: elementos para una definición. In: MOREIRA, Eduardo Ribeiro; PUGLIESI, Marcio (Coord.). 20 anos da Constituição Brasileira. São Paulo: Saraiva, 2009. p. 197-208.

CHADA, Daniel; HARTMANN, Ivar A. A distribuição de processos no Supremo é realmente aleatória?. In: FALCÃO, Joaquim; ARGUELLES, Diego Wernerck; RECONDO, Felipe. *Onze Supremos:* o Supremo em 2016. Belo Horizonte: FGV Rio, 2017.

CHÁVEZ, Rebecca Bill; FEREJOHN, John A.; WEINGAST, Barry R. A Theory of the Politically Independent Judiciary: A Comparative Study of the United States and Argentina. In: HELMKE, Gretchen; RÍOS-FIGUEROA, Julio (Org.). *Courts in Latin America.* New York: Cambridge University Press, 2011. p. 219-247.

COSTA, Alexandre Araújo; BENVINDO, Juliano Zaiden; ALVES, André Gomes; MEDEIROS FILHO, João Telésforo N. de. A quem interessa o controle concentrado de constitucionalidade? Um perfil das decisões de procedência em ADIs. In: *Anais do 7º Encontro da Associação Brasileira de Ciência Política (ABCP)*. São Paulo: ABCP, 2010.

COUSO, Javier. Consolidación democrática y poder judicial: los riesgos de la judicialización de la política. *Revista de Ciencia Política*, Santiago, v. 24, n. 2, p. 29-48, 2004.

______; HILBINK, Lisa. From Quietism to Incipient Activism: The Institutional and Ideological Roots of Rights Adjudication in Chile. In: HELMKE, Gretchen; RÍOS-FIGUEROA, Julio (Org.). *Courts in Latin America*. New York: Cambridge University Press, 2011. p. 99-127.

______. The Transformation of Constitutional Discourse and the Judicialization of Politics in Latin America. In: COUSO, Javier; HUNEEUS, Alexandra; SIEDER, Rachel (eds.). *Cultures of Legality:* Judicialization and Political Activism in Latin America. New York: Cambridge University Press, 2010.

DELMANTO, Roberto. A ditadura do Judiciário. *Migalhas*, 15-3-2018. Disponível em: <http://www.migalhas.com.br/dePeso/16,MI276327,101048-A+ditadura+do+Judiciario>. Acesso em: 18-8-2018.

DENNING, Brannon P.; KENT, Michael B. Jr. Anti-Anti-Evasion in Constitutional Law. *Florida State University Law Review*, v. 41, n. 2, p. 397-434, Winter 2014.

DUSSEL, Enrique. *20 Tesis de Política*. 2. ed. México: Siglo XXI, 2006.

DOMINGO, Pilar. Novel Appropriations of the Law in the Pursuit of Political and Social Change in Latin America. In: COUSO, Javier; HUNEEUS, Alexandra; SIEDER, Rachel (eds.). *Cultures of Legality:* Judicialization and Political Activism in Latin America. New York: Cambridge University Press, 2010. p. 254-278.

ELSTER, Jon. Forces and mechanisms in the constitution-making process. *Duke Law Journal*, v. 45, p. 364-396, 1995-1996.

ENGELMANN, Fabiano; PENNA, Luciana. Política na forma da lei: o espaço dos constitucionalistas no Brasil democrático. *Lua Nova*, São Paulo, n. 92, p. 177-206, abr./mai. 2014.

EPSTEIN, Lee; LANDES, William M.; POSNER, Richard A.. The Best for Last: The Timing of U.S. Supreme Court Decisions. *Duke Law Journal*, Durham, v. 64, n. 6, p. 991–1022, March 2015.

ESTEVES, Luiz Fernando Gomes. Supremo: um tribunal aparentemente eficiente? In: FALCÃO, Joaquim; ARGUELLES, Diego Werneck; RECONDO, Felipe. *Onze supremos:* o supremo em 2016. Belo Horizonte: FGV Rio, 2017.

FALCÃO, Joaquim; OLIVEIRA, Fabiana Luci de. O STF e a agenda pública nacional: de outro desconhecido a Supremo protagonista?. *Lua Nova*, São Paulo, n. 88, p. 429-469, 2013.

______; HARTMANN, Ivar A.; CHAVES, Vitor P. *Relatório Supremo em Números*: o Supremo e o tempo. Rio de Janeiro: Escola de Direito do Rio de Janeiro da Fundação Getulio Vargas, 2014. Disponível em: <http://bibliotecadigital.fgv.br/dspace/bitstream/handle/10438/12055/III%20Relat%C3%B3rio%20Supremo%20em%20N%C3%BAmeros%20-%20O%20Supremo%20e%20o%20Tempo.pdf?sequence=5&isAllowed=y>. Acesso em: 3-10-2017.

FEREJOHN, John. Independent Judges, Dependent Judiciary: Explaining Judicial Independence. *Southern California Law Review*, Los Angeles, v. 72, n. 2 & 3, p. 353-384, January & March 1999.

FEREJOHN, John. Judicializing Politics, Politicizing Law. *Law and Contemporary Problems*, Durham, North Carolina, v. 65, n. 3, p. 41-68, Summer 2002.

______; PASQUINO, Pasquale. The Countermajoritarian Opportunity. *Journal of Constitutional Law*, Philadelphia, v. 13, n. 2, p. 353-396, December 2010.

FISHER, Louis. *Constitutional Dialogues:* Interpretation as Political Process. Princeton, New Jersey: Princeton University Press, 1988.

FONTANA, David. Docket Control and the Success of Constitutional Courts. In: GINSBURG, Tom; DIXON, Rosalind (eds.). *Compara-*

tive Constitutional Law. Northampton, MA: Elgar Publishing, 2011. p. 624-641.

FRANKLIN, Charles H.. Behavioral Factors Affecting Judicial Independence. In: BURBANK, Stephen B.; FRIEDMAN, Barry (Eds). *Judicial Independence at the Crossroads:* An Interdisciplinary Approach. Thousand Oaks: Sage Publications, 2002. p. 148-159.

FREEMAN, Samuel. Constitutional Democracy and the Legitimacy of Judicial Review. *Law and Philosophy*, New York, v. 9, n. 4, p. 327-370, nov. 1990.

FREITAS, Vladimir Passos de. A Justiça Estadual nos Estados Unidos. *Revista On-line Administração da Justiça*, Instituto Brasileiro de Administração do Sistema Judiciário. Disponível em: <http://www.ibrajus.org.br/revista/artigo.asp?idArtigo=159>. Acesso em: 13-8-2018.

FRIEDMAN, Barry. Mediated popular constitutionalism. *Michigan Law* Review, Ann Arbor, Michigan, v. 101, n. 8, p. 2595-2632, 2013.

GARGARELLA, Roberto. El nuevo constitucionalismo dialógico, frente al sistema de los frenos y contrapesos. *Revista Argentina de Teoría Jurídica*, Buenos Aires, v. 14, n. 2, p. 1-30, Diciembre 2013.

GEYH, Charles Gardner. Customary Independence. In: BURBANK, Stephen B.; FRIEDMAN, Barry (Eds). *Judicial Independence at the Crossroads:* An Interdisciplinary Approach. Thousand Oaks: Sage Publications, 2002. p. 160-187.

GICO JÚNIOR, Ivo. Hermenêutica das Escolhas e a Função Legislativa do Judiciário. *Revista de Direito Empresarial*, Belo Horizonte, a. 15, n. 2, p. 55-84, mai.-ago. 2018.

GINSBURG, Tom; GAROUPA, Nuno. Building Reputation in Constitutional Courts: Political and Judicial Audiences. *Arizona Journal of International & Comparative Law*, v. 28, n. 3, p. 539-568, 2011.

_______. Courts and New Democracies: Recent Works. *Law & Social Inquiry*, v. 37, n. 3, p. 720-742, Summer 2012.

_______; SIMPSER, Alberto. Introduction. In: GINSBURG, Tom; SIMPSER, Alberto (eds.). *Constitutions in Authoritarian Regimes*. Chicago: Cambridge University Press, 2014. pp. 1-20.

______; MOUSTAFA, Tamir. Introduction: The Functions of Courts in Authoritarian Politics. In: GINSBURG, Tom; MOUSTAFA, Tamir (eds.). *Rule by Law:* The Politics of Courts in Authoritarian Regimes. Cambridge University Press, 2008.

______. *Judicial Review in New Democracies*. New York: Cambridge University Press, 2003.

______. The global spread of constitutional review. In: WHITTINGTON, Keith E.; KELEMEN, R. Daniel; CALDEIRA, Gregory A. *The Oxford Handbook of Law and Politics*. New York: Oxford University Press, 2008.

GRABER, Mark A. Constructing judicial review. *Annual review of political Science*, Maryland, Baltimore, v. 8, n. 1, p. 425-451, mar. 2005.

HÄBERLEMüller, Peter. *Hermenêutica constitucional:* a sociedade aberta dos intérpretes da constituição: contribuição para a interpretação pluralista e procedimental da constituição (trad. Gilmar Ferreira Mendes). Porto Alegre: Fabris, 1977.

HART, H. L. A. *O conceito de direito.* (trad. Antônio de Oliveira Sette--Câmara). São Paulo: Martins Fontes, 2009.

HELMKE, Gretchen; RÍOS-FIGUEROA, Julio. Introduction. In: HELMKE, Gretchen; RÍOS-FIGUEROA, Julio (Org.). *Courts in Latin America.* New York: Cambridge University Press, 2011. p. 1-26.

______. Public Support and Judicial Crises in Latin America. *Journal of Constitutional Law,* v. 13, n. 2, p. 397-411, 2010.

______. The Origins of Institutional Crises in Latin America. *American Journal of Political Science,* Washington, v. 54, n. 3, p. 737-750, jul. 2010.

______; STATON, Jeffrey K. The Puzzling Judicial Politics of Latin America: A Theory of Litigation, Judicial Decisions, and Interbranch Conflict. In: HELMKE, Gretchen; RÍOS-FIGUEROA, Julio (Org.). *Courts in Latin America.* New York: Cambridge University Press, 2011. p. 306-331.

HERDY, Rachel. Quando a ciência está em jogo, a democracia não importa. In: FALCÃO, Joaquim; ARGUELLES, Diego Wernerck; RECONDO, Felipe. *Onze supremos:* o supremo em 2016. Belo Horizonte: FGV Rio, 2017.

HIRSCHL, Ran. Looking Sideways, Looking Backwards, Looking Forwards: Judicial Review vs. Democracy in Comparative Perspective. *University of Richmond Law Review*, Richmond, Virginia, v. 34, n. 2, p. 415-441, 2000.

________. Politics and the Constitution: The Ties That Bind. *Review of Constitutional Studies*, New York, v. 21, n. 1, p. 3-11, 2016.

________. The Judicialization of Mega-Politics and the Rise of Political Courts. *The Annual Review of Political Science*, v. 11, p. 93-118, 2008.

________. The New Constitutionalism and the Judicialization of Pure Politics Worldwide. *Fordham Law Review*, New York, v. 75, n. 2, p. 721-753, nov. 2006.

________. The Political Origins of Judicial Empowerment through Constitutionalization: Lessons from Four Constitutional Revolutions. *Law & Social Inquiry*, Chicago, v. 25, n. 1, p. 91-149, jan. 2000.

________. *Toward Juristocracy:* The Origins and Consequences of the New Constitutionalism. Cambridge: Harvard University Press, 2004; HIRSCHL, Ran. The Judicialization of Mega-Politics and the Rise of Political Courts. *The Annual Review of Political Science*, v. 11, p. 93-118, 2008.

HOCHSTETLER, Kathryn; EDWARDS, Margaret E.. Failed Presidencies: Identifying and Explaining a South American Anomaly. *Journal of Politics in Latin America*, Hamburg, v. 1, n. 2, p. 31-57, 2009.

________. Repensando el presidencialismo: desafíos y caídas presidenciales en el Cono Sur. *América Latina Hoy*, Salamanca, v. 49, p. 105-126, Dic. 2008.

HUNEEUS, Alexandra; COUSO, Javier; SIEDER, Rachel. Cultures of Legality: Judicialization and Political Activism in Contemporary Latin America. In: COUSO, Javier; HUNEEUS, Alexandra; SIEDER, Rachel (eds.). *Cultures of Legality:* Judicialization and Political Activism in Latin America. New York: Cambridge University Press, 2010. p. 3-21.

HUNTINGTON, Samuel P. *A Terceira Onda*. São Paulo: Ática, 1994.

ISSACHAROFF, Samuel. Constitutional Courts and Consolidated Power. *The American Journal of Comparative Law*, Oxford University Press, v. 62, n. 3, p. 585-612, jul. 2014.

KAPISZEWSKI, Diana; TAYLOR, Matthew M.. Compliance: Conceptualizing, Measuring, and Explaining Adherence to Judicial Rulings. *Law & Social Inquiry*, v. 38, n. 4, p. 803-835, Fall 2013.

_______. How Courts Work: Institutions, Culture, and the Brazilian Supremo Tribunal Federal. In: COUSO, Javier; HUNEEUS, Alexandra; SIEDER, Rachel (eds.). *Cultures of Legality:* Judicialization and Political Activism in Latin America. New York: Cambridge University Press, 2010. p. 51-77.

_______. Power Broker, Policy Maker, or Rights Protector? The Brazilian Supremo Tribunal Federal in Transition. In: HELMKE, Gretchen; RÍOS-FIGUEROA, Julio (Org.). *Courts in Latin America.* New York: Cambridge University Press, 2011. p. 154-186.

_______. Tactical Balancing: High Court Decision Making on Politically Crucial Cases. *Law & Society Review*, New York, v. 45, n. 2, p. 471-506, 2011.

KECK, Thomas. *The Most Activist Supreme Court in History:* The Road to Modern Judicial Conservatism. Chicago: University Chicago Press, 2004.

KELSEN, Hans. *Teoria pura do direito.* (trad. João Baptista Machado). 6. ed. São Paulo: Martins Fontes, 1998.

KIM, Young Hun. Impeachment and presidential politics in new democracies. *Democratization*, v. 21, n. 3, p. 519-553, 2014.

KOERNER, Andrei; FREITAS, Lígia Barros de. O Supremo na Constituinte e a Constituinte no Supremo. *Lua Nova*, São Paulo, n. 88, p. 141-184, 2013.

KORNHAUSER, Lewis A.. Is Judicial Independence a Useful Concept?. In: BURBANK, Stephen B.; FRIEDMAN, Barry (Eds). *Judicial Independence at the Crossroads:* An Interdisciplinary Approach. Thousand Oaks: Sage Publications, 2002. p. 45-55.

_______; SAGER, Lawrence G.. The One and the Many: Adjudication in Collegial Courts. *California Law Review*, Berkeley, v. 81, n. 1, p. 1-59, jan. 1993.

LANDAU, David. A dynamic theory of judicial role. *Boston College Law Review,* Boston College Law School, Boston, v. 55, n. 5, p. 1501-1562, 2014.

______. Abusive Constitutionalism. *U. C. Davis Law Review,* University of California, Davis, v. 47, p. 189-260, 2014.

______. Political support and structural constitutional law. *Alabama Law Review,* Tuscaloosa, Alabama, v. 67, n. 4, p. 1069-1124, 2016.

LEAL, Fernando. A dança da pauta no Supremo. In: FALCÃO, Joaquim; ARGUELLES, Diego Wernerck; RECONDO, Felipe. *Onze supremos:* o supremo em 2016. Belo Horizonte: FGV Rio, 2017.

LEVITSKY, Steven; WAY, Lucan A.. Elections Without Democracy: The Rise of Competitive Authoritarianism. *Journal of Democracy,* Washington, v. 13, n. 2, p. 51-65, April 2002.

______; ______. The Myth of Democratic Recession. *Journal of Democracy,* Washington, v. 26, n. 1, p. 45-58, jan. 2015.

LOVELL, George. *Legislative Deferrals:* Statutory Ambiguity, Judicial Power, and American Democracy. New York: Cambridge, 2003.

LUTZ, Donald S.. *Principles of Constitutional Design.* Cambridge University Press. New York, 2006.

MACCORMICK, Neil. *Retórica e Estado de Direito.* (trad. Conrado Hübner Mends). Rio de Janeiro: Elsevier, 2008.

MAINWARING, Scott. Presidentialism, multipartism, and democracy: the difficult combination. *Comparative Political Studies,* v. 26, n. 2, p. 198-228, jul. 1993.

MALDONADO, Daniel Bonilla. Introduction: Toward a Constitutionalism of the Global South. In: MALDONADO, Daniel Bonilla (ed.). *Constitutionalism of the global South:* the activist tribunals of India, South Africa, and Colombia. New York: Cambridge University Press, 2013. p. 1-37.

MARTÍNEZ, Christopher A.. Presidential survival in South America: Rethinking the role of democracy. *International Political Science Review,* v. 38, n. 1, p. 40-55, 2017.

MARTINS, Argemiro. A escolha dos ministros do STF como uma questão pública. *Jota,* 6-2-2017. Disponível em: <https://www.jota.info/

stf/do-supremo/escolha-dos-ministros-stf-como-uma-questao--publica-06022017>. Acesso em: 29-6-2018.

_______; CARVALHO NETTO, Menelick de. O sentido da imparcialidade e o guardião da Constituição. *Jota*, 19-6-2016. Disponível em: <https://jota.info/artigos /o-sentido-da-imparcialidade-e-o--guardiao-da-constituicao-19072016>. Acesso em: 26-9-2018

MCMAHON, Kevin. *Reconsidering Roosevelt on Race:* How the Presidency Paved the Road to Brown. Chicago: University Chicago Press, 2004.

MELLO, Patrícia Perrone Campos. Comportamento ideológico e estratégico no Supremo Tribunal Federal. In: SARMENTO, Daniel (Coord.). *Jurisdição constitucional e política*. Rio de Janeiro: Forense, 2015. p. 273-310.

_______. *Nos bastidores do Supremo Tribunal Federal*. Rio de Janeiro: Forense, 2015.

_______. Quando julgar se torna um espetáculo: a interação entre o Supremo Tribunal Federal e a opinião pública, a partir de reflexões da literatura estrangeira. *Revista de Direito Internacional*, Brasília, v. 14, n. 1, p. 402-423, 2017.

MENDES, Conrado Hübner. Fighting for Their Place: Constitutional Courts as Political Actors. A Reply to Heinz Klug. *Constitutional Court Review*, v. 3, p. 33-44, 2010.

_______. Na prática, ministros do STF agridem a democracia, escreve professor da USP. *Folha de São Paulo*, 28-1-2018. Disponível em: <http://www1.folha.uol.com.br/ilustrissima/2018/01/1953534-em--espiral-de-autodegradacao-stf-virou-poder-tensionador-diz--professor.shtml>. Acesso em: 19-2-2018.

_______. Neither Dialogue Nor Last Word: Deliberative Separation of Powers III. *Legisprudence*, v. 5, n. 1, p. 1-40, June 2011.

_______. Onze ilhas. *Folha de São Paulo*, 1º-2-2010. Disponível em: <https://www1.folha.uol.com.br/fsp/opiniao/fz0102201008.htm>. Acesso em: 5-10-2018.

MENDES, Gilmar Ferreira; COELHO, Inocêncio Mártires; BRANCO, Paulo Gustavo Gonet. *Curso de Direito Constitucional*. 4. ed. São Paulo: Saraiva, 2009.

MILLIGAN, Luke M. Congressional End-Run: The Ignored Constraint on Judicial Review. *Georgia Law Review*, v. 45, n. 1, p. 211-274, Fall 2010.

NEGRI, Antonio. *O poder constituinte:* ensaio sobre as alternativas da modernidade. (trad. Adriano Pilatti). Rio de Janeiro: DP&A, 2002.

NIELSEN, Laura Beth. Social movements, social process: a response to Gerald Rosenberg. *The John Marshall Law Review*, Chicago, n. 42, p. 671-683, 2009.

OLIVEIRA, Paulo Henrique Blair de. *Jurisdição, racionalidade e a contrução do sentido dos direitos fundamentais:* riscos e possibilidades no uso da repercussão geral dos recursos extraordinários. 2011. 198 f. Tese (Doutorado em Direito) – Faculdade de Direito, Universidade de Brasília, Brasília, 2011.

OLIVEIRA, Fabiana Luci de. Processo decisório no Supremo Tribunal Federal: coalizões e "panelinhas". *Revista de Sociologia e Política*, Curitiba, v. 20, n. 44, p. 139-153, nov. 2012.

PARTLETT, William. Courts and Constitution-Making. *Wake Forest Law Review*, Wake Forest University School of Law, Winston-Salem, CN, v. 50, p. 921-949, 2015.

PEREIRA, Thomaz. Lula ministro e o silêncio do Supremo. Jota, 22-12-2016. Disponível em: <https://jota.info/colunas/supra/lula-ministro-e-o-silencio-supremo-22122016>. Acesso em: 13-8-2018

PERETTI, Terri. *In Defense of a Political Court*. Princeton: Princeton University Press, 1999.

PÉREZ-LIÑÁN, Aníbal. Democratization and constitutional crises in presidential regimes: toward congressional supremacy?. *Comparative Political Studies*, v. 38, n. 1, p. 51-74, feb. 2005.

______. Instituciones, coaliciones callejeras e inestabilidad política: perspectivas teóricas sobre las crisis presidenciales. *América Latina Hoy*, Salamanca, v. 49, p. 105-126, Dic. 2008.

______. The Conditions for Effective Constitutional Adjudication: Lessons from Latin America. *Duquesne Law Review*, Pittsburgh, v. 49, n. 2, p. 133-144, Spring 2011.

PÉREZ-PERDOMO, Rogelio; FRIEDMAN, Lawrence. Latin Legal Cultures in the Age of Globalization. In: PÉREZ-PERDOMO, Rogelio; FRIEDMAN, Lawrence (eds.). *Legal Culture in the Age of Globalization:* Latin America and Latin Europe. Stanford: Stanford University Press, 2003.

PERISSINOTTO, Renato. *As elites políticas:* questões de teoria e método. Curitiba: IBPEX, 2009.

POZZOLO, Susanna. Neoconstitucionalismo: um modelo constitucional ou uma concepção da constituição? (trad. Juliana Salvetti, Marcelo Lamy e Luiz Carlos de Souza Auricchio). *Revista Brasileira de Direito Constitucional,* São Paulo, n. 7, v. 1, pp. 231-253, jan.--jun. 2006.

PRZEWORSKI, Adam. Democracy as an equilibrium. *Public Choice,* v. 123, n. 3-4, p. 253-273, June 2005.

______. *Qué esperar de la democracia:* límites y posibilidades del autogobierno. Buenos Aires: Siglo XXI, 2010.

QUIROGA, Mauricio Morales. Identificación partidaria y crisis de representación: América Latina en perspectiva comparada. *Revista de Ciencias Sociales,* Maracaibo, Venezuela, v. 17, n. 4, p. 583-597, octubre-diciembre 2011.

RÍOS-FIGUEROA, Julio. Institutions for Constitutional Justice in Latin America. In: HELMKE, Gretchen; RÍOS-FIGUEROA (Org.). *Courts in Latin America.* New York: Cambridge University Press, 2011. p. 27-54.

______. Justice System Institutions and Corruption Control: Evidence from Latin America. *The Justice System Journal,* v. 33, n. 2, p. 195-214, 2012.

ROBERTSON, David. *The Judge as Political Theorist:* Contemporary Constitutional Review. Princeton: Princeton University Press, 2010.

RODRIGUEZ, José Rodrigo. *Como decidem as Cortes?*: para uma crítica do direito (brasileiro). Rio de Janeiro: Editora FGV, 2013.

RODRÍGUEZ-RAGA, Juan Carlos. Strategic Deference in the Colombian Constitutional Court, 1992–2006. In: HELMKE, Gretchen; RÍOS-

-FIGUEROA, Julio (Org.). *Courts in Latin America*. New York: Cambridge University Press, 2011. p. 81-98.

ROSENBERG, Gerald. *The Hollow Hope:* Can Courts Bring about Social Change?. Chicago: University of Chicago Press, 1991.

ROSENN, Keith S.. The Protection of Judicial Independence in Latin America. *Inter-American Law Review*, Miami, v. 19, n. 1, p. 1-35, 1987.

RUSSEL, Peter H.. Conclusion. In: MALLESON, Kate; RUSSEL, Peter H.. *Appointing Judges in an Age of Judicial Power:* Critical Perspectives from around the Word. Toronto, Buffalo and London: University of Toronto Press, 2006. p. 420-435.

SALDANHA, Nelson. *O poder constituinte*. São Paulo: Revista dos Tribunais, 1986.

SÁNCHEZ, Arianna; MAGALONI, Beatriz; MAGAR, Eric. Legalist *versus* Interpretativist: The Supreme Court and the Democratic Transition in Mexico. In: HELMKE, Gretchen; RÍOS-FIGUEROA, Julio (Org.). *Courts in Latin America*. New York: Cambridge University Press, 2011. p. 187-218.

SANTISO, Carlos. Economic Reform and Judicial Governance in Brazil: Balancing Independence with Accountability. In: GLOPPEN, Siri; GARGARELLA, Roberto; SKAAR, Elin (Org.). *Democratization and the Judiciary:* The Accountability Function of Courts in New Democracies. London: Routledge, 2005. p. 117-143.

SARMIENTO E., Juan Pablo. El populismo constitucional en Colombia, hacia la instrumentalización simbólica de la Constitución por medio de proyectos de actos legislativos fallidos. *Estudios socio-jurídicos*, Universidad del Rosário, Bogotá, v. 15, n. 2, p. 75-109, dec. 2013.

SCRIBNER, Druscilla. Courts, Power, and Rights in Argentina and Chile. In: HELMKE, Gretchen; RÍOS-FIGUEROA, Julio (Org.). *Courts in Latin America*. New York: Cambridge University Press, 2011. p. 248-277.

SEGAL, Jeffrey A.; SPAETH, Harold J.. *The Supreme Court and the attitudinal model*. New York: Cambridge University Press, 1993.

SHAPIRO, Martin. Judicial Review in Developed Democracies. In: GLOPPEN, Siri; GARGARELLA, Roberto; SKAAR, Elin (Org.).

Democratization and the Judiciary: The Accountability Function of Courts in New Democracies. London: Routledge, 2005. p. 5-18.

SHERRY, Suzanna. Issue Manipulation by the Burger Court: Saving the Community from Itself. *Minnesota Law Review,* Minneapolis, Minnesota, v. 70, n. 3, p. 611-664, Mar. 1986.

SILVA, Virgílio Afonso da. Deciding Without Deliberating. *International Journal of Constitutional Law,* New York, v. 11, n. 3, p. 557–584, jul. 2013.

________. O relator dá voz ao STF?: Uma réplica a Almeida e Bogossian. *Revista Estudos Institucionais,* Rio de Janeiro, v. 2, n. 2, dez. 2016.

________. "Um voto qualquer"? O papel do ministro relator. *Revista Estudos Institucionais,* Rio de Janeiro, v. 1, n. 1, p. 180-200, 2015.

SOMBRA, Thiago Luís Santos. Supremo Tribunal Federal representativo? O impacto das audiências públicas na deliberação. *Revista Direito GV,* São Paulo, v. 13, n. 1, p. 236-273, jan.-abr. 2017.

________. Why should public hearings in the Brazilian Supreme Court be understood as an innovative democratic tool in constitutional adjudication?. *German Law Journal,* Frankfurt, v. 17, n. 4, p. 657-690, August 2016.

STOPPINO, Mario. Autoritarismo. In: BOBBIO, Norberto; MATTEUCCI, Nicola; PASQUINO, Gianfranco (orgs.). *Dicionário de política* (trad. Carmen C. Varriale et. al.). v. 1. 11. ed. Brasília: Editora Universidade de Brasília, 1998. p. 94-104.

STOTZKY, Irwin P. Lessons Learned and the Way Forward. In: GLOPPEN, Siri; GARGARELLA, Roberto; SKAAR, Elin (Org.). *Democratization and the Judiciary:* The Accountability Function of Courts in New Democracies. London: Routledge, 2005. p. 144-146.

SUNSTEIN, Cass R. *Legal Reasoning and Political Conflict.* New York: Oxford University Press, 1996.

SWEET, Alec Stone. *Governing with Judges:* Constitutional Politics in Europe. Oxford: Oxford University Press, 2000.

________. The Juridical Coup d'État and the Problem of Authority. *German Law Journal,* v. 8, n. 10, p. 915-928, October 2007.

TAYLOR, Matthew M.. *Judging Policy*: Courts and Policy Reform in Democratic Brazil. Redwood City: Stanford University Press, 2014.

TORRE, Carlos de la. The Resurgence of Radical Populism in Latin America. *Constellations*, v. 14, n. 3, p. 384-397, 2007.

TRIBE, Laurence H. In: TRIBE, Laurence H; WALDRON, Jeremy; TUSHNET, Mark. On Judicial Review: Laurence H. Tribe, Jeremy Waldron, and Mark Tushnet debate. *Dissent*, Philadelphia, v. 52, n. 3, p. 81-86, Summer 2005.

TSEBELIS, George. *Veto Players:* how political institutions work. Princeton: Princeton University Press, 2002.

TUSHNET, Mark. Authoritarian Constitutionalism. *Cornell Law Review*, v. 100, n. 2, p. 391-462, jan. 2015.

_______. Democracy *versus* Judicial Review: Is It Time to Amend the Constitution?. *Dissent*, Philadelphia, v. 52, n. 2, p. 59-63, Spring 2005.

_______. New institutional mechanisms for making Constitutional Law. *Harvard Public Law Working Paper*, New York, n. 15-08, p. 1-18, abr. 2015. Disponível em: <https://papers.ssrn.com/sol3/papers.cfm?abstract_id=2589178>. Acesso em: 13-7-2018.

_______. Preserving Judicial Independence in Dominant Party States. *New York Law School Law Review*, v. 60, n. 1, p. 107-124, 2016.

_______. *Weak Courts, Strong Rights:* judicial review and social welfare rights in comparative constitutional law. Princeton: Princeton University Press, 2008.

VALE, André Rufino do. *Argumentação Constitucional:* um estudo sobre a deliberação nos Tribunais Constitucionais. 2015. 415 f. Tese (Doutorado em Direito) – Faculdade de Direito, Universidade de Alicante; Faculdade de Direito, Universidade de Brasília, Alicante, Brasília, 2015.

VALLINDER, Torbjörn. The Judicialization of Politics. A Worldwide Phenomenon: Introduction. *International Political Science Review*, v. 4, n. 2, p. 91-99, April 1994.

VAROL, Ozan O. Stealth Authoritarianism. *Iowa Law Review*, University of Iowa College of Law, Iowa City, v. 100, n. 4, p. 1673-1742, May 2015.

VAROL, Ozan O. Structural Rights. *Georgetown Law Journal*, v. 105, n. 4, p. 1001-1054, April 2017.

VASCONCELOS, Frederico. No STF só 20% dos pedidos de vista são devolvidos no prazo. Folha da São Paulo, São Paulo, 8-6-2015. Disponível em: <http://www1.folha.uol.com.br/poder/2015/06/1638875--no-stf-so-20-dos-pedidos-de-vista-sao-devolvidos-no-prazo.shtml>. Acesso em: 24-10-2017.

VILHENA, Oscar. Supremocracia. *Revista de Direito do Estado*, Rio de Janeiro, a. 3, n. 12, p. 55-75, out.-dez. 2008.

WALDRON, Jeremy. *A dignidade da legislação.* (trad. Luís Carlos Borges; Maria Appenzeller). São Paulo: Martins Fontes, 2003.

_______. *Law and Disagreement.* Oxford: Oxford University Press, 2004.

_______. In: TRIBE, Laurence H; WALDRON, Jeremy; TUSHNET, Mark. On Judicial Review: Laurence H. Tribe, Jeremy Waldron, and Mark Tushnet debate. *Dissent*, Philadelphia, v. 52, n. 3, p. 81-86, Summer 2005.

_______. The core of the case against judicial review. *The Yale Law Journal*, New Haven, v. 115, p. 1346-1407, 2006.

WANG, Daniel W. L.. Courts and Health Care Rationing: The Case of the Brazilian Federal Supreme Court. *Health Economics, Policy and Law*, v. 8, n. 1, p. 75-93, Jan. 2013.

WHITTINGTON, Keith E. "Interpose Your Friendly Hand": Political Supports for the Exercise of Judicial Review by the United States Supreme Court. In: *American Political Science Review*, Princeton, v. 99, n. 4, p. 583-596, nov. 2005.

REFERÊNCIAS A PROCESSOS, DOCUMENTOS, ESTATÍSTICAS, ANDAMENTOS PROCESSUAIS, DECISÕES E ACÓRDÃOS

ARGENTINA. Constitución de la Nación Argentina. Disponível em: <http://servicios.infoleg.gob.ar/infolegInternet/anexos/0-4999/804/norma.htm>. Acesso em: 1º-8-2018.

______. Decreto n. 222/2003. Disponível em: <http://poderciudadano.org/decreto-222-procedimiento-participativo-para-el-nombramiento-de-los-magistrados-de-la-corte-suprema-de-justicia-de-la-nacion/>. Acesso em: 1º-8-2018.

BRASIL. Advocacia-Geral do Senado Federal. Manifestação na Ação Direta de Inconstitucionalidade n. 5526. Disponível em: <http://redir.stf.jus.br/estfvisualizadorpub/jsp/consultarprocessoeletronico/ConsultarProcessoEletronico.jsf?seqobjetoincidente=4982736>. Acesso em: 30-7-2018.

______. Câmara dos Deputados. Manifestação na Ação Direta de Inconstitucionalidade n. 5526. 17-6-2016. Disponível em: <http://redir.stf.jus.br/estfvisualizadorpub/jsp/consultarprocessoeletronico/ConsultarProcessoEletronico.jsf?seqobjetoincidente=4982736>. Acesso em: 30-7-2018.

______. ______. Manifestação na Ação Direta de Inconstitucionalidade n. 5526. 5-10-2017. Disponível em: <http://redir.stf.jus.br/paginadorpub/paginador.jsp?docTP=TP&docID=13754232&prcID=4982736&ad=s#>. Acesso em: 30-7-2018.

______. ______. Projeto de Lei n. 4.850/2016. Disponível em: <http://www.camara.gov.br/proposicoesWeb/fichadetramitacao?idProposicao=2080604>. Acesso em: 18-8-2018.

______. Presidente da República. Decreto n. 9.382, de 25 de maio de 2018. Autoriza o emprego das Forças Armadas para a Garantia da Lei e da Ordem na desobstrução de vias públicas. Disponível em: <http://www.imprensanacional.gov.br/materia/-/asset_publisher/Kujrw0TZC2Mb/content/id/15966745/do1e-2018-05-25-decreto-n-9-382-de-25-de-maio-de-2018-15966741 >. Acesso em: 17-7-2018.

______. Senado Federal. Parecer da Comissão de Constituição, Justiça e Cidadania sobre o Projeto de Lei da Câmara n. 168, de 2015. Relator Senador Blairo Maggi. Disponível em: <https://legis.senado.leg.br/sdleg-getter/documento?dm=3994950&disposition=inline>. Acesso em: 12-7-2018.

______. ______. Proposta de Emenda à Constituição n. 35/2015. Disponível em: <https://legis.senado.leg.br/sdleg-getter/documento

?dm=1401366&ts=1529331745871&disposition=inline&ts=1529331745871>. Acesso em: 1º-8-2018.

_______. _______. Proposta de Emenda à Constituição n. 52/2015. Disponível em: <https://legis.senado.leg.br/sdleg-getter/documento?dm=1400535&ts=1529331751406&disposition=inline&ts=1529331751406>. Acesso em: 1º-8-2018.

_______. Supremo Tribunal Federal. Ação Cautelar n. 4070. Referendo. Relator: Ministro Teori Zavascki. Tribunal Pleno. Julgado em 5-5-2016. Acórdão eletrônico. *DJe*-225, divulg 20-10-2016, public 21-10-2016.

_______ _______. Ação Cautelar n. 4327. Agravo regimental. Relator: Ministro Marco Aurélio, Relator p/ Acórdão: Ministro Roberto Barroso. Primeira Turma. Julgado em 26-9-2017. *DJe*-247, divulg. 26-10-2017, public. 27-10-2017.

_______. _______. Ação de Descumprimento de Preceito Fundamental n. 54. Relator: Ministro Marco Aurélio. Tribunal Pleno. Julgado em 12-4-2012. *DJE* n. 77, 20-4-2012.

_______. _______. Ação de Descumprimento de Preceito Fundamental n. 165. Relator Ministro Ricardo Lewandowski, decisão monocrática, julgado em 1º-3-2018. Disponível em: <http://portal.stf.jus.br/processos/downloadPeca.asp?id=313680186&ext=.pdf>. Acesso em: 17-7-2018.

_______. _______. Ação de Descumprimento Fundamental n. 186. Relator: Ministro Ricardo Lewandowski. Julgado em 26-4-2012, *DJe* n. 86, 4-5-2012.

_______. _______. Ação de Descumprimento Fundamental n. 402. Medida Cautelar. Decisão monocrática. Relator: Ministro Marco Aurélio. Julgado em 5-12-2016. Disponível em: <http://www.stf.jus.br/portal/processo/verProcessoAndamento.asp?incidente=4975492>. Acesso em: 20-8-2018.

_______. _______. Ação de Descumprimento Fundamental n. 402. Medida Cautelar. Referendo. Relator: Ministro Marco Aurélio. Julgado em 22-6-2017. *Dje*-140, divulg. 26-6-2017, public. 27-6-2017.

_______. _______. Ação de Descumprimento Fundamental n. 402. Relator: Ministro Marco Aurélio. Acompanhamento processual.

Disponível em: <http://www.stf.jus.br/portal/processo/verProcessoAndamento.asp?incidente=4975492>. Acesso em: 20-8-2018.

______. ______. Ação Declaratória de Constitucionalidade n. 43. Medida Cautelar. Relator: Ministro Marco Aurélio Mello. Decisão monocrática. Julgado em 25-4-2018. Disponível em: <http://portal.stf.jus.br/processos/downloadPeca.asp?id=314221822&ext=.pdf>. Acesso em: 31-8-2018.

______. ______. Ação Declaratória de Constitucionalidade n. 43, pleno, Rel. Min. Marco Aurélio Mello, Rel. p/ acórdão Min. Edson Fachin, j. 5-10-2016. Disponível em: <http://portal.stf.jus.br/processos/downloadTexto.asp?id=4162924&ext=RTF>. Acesso em: 11-7-2018.

______. ______. Ação Declaratória de Constitucionalidade n. 43. Relator: Ministro Marco Aurélio Mello. Acompanhamento processual. Disponível em: <http://portal.stf.jus.br/processos/detalhe.asp?incidente=4986065>. Acesso em: 20-8-2018.

______. ______. Ação Direta de Inconstitucionalidade n. 1351. Relator: Ministro Marco Aurélio. Tribunal Pleno. Julgado em 7-12-2006. *DJ* 3-3-2007. *Revista Trimestral de Jurisprudência*, Brasília, v. 207-01, p. 116.

______. ______. Ação Direta de Inconstitucionalidade n. 3510. Relator: Ministro Ayres Britto. Tribunal Pleno. Julgado em 29-5-2008. *DJe*-096, 28-5-2010. *Revista Trimestral de Jurisprudência*, Brasília, v. 214. p. 43.

______. ______. Ação Direta de Inconstitucionalidade n. 4277. Relator: Ministro Ayres Britto. Tribunal Pleno. Julgado em 5-5-2011. *DJe*-198, 14-10-2011; e BRASIL. Supremo Tribunal Federal. Ação de Descumprimento de Preceito Fundamental n. 132. Relator: Ministro Ayres Britto. Tribunal Pleno. Julgado em 5-5-2011. *DJe*-198, 14-10-2011.

______. ______. Ação Direta de Inconstitucionalidade n. 4650. Acompanhamento Processual. Disponível em: <http://www.stf.jus.br/portal/processo/verProcessoAndamento.asp?numero=4650&classe=ADI&codigoClasse=0&origem=JUR&recurso=0&tipoJulgamento=M>. Acesso em: 24-10-2017.

_______. _______. Ação Direta de Inconstitucionalidade n. 4650. Relator: Ministro Luiz Fux. Tribunal Pleno. Julgado em 17-9-2015. *DJe*-034, divulg. 23-2-2016, public. 24-2-2016.

_______. _______. Ação Direta de Inconstitucionalidade n. 4983. Relator: Ministro Marco Aurélio. Tribunal Pleno. Julgado em 6-10-2016. *DJe*-087, divulg. 26-4-2017, public. 27-4-2017.

_______. _______. Ação Direta de Inconstitucionalidade n. 5526. Acompanhamento processual. Petições eletrônicas. Disponível em: <http://redir.stf.jus.br/estfvisualizadorpub/jsp/consultarprocessoeletronico/ConsultarProcessoEletronico.jsf?seqobjetoincidente=4982736>. Acesso em: 13-8-2018.

_______. _______. Ação Direta de Inconstitucionalidade n. 5526, Relator p/ acórdão: Ministro Alexandre de Moraes, julgado em 11-10-2017.

_______. _______. Ação Direta de Inconstitucionalidade n. 5728. Acompanhamento Processual. Disponível em: <http://stf.jus.br/portal/processo/verProcessoAndamento.asp?numero=5728&classe=ADI&origem=AP&recurso=0&tipoJulgamento=M>. Acesso em: 10-7-2018.

_______. _______. Ação Direta de Inconstitucionalidade n. 5772. Acompanhamento Processual. Disponível em: <http://portal.stf.jus.br/processos/detalhe.asp?incidente=5259991>. Acesso em: 18-9-2018.

_______. _______. Ação Originária n. 1773/DF. Decisão monocrática. Relator: Ministro Luiz Fux. Julgado em 15-9-2014, publ. 18-9-2014.

_______. _______. Ação Originária n. 1773/DF. Decisão monocrática. Relator: Ministro Luiz Fux. Julgado em 21-3-2018. Disponível em: <http://portal.stf.jus.br/processos/downloadPeca.asp?id=314033184&ext=.pdf>. Acesso em: 31-8-2018.

_______. _______. Ação Penal n. 470 (Mensalão). Relator: Ministro Joaquim Barbosa. Acompanhamento Processual. Disponível em: <http://www.stf.jus.br/portal/processo/verProcessoAndamento.asp?incidente=11541>. Acesso em: 20-8-2018.

_______. _______. Ação Penal n. 937, Acompanhamento processual. Disponível em: <http://portal.stf.jus.br/processos/detalhe.asp?incidente=4776682 >. Acesso em: 11-7-2018.

______. ______. Agravo em Recurso Especial n. 964246 RG, Relator(a): Min. Teori Zavascki, julgado em 10-11-2016, processo eletrônico repercussão geral - mérito *DJe*-251 divulg 24-11-2016 public 25-11-2016.

______. ______. Agravo Regimental 6381, Relator Ministro Alexandre de Moraes, Tribunal Pleno, julgado em 11-5-2018, processo eletrônico *DJe*-096, divulg. 16-5-2018, public. 17-5-2018.

______. ______. *Habeas Corpus* n. 118533. Relatora: Ministra Cármen Lúcia. Tribunal Pleno. Julgado em 23-6-2016. *DJe*-199, divulg. 16-9-2016, public. 19-9-2016.

______. ______. *Habeas Corpus* n. 124306, Relator: Ministro Marco Aurélio, Relator(a) p/ Acórdão: Ministro Roberto Barroso, Primeira Turma, julgado em 9-8-2016, processo eletrônico *DJe*-052, divulg. 16-3-2017, public. 17-3-2017.

______. ______. *Habeas Corpus* n. 143480. Relator: Ministro Ricardo Lewandowski. Julgado em 10-5-2017. *DJe*-099, divulg. 11-5-2017, public. 12-5-2017.

______. ______. *Habeas Corpus* n. 152752. Relator: Ministro Edson Fachin. Acompanhamento processual. Disponível em: <http://www.stf.jus.br/portal/processo/verProcessoAndamento.asp?numero=152752&classe=HC&codigoClasse=0&origem=JUR&recurso=0&tipoJulgamento=M>. Acesso em: 20-8-2018.

______. ______. *Habeas Corpus* n. 152752. Relator: Ministro Edson Fachin, Tribunal Pleno, Medida Liminar, julgado em 22-6-2018.

______. ______. *Habeas Corpus* n. 152752. Relator: Ministro Edson Fachin, Tribunal Pleno, julgado em 4-4-2018, processo eletrônico *DJe*-127, divulg. 26-6-2018, public. 27-6-2018.

______. ______. Mandado de Injunção n. 670. Relator: Ministro Maurício Corrêa. Relator p/ Acórdão: Ministro Gilmar Mende. Tribunal Pleno. Julgado em 25-10-2007. *DJe*-206, 31-10-2008. *Revista Trimestral de Jurisprudência*, Brasília, v. 207-01, p. 11.

______. ______. Mandado de Injunção n. 708. Relator: Ministro Gilmar Mendes. Tribunal Pleno. Julgado em 25-10-2007. *DJe*-206, 31-10-2008. *Revista Trimestral de Jurisprudência*, Brasília, v. 207-02, p. 471.

______. ______. Mandado de Injunção n. 712. Relator: Ministro Eros Grau. Tribunal Pleno. Julgado em 25-10-2007. *DJe*-206, 31-10-2008, v. 2339-03, p. 384.

______. ______. Mandado de Segurança n. 26602. Relator: Ministro Eros Grau. Tribunal Pleno. Julgado em 4-10-2007. *DJe*-197, 17-10-2008. *Revista Trimestral de Jurisprudência*, Brasília, v. 208-01, p. 72.

______. ______. Mandado de Segurança n. 26603. Relator: Ministro Celso de Mello. Tribunal Pleno. Julgado em 4-10-2007. *DJe*-241, 19-12-2008. *Ementário da Jurisprudência do STF*, Brasília, v. 2346-02, p. 318.

______. ______. Mandado de Segurança n. 26604. Relator: Ministra Carmen Lúcia. Tribunal Pleno. Julgado em 4-10-2007. *DJe*-187, 3-10-2008. *Revista Trimestral de Jurisprudência*, Brasília, v. 206-02, p. 626.

______. ______. Mandado de Segurança n. 32033, Relator(a): Min. Gilmar Mendes, Relator(a) p/ Acórdão: Min. Teori Zavascki, Tribunal Pleno, julgado em 20-6-2013, processo eletrônico, *DJe*-33, public 18-2-2014, RTJ, v. 227, p. 330.

______. ______. Mandado de Segurança n. 34070. Medida Cautelar. Decisão Monocrática. Relator: Ministro Gilmar Mendes. Julgado em 16-5-2016. *Dje* 102, divulg. em 18-5-2016, publ. em 19-5-2017. Disponível em: <http://www.stf.jus.br/portal/processo/verProcessoAndamento.asp?numero=34070&classe=MS-MC&codigoClasse=0&origem=JUR&recurso=0&tipoJulgamento=M>. Acesso em: 13-8-2018.

______. ______. Mandado de Segurança n. 34070, Medida Cautelar. Liminar. Relator: Min. Gilmar Mendes. Julgado em 18-3-2016. *DJe*-054, divulg. 22-3-2016, public. 28-3-2016.

______. ______. Mandado de Segurança n. 34609, Rel. Min. Celso de Melo, Acompanhamento processual. Disponível em: <http://www.stf.jus.br/portal/processo/verProcessoAndamento.asp?numero=34609&classe=MS&origem=AP&recurso=0&tipoJulgamento=M>. Acesso em: 11-7-2018.

______. ______. Mandado de Segurança n. 34609, decisão liminar, Rel. Min. Celso de Melo, j. 14-2-2017. Disponível em: <http://www.stf.jus.br/arquivo/cms/noticiaNoticiaStf/anexo/MS34609.pdf>. Acesso em: 11-7-2018.

______. ______. Mandado de Segurança n. 34615, Rel. Min. Celso de Melo, Acompanhamento processual. Disponível em: <http://portal.stf.jus.br/processos/detalhe.asp?incidente=5127429>. Acesso em: 11-7-2018.

______. ______. Medida Cautelar em Mandado de Segurança n. 34.087. Relator Ministro Marco Aurélio Melo. Decisão monocrática. Julgado em 5-4-2016.

______. ______. Medida Cautelar em Mandado de Segurança n. 34.530. Relator Ministro Luiz Fux. Decisão monocrática. Julgado em 14-12-2016.

______. ______. Medida cautelar na arguição de descumprimento de preceito fundamental n. 519. Relator Ministro Alexandre de Moraes. Decisão monocrática. Medida liminar. Julgado em 25-5-2018.

______. ______. Questão de Ordem na Ação Penal n. 937. Relator Ministro Luís Roberto Barroso. Julgado em 3-5-2018.

______. ______. Reclamação n. º 23.457. Relator Ministro Teori Zavascki. Decisão monocrática. Julgado em 13-6-2016. Disponível em: <https://www.conjur.com.br/dl/teori-audio-dilma-lula.pdf>. Acesso em: 30-7-2018.

______. ______. Recurso Extraordinário n. RE 576155, Questão de Ordem, Rel. Min. Ricardo Lewandowski, Tribunal Pleno, julgado em 11-6-2008, *DJe*-172 divulg. 11-9-2008, public. 12-9-2008, ement. vol.-02332-05, p-01048, *LEXSTF* v. 30, n. 360, 2008, p. 246-255.

______. ______. Repercussão Geral. Informações Consolidadas. Processos sobrestados em razão da repercussão geral. Dados consolidados em 26-6-2018. Disponível em: <http://www.stf.jus.br/portal/cms/verTexto.asp?servico=estatistica&pagina=sobrestadosrg>. Acesso em: 12-7-2018.

______. ______. Repercussão Geral, Suspensão Nacional. Temas em repercussão geral nos quais determinada a suspensão nacional dos processos tramitando sobre a mesma matéria, nos termos do art. 1.035, § 5º, do CPC. Disponível em: <http://portal.stf.jus.br/textos/verTexto.asp?servico=repercussaoTemasSuspensao&pagina=principal>. Acesso em: 12-7-2018.

______. Tribunal de Justiça do Estado do Rio Grande do Sul. Apelação Crime n. 70005037072, Terceira Câmara Criminal, Relator Desembargador José Antônio Hirt Preiss, julgado em 12-9-2002.

______. Tribunal de Justiça do Estado do Rio Grande do Sul. Apelação Cível n. 598362655, Oitava Câmara Cível, Relator Desembargador José Ataídes Siqueira Trindade, julgado em 1º-3-2000.

______. Tribunal Regional Federal da 4ª Região. Apelação Criminal n. 5046512-94.2016.4.04.7000. Relator: Desembargador Federal João Pedro Gebran Neto. Acompanhamento processual. Disponível em: <https://www.trf4.jus.br/trf4/controlador.php?acao=consulta_processual_resultado_pesquisa&txtValor=50465129420164047000&selOrigem= TRF&chkMostrarBaixados=&todasfases=&selForma= NU&todaspartes=&hdnRefId=fab903ac995803f9d346f85f5663c3ec&txtPalavraGerada=zamh&txtChave=&numPagina=3>. Acesso em: 30-8-2018.

______. ______. Embargos de Declaração na Apelação Criminal n. 5046512-94.2016.4.04.7000. Relator: Desembargador Federal João Pedro Gebran Neto. Julgado em 26-3-2018. Disponível em: <https://eproc.trf4.jus.br /eproc2trf4/ controlador.php ?acao= acessar_documento_ publico&doc = 4152215973 2707152021 561401967 &evento= 490&key= eb2763ad9df7a6aa7673 cc0acb1a68181d d5ea249d517 f02668725 b1371d949a &hash =bfcaffde9927 dd8d4737169 efafdf386>. Acesso em: 30-8-2018.

______. Tribunal Regional Federal da 4ª Região. Seção Judiciária de Curitiba. 13ª Vara Federal. Ação Penal n. 5046512-94.2016.4.04.7000/PR. Juiz Sergio Moro. Decisão. 5-4-2018. Disponível em: <https://eproc.jfpr.jus.br/eprocV2 /controlador.php?acao =acessar_documento _publico&doc = 7015229 412329069 30074096771897 &evento= 99678&key= 8b096c3b897d 1e93da8959f62e1 a54b653 cc0c6032852e9e36ba 2ccd6e576425&hash =9c1b9b08b3f8d11985 d60b217d7b1a5d>. Acesso em: 11-7-2018.

CONSELHO NACIONAL DE JUSTIÇA. Justiça em Números 2018: ano-base 2017. Brasília: CNJ, 2018.

DATAFOLHA INSTITUTO DE PESQUISAS. Democracia e Ditadura PO813734: 19 e 20-2-2014. Disponível em: <http://media.folha.

uol.com.br/datafolha /2014/03/31/ democracia-x-ditadura -versao-2.pdf>. Acesso em: 17-7-2018.

______. Eleições 2018: Intenção de voto para presidente da República, 3 e 4-10. 5-10-2018. Disponível em: <http://media.folha.uol.com.br/datafolha/ 2018/10/05/ 8243d5308d78b278a 50aee22acd 0c018DD.pdf>. Acesso em: 5-10-2018.

IBOPE. 89% dos manifestantes não se sentem representados por partidos. 25-6-2013. Disponível em: <http://www.ibope.com.br/ pt-br/ noticias/Paginas/ 89-dos-manifestantes-nao-se-sentem-representados-por-partidos.aspx>. Acesso em 25-7-2018.

______. Pesquisa de opinião pública sobre as manifestações. Junho de 2013. Disponível em: <http://www.ibope.com.br/pt-br/noticias/ Documents/JOB_0948_BRASIL%20-% 20Relatorio%20 de%20 tabelas.pdf>. Acesso em: 25-7-2018.

RÁDIO JUSTIÇA. Disponível em: <http://www.radiojustica.jus.br/radiojustica/exibirHome! init.action; jsessionid= JXUmxOhnKEU1L-gXjagykq2T>. Acesso em: 9-7-2018.

RELATÓRIO ICJ BRASIL. Brasil: Fundação Getulio Vargas, 2016. Disponível em: <http://bibliotecadigital.fgv.br/ dspace/bitstream/ handle/ 10438/11220/Relat%c3%b3rio% 20ICJBrasil%20-%20 1%c2% ba %20Semestre %20-%202013.pdf? sequence =1>. Acesso em 5-10-2017.

______. Brasil: Fundação Getulio Vargas, 2017. Disponível em: <http:// bibliotecadigital.fgv.br/dspace/ bitstream/handle /10438/19034/ Relatorio-ICJBrasil_1_sem_2017.pdf?sequence= 1&isAllowed =y>. Acesso em: 3-8-2018.

SENADO FEDERAL. Parecer da Comissão de Constituição, Justiça e Cidadania, sobre os Projetos de Lei do Senado n. 280, de 2016, do Senador Renan Calheiros, e n. 85, de 2017, do Senador Randolfe Rodrigues, que definem os crimes de abuso de autoridade e dão outras providências. Disponível em: <http://legis.senado.leg.br/ sdleg- getter/ documento?dm=5239240&disposition =inline>. Acesso em: 13-8-2018.

SUPERIOR TRIBUNAL DE JUSTIÇA. Institucional: História. Disponível em: <http://www.stj.jus.br/sites/STJ/default/pt_BR/ Institucional/ Hist% C3%B3ria>. Acesso em: 2-8-2018.

________. Institucional: História – A Constituinte: O TSF vira STJ. Disponível em: <http://www.stj. jus.br/sites/STJ/default/ pt_BR/Institucional/ Hist%C3%B3ria/A-crise-do-Supremo>. Acesso em: 2-8-2018.

________. Institucional: História – A Crise do Supremo. Disponível em: <http://www.stj.jus.br/sites/STJ/default/ pt_BR/Institucional/Hist% C3%B3ria/ A-crise-do-Supremo>. Acesso em: 2-8-2018.

________. Ofício. Assunto: PCL n. 168/2015, Admissibilidade do recurso especial e extraordinário. Min. Paulo de Tarso Sanseverino, Min. Isabel Gallotti, Min. Marco Buzzi, Min. Paulo Dias de Moura Ribeiro. 14-12-2015. Disponível em: <https://legis.senado.leg.br/ sdleg-getter /documento?dm=3995013& disposition=inline>. Acesso em: 12-7-2018.

SUPREMO TRIBUNAL FEDERAL. Central do Cidadão STF. Disponível em: <http://www.stf.jus.br/portal/ cms/verTexto.asp?servico =centralDoCidadaoAcesso Informacao&pagina =sobreCentralCidadao>. Acesso em: 9-7-2018.

________. Controle Concentrado: estatísticas de ações do controle concentrado. Disponível em: <http://portal.stf.jus.br/>. Acesso em: 26-6-2018.

________. Estatística. Acervo atual. Acervo atual - Listagem completa de processos. Disponível em: <http://portal.stf.jus.br /textos/verTexto.asp?servico= estatistica& pagina=acervoatual>. Acesso em: 20-7-2018.

________. Estatística. Acervo atual. Listagem de processos recebidos este ano. Disponível em: <http://portal.stf.jus.br/textos/verTexto.asp?servico =estatistica&pagina=acervoatual>. Acesso em: 20-7-2018.

________. Estatística. Estatística de decisões (a partir de 2010). Decisões - geral. Disponível em: <http://portal.stf.jus.br/textos/verTexto.asp? servico=estatistica&pagina=decisoesgeral>. Acesso em: 20-7-2018.

_______. Estatísticas do STF. ADC. Disponível em: <http://www.stf.jus.br/ portal/cms/verTexto.asp? servico= estatistica&pagina =adi>. Acesso em: 4-11-2017.

_______. Estatísticas do STF. ADI. Disponível em: <http://www.stf.jus.br/portal/ cms/verTexto.asp?servico= estatistica&pagina=adi>. Acesso em: 4-11-2017.

_______. Estatísticas do STF. Controle Concentrado – Dados Estatísticos. Disponível em: <http://www.stf.jus.br/portal/cms/ verTexto.asp?servico= estatistica &pagina=CC_Geral>. Acesso em: 18-4-2018.

_______. Processos. Audiências Públicas Previstas. Disponível em: < http://www.stf.jus.br/portal/ audienciaPublica/audiencia Publica.asp?tipo= prevista>. Acesso em: 13-7-2018.

_______. Processos. Audiências Públicas Realizadas. Disponível em: <http://www.stf.jus.br/ portal/audiencia Publica/ audienciaPublica.asp? paginaAtual= 1&tipo= realizada>. Acesso em: 13-7-2018.

_______. Processos. Pedidos de Vista do Plenário. Planilha atualizada até 13-7-2018. Disponível em: <http://portal.stf.jus.br/ textos/ verTexto.asp? servico= processo PedidoVistaDevolvido>. Acesso em: 1º-8-2018.

_______. Pronunciamento da Presidente do Supremo Tribunal Federal, Ministra Cármen Lúcia, em 30-5-2018. Disponível em: <http:// www.stf.jus.br/arquivo/ cms/noticia NoticiaStf/anexo/ pronunciamento CL30maio.pdf>. Acesso em: 17-7-2018.

_______. Twitter. Disponível em: <https://twitter.com/stf_oficial>. Acesso em: 9-7-2018.

_______. YouTube. Disponível em: < https://www.youtube.com/user/ STF>. Acesso em: 9-7-2018.

TRIBUNAL SUPERIOR ELEITORAL. Brasil tem 73 partidos em processo de formação. 24-1-2018. Disponível em: < http://www.tse.jus.br/imprensa/ noticias-tse/2018/ Janeiro/brasil-tem-73- partidos-em- processo-de-formacao>. Acesso em: 22-9-2018.

_______. Partidos políticos registrados no TSE. Disponível em: <http:// www.tse.jus.br/ partidos/partidos-politicos/registrados -no-tse>. Acesso em: 22-9-2018.

REFERÊNCIAS A TEXTOS DE JORNAIS E REVISTAS

AGÊNCIA SENADO. Plenário rejeita medidas cautelares contra Aécio Neves e senador retoma mandato. Senado notícias, 17-10-2017. Disponível em: <https://www12.senado.leg.br/ noticias/materias/2017/10/17/senado-devolve-mandato- a-aecio-neves>. Acesso em: 13-8-2018.

_______. Senado aprova projeto que altera Lei de Abuso de Autoridade. Senado Notícias, 28-4-2017. Disponível em: <https://www12.senado.leg.br/ noticias/ materias/2017/04/26/ senado-aprova-projeto-que-altera-lei-de-abuso- de-autoridade>. Acesso em: 17-10-2017.

ALMEIDA, Marco Rodrigo. Grupo atira tomates em protesto contra Gilmar Mendes em São Paulo. Folha de São Paulo, 9-10-2017. Disponível em: <https://www1.folha.uol.com.br/ poder/2017/10/1925546- grupo-atira-tomates- em-protesto- contra-gilmar- mendes-em-sao-paulo.shtml>. Acesso em: 21-8-2018.

ARAÚJO, Ricardo. Prejuízos com greve dos caminhoneiros ultrapassam 100 bilhões. Tribuna do Norte, 3-6-2018. Disponível em: <http:// www.tribunadonorte.com.br/ noticia/prejua-zos-com- greve-dos-caminhoneiros-ultrapassam-r-100 -bilha-es/414638>. Acesso em: 14-7-2018.

BBC BRASIL. Entenda o novo fundo público para campanhas eleitorais aprovado na Câmara. 4-10-2017. Disponível em: <http://www. bbc.com/ portuguese/ brasil-41507850>. Acesso em: 13-8-2018.

BERGAMO, Mônica. Em campanha para o STF, Fux procurou Dirceu. Folha de São Paulo, 2-12-2012. Disponível em: <https://www1.folha. uol.com.br/ fsp/poder/ 81379-em- campanha- para-o-stf- fux-procurou- dirceu.shtml? loggedpaywall#>. Acesso em: 16-7-2018.

_______. Quem ganha leva; quem leva respeita as regras e os direitos dos outros, diz Barroso. Folha de São Paulo, 26-9-2018. Disponível em: <https://www1.folha.uol.com.br/poder/ 2018/09/quem-ganha-leva-quem-leva-respeita-as-regras-e -os -direitos-dos-outros -diz- barroso.shtml>. Acesso em: 26-9-2018.

BILENKY, Thais. Anistia a caixa dois é inconstitucional, afirma ex-ministro do STF. Folha de São Paulo, 27-11-2016. Disponível em:

<http://www1.folha.uol.com.br/poder /2016 /11/1835946 -anistia--a- caixa-dois-e-inconstitucional- afirma-ex- ministro-do- stf. shtml>. Acesso em: 29-5-2018.

BLUME, Bruno André. Como um projeto anticorrupção abriu brecha para anistia ao caixa dois?. Politize!, 25-11-2016. Disponível em: <http://www.politize.com.br/ anistia-ao-caixa-dois/>. Acesso em: 25-5-2018.

BRANDINO, Géssica. Favorável à mudança no STF, Gilmar defendia prisão em 2ª instância; veja vídeo. Folha de São Paulo, 22-3-2018. Disponível em: <https://www1.folha.uol.com.br/ poder/ 2018/03/ favoravel-a-mudanca -no-stf- gilmar-defendia-prisao -em-2a--instancia-veja- video.shtml? loggedpaywall? loggedpaywall >. Acesso em: 11-7-2018.

CÂMARA DOS DEPUTADOS. Gilmar Mendes diz que STF errou em decisão sobre cláusula de barreira. 21-3-2017. Disponível em: <http://www2.camara.leg.br/ camaranoticias/ noticias/ POLITICA/ 526598-GILMAR-MENDES- DIZ-QUE-STF-ERROU -EM-DE-CISAO-SOBRE- CLAUSULA-DE-BARREIRA.html>. Acesso em: 19-9-2018.

CAMAROTTI, Gerson. Volta de Cármen Lúcia para Segunda Turma do STF já preocupa defesa de acusados. G1, 22-4-2018. Disponível em: <https://g1.globo.com/politica/ blog/gerson-camarotti/ post/2018/04/22/ volta-de-carmen- lucia-para- segunda-turma--do-stf-ja- preocupa-defesa- de-acusados.ghtml>. Acesso em: 19-7-2018.

CARTA CAPITAL. Temer cede, mas caminhoneiros não voltam ao trabalho. 28-5/-2018. Disponível em: <https://www.cartacapital.com.br/ economia/ temer-cede-mas-caminhoneiros- nao-voltam--ao-trabalho> Acesso em: 17-7-2018.

CASADO, Letícia; FERNANDES, Talita. Cármen Lúcia se reúne com presidente do Senado para tratar caso Aécio. Folha de São Paulo, 2/10/2017. Disponível em: <http://www1.folha.uol.com.br/poder/ 2017/10/ 1923541- carmen-lucia-se- reune-com- presidente-do--senado-para- tratar-caso-aecio.shtml>. Acesso em: 13-8-2018.

CIPRIANI, Juliana. Gilmar Mendes é xingado de 'ladrão' e 'corrupto' no Pacaembu; veja vídeo. Correio Braziliense. 30/10/2017. Disponível em: <http://www.correiobraziliense.com.br/app/ noticia/ politica/ 2017/10/30/ internas_polbraeco, 637427/ gilmar-mendes- -e-xingado-de- ladrao-e-corrupto-no-pacaembu- veja-vid.shtml>. Acesso em: 30-10-2017.

CLARÍN. Derechos Humanos: Confirman una medida que ya habian tomado jueces y camaras: La Corte anula hoy los indultos que Menem otorgó a militares. Buenos Aires, 13-7-2007. Disponível em: <https://www.clarin.com/ ediciones- anteriores/corte-anula-hoy-indultos- menem-otorgo- militares_0_r1rg F8e JRtg.html>. Acesso em: 20-8-2018.

CONGRESSO EM FOCO. Gilmar Mendes ataca Marco Aurélio Mello: "De velho a velhaco". 11-5-2017. Disponível em: <https://congressoemfoco.uol.com.br/ especial/ noticias/ gilmar-mendes-ataca-marco-aurelio-mello- % E2% 80%9C de-velho-a-velhaco%E2%80% 9D/>. Acesso em: 10-7-2018.

________. Ministros do STF contrariam entendimento sobre prisão em segunda instância. 4/3/2018. Disponível em: <https://congressoemfoco.uol.com.br/ especial/noticias/ ministros-do-stf- contrariam-entendimento-sobre-prisao-em-segunda- instancia/>. Acesso em: 19-7-2018.

________. STF ainda pode julgar mérito de impeachment, diz Lewandowski. Agência Brasil, 9/5/2016. Disponível em: <https://congressoemfoco.uol.com.br/ especial/noticias/stf-ainda- pode-julgar -merito- de-impeachment-diz- lewandowski/>. Acesso em: 12-7-2018.

CONJUR. Toffoli defende criação de cláusula de barreira e fim de coligações partidárias. 20/4/2017. Disponível em: <https://www.conjur.com.br/2017-abr-20/toffoli- defende-criacao-clausula-barreira-fim-coligacoes>. Acesso em: 19-9-2018

CORREIO DO BRASIL. Ministros do STF já admitem que Lula pode ser solto e se candidatar. 24-4-2018. Disponível em: <http://www.correiodobrasil.com.br/ministros-stf-admitem-lula-solto-candidatar/>Acesso em: 12-7-2018.

COUTINHO, Filipe. PF intercepta ligação de Gilmar Mendes para investigado no STF. 6/2/2015. Época, 6-2-2015. Disponível em: <https://epoca.globo.com /tempo/noticia/2015/02/pf- intercepta-ligacao-de-bgilmar- mendes -para-investigadob -no-stf.html>. Acesso em: 14-7-2018

CRUZ, Valdo. Fachin deve evitar temas polêmicos na Segunda Turma, avaliam procuradores da Lava Jato. G1, 26-4-2018. Disponível em: <https://g1.globo.com/politica/ blog/valdo-cruz /post/2018/04/26/ fachin-deve-evitar- temas-polemicos-na- segunda-turma-avaliam- procuradores-da-lava- jato.ghtml>. Acesso em: 19-7-2018.

ESTADÃO. Para Gilmar Mendes, decisão de Fux é o "AI-5 do Judiciário" . 15/12/2016. Disponível em: <https://www.estadao.com.br/ noticias/geral, para-gilmar- mendes-decisao- de-fux-e-o-ai-5- do-judiciario, 10000094690>. Acesso em: 10/7/2018.

EUGÊNIA, Maria; CAVALCANTE, Juliana. PGR pede prisão de Aécio Neves, mas ministro Fachin nega. Metrópoles, 18/5/2017. Disponível em: <https://www.metropoles.com/brasil/ politica-br/ pgr-pede- prisao-de-aecio- neves-mas -ministro- fachin-nega>. Acesso em: 12-7-2018.

EXAME. Vem pra Rua protesta no Rio e pede saída de Gilmar Mendes. 27/8/2017. Disponível em: <https://exame.abril.com.br/ brasil/ vem- pra-rua-faz- manifestacao- no-rio-pedindo- saida-de- gilmar-mendes/>. Acesso em: 10-7-2018.

FALCÃO, Márcio. PEN desiste de liminar para impedir prisão em segunda instância. Jota, 25/4/2018. Disponível em: <https://www.jota.info/stf/ pen-liminar -prisao-em-segunda -instancia-25042018>. Acesso em: 11-5-2018.

FERNANDES, Adriana; NAKAGAWA, Fernando; RIBEIRO, Luci. Para bancar "bolsa caminhoneiro", governo corta até gastos sociais. Estadão, 31/5/2018. Disponível em: <https://economia.estadao.com.br/ noticias/ geral, para-bolsa- caminhoneiro-governo- corta-orcamento-de-estatais-e-tira- beneficios- de-exportadores, 70002332467>. Acesso em: 17-7-2018

FOLHA DE SÃO PAULO. Barroso diz que Gilmar tem "pitadas de psicopatia" e sessão do STF é suspensa. 21-3-2018. Disponível em:

<https://www1.folha.uol.com.br/poder/2018 /03/ barroso-diz-que-gilmar-tem- pitadas -de-psicopatia-e -sessao-do- stf-e-suspensa.shtml>. Acesso em: 10-7-2018.

_______. Entenda a prisão do senador Delcídio do Amaral em 11 perguntas e respostas. 26/11/2015. Disponível em: <https://www1.folha.uol.com.br/ poder/2015/11/1711360- entenda-a-prisao-do-senador- delcidio-do-amaral-em-11-perguntas-e- respostas.shtml>. Acesso em: 12-7-2018.

_______. Líder diz que caminhoneiros são forçados a manter a greve: governo disse hoje que grupo de infiltrados está atrapalhando o fim da paralisação. São Paulo, 28-5-2018. Disponível em: <https://veja.abril.com.br/ economia/ lider-grevista- diz-que-caminhoneiros- sao-forcados-a- manter-greve/>. Acesso em: 29-5-2018.

FRAZÃO, Felipe; HUPSEL FILHO, Valmar; PUPO, Amanda, CURY, Teo; MOURA, Rafael Moraes. PEN tenta retirar liminar que poderá livrar Lula. Estadão, 9/4/2018. Disponível em: <http://politica.estadao.com.br/ blogs/fausto- macedo/para- nao-beneficiar-lula-pen-decide-desistir-de-liminar- contra-prisao -em-2a-instancia/>. Acesso em: 11-5-2018

G1. Áudio: Aécio e Joesley Batista acertam pagamento de R$ 2 milhões. 19-5-2017. Disponível em: <https://g1.globo.com/politica/noticia/audio-aecio-e- joesley-batista-acertam- pagamento- de-r-2-milhoes. ghtml>. Acesso em: 12-7-2017.

_______. Cronologia: greve dos caminhoneiros. 25-5-2018. Disponível em: <https://g1.globo.com/economia/ noticia/cronologia -greve-dos-caminhoneiros.ghtml>. Acesso em: 14-7-2018.

_______. Discussão acalorada entre Barroso e Gilmar suspende sessão no Supremo. 22-3-2018. Disponível em: <http://g1.globo.com/jornal-nacional/ noticia/2018/03/discussao- acalorada-entre-barroso-e-gilmar-suspende-sessao- no- supremo.html>. Acesso em: 28-6-2018.

_______. Em transcrição de áudio da PF, Aécio pede ajuda a Gilmar Mendes sobre Lei de Abuso de Autoridade. 19-5-2017. Disponível em: <https://g1.globo.com/ politica/operacao- lava-jato/noticia/em- transcricao-de-audio-da-pf- aecio-pede-ajuda-a- gilmar-

-mendes-sobre- lei-de-abuso-de-autoridade.ghtml>. Acesso em: 30-10-2017.

_______. Gilmar Mendes chama Tribunal Superior do Trabalho de 'laboratório do PT'. 3-4-2017. Disponível em: <https://g1.globo.com/sp/vale-do-paraiba-regiao/noticia/gilmar-mendes-chama-tribunal-superior-do-trabalho-de-laboratorio-do-pt.ghtml>. Acesso em: 10-7-2018.

_______. Governo reserva quase R$ 900 milhões para fundo partidário. 4-9-2017. Disponível em: <http://g1.globo.com/jornal-nacional/noticia/2017/09/governo-reserva-quase-r-900-milhoes-para-fundo-partidario.html>. Acesso em: 13-8-2018.

_______. Lewandowski aponta 'tropeço na democracia'; Gilmar Mendes critica. 29-6-2016. Disponível em: <http://g1.globo.com/politica/noticia/2016/09/lewandowski-aponta-tropeco-na-democracia-gilmar-mendes-critica.html>. Acesso em: 16-7-2018.

_______. Libertado pela Segunda Turma do STF, José Dirceu já está em casa. 27-6-2018. Disponível em: <http://g1.globo.com/jornal-nacional/noticia/2018/06/libertado-pela-segunda-turma-do-stf-jose-dirceu-ja-esta-em-casa.html>. Acesso em: 10-7-2018.

_______. Lula se entrega à PF e é preso para cumprir pena por corrupção e lavagem de dinheiro. 7-4-2018. Disponível em: <https://g1.globo.com/sp/sao-paulo/noticia/lula-se-entrega-a-pf-para-cumprir-pena-por-corrupcao-e-lavagem-de-dinheiro.ghtml>. Acesso em: 11-7-2018.

_______. Moro divulga grampo de Lula e Dilma; Planalto fala em Constituição violada São Paulo, 16-3-2016. Disponível em: <http://g1.globo.com/politica/noticia/2016/03/moro-divulga-grampo-de-lula-e-dilma-planalto-fala-em-constituicao-violada.html>. Acesso em: 13-8-2018.

_______. "Não há razões para isso", diz Cármen Lúcia sobre STF voltar a julgar prisão após condenação em 2ª instância. 19-3-2018. Disponível em: <https://g1.globo.com/politica/noticia/nao-ha-razoes-para-isso-diz-carmen-lucia-sobre-stf-voltar-a-julgar-prisao-apos-2-instancia.ghtml>. Acesso em: 11-7-2018.

GALHARDO, Ricardo. Análise: Preso, Lula mantém influência em jogo político. Estadão, 1º-8-2018. Disponível em: <https://politica.estadao.com.br/noticias/eleicoes,analise-preso-lula-mantem-influencia-em-jogo-politico,70002426055>. Acesso em: 31-8-2018.

GARCIA, Gustavo; RAMALHO, Renan. Senado decide descumprir liminar para afastar Renan e aguardar plenário do STF. G1, 6-12-2016. Disponível em: <https://g1.globo.com/politica/noticia/renan-senado-decide-nao-cumprir-liminar-e-aguardar-decisao-do-plenario-do-stf.ghtml>. Acesso em: 13-8-2018.

GARCIA, Daniela; ALMEIDA, Paula. Relatório da PF indica 46 ligações por WhatsApp entre Aécio e Gilmar entre fevereiro e maio. UOL Notícias, 19-10-2017 Disponível em: <https://noticias.uol.com.br/politica/ultimas-noticias/2017/10/19/relatorio-da-pf-diz-que-aecio-e-gilmar-mendes-fizeram-38-ligacoes-por-whastapp-em-dois-meses.htm>. Acesso em: 14-7-2018.

GAÚCHA ZH. Artistas, juízes e procuradores protestam contra Gilmar Mendes. 25-8-2017. Disponível em: <https://gauchazh.clicrbs.com.br/politica/noticia/2017/08/artistas-juizes-e-procuradores-protestam-contra-gilmar-mendes-9879471.html>. Acesso em: 10-7-2018.

______. Ordem de prisão de Lula é ato de "despotismo judicial", diz Gilmar Mendes. 6-4-2018. Disponível em: <https://gauchazh.clicrbs.com.br/politica/noticia/2018/04/ordem-de-prisao-de-lula-e-ato-de-despotismo-judicial-diz-gilmar-mendes-cjfo5wdp607z101ph1c1m5u00.html>. Acesso em: 10-7-2018.

______. Pesquisa mostra que Gilmar Mendes é líder em desaprovação popular entre ministros do STF. 27-8-2017. Disponível em: <https://gauchazh.clicrbs.com.br/politica/noticia/2017/08/pesquisa-mostra-que-gilmar-mendes-e-lider-em-desaprovacao-popular-entre-ministros-do-stf-9880651.html>. Acesso em: 2-8-2018.

GIELOW, Igor; VETTORAZZO, Lucas. Greve dos caminhoneiros: Reação de militares a protesto causa preocupação na cúpula do governo: Oficiais superiores descartam intervenção, mas temem por simpatia da tropa a manifestantes. Folha de São Paulo, 29-5-2018. Disponível em: <http://www1.folha.uol.com.br/poder/2018/05/

reacao-de-militares-a-protesto-causa-preocupacao-na-cupula--do-governo.shtml>. Acesso em: 29-5-2018.

KATTAH, Eduardo; MACEDO, Fausto; BRANDT, Ricardo; CHAPOLA, Ricardo. Cortes superiores revisaram menos de 4% das decisões do juiz Sergio Moro. Estadão, 24-1-2016. Disponível em: <http://politica.estadao.com.br/blogs/fausto-macedo/cortes-superiores--revisaram-menos-de-4-das-decisoes-do-juiz-sergio-moro/>. Acesso em: 17-10-2017.

LEITÃO, Matheus. ÁUDIO: ouça a gravação que embasou a prisão do senador Delcídio do Amaral. G1, 25-11-2015. Disponível em: <http://g1.globo.com/politica/blog/matheus-leitao/post/audio--ouca-gravacao-que-embasou-prisao-do-senador-delcidio-do--amaral.html>. Acesso em: 12-7-2018.

LIMA, Maurício. Liminar que garante auxílio-moradia a juízes completa dois anos e provoca rombo de bilhão. Revista Veja. Disponível em: <http://veja.abril.com.br/blog/radar/liminar-que-garante--auxilio-moradia-a-juizes-completa-dois-anos-e-provoca-rombo--de-bilhao/>. Acesso em: 3-10-2017.

LOPES, Marina. In Brazil, a truckers' strike brings Latin America's largest economy to a halt. The Washington Post, 26-5-2018. Disponível em: <https://www.washingtonpost.com/world/the_americas/in-brazil-a-truckers-strike-brings-latin-americas-largest-economy-to-a-halt/2018/05/25/fe3f06e6-6026-11e8-b656-236c6214ef01_story.html?noredirect=on&utm_term=.0caaa934447c>. Acesso em: 14-7-2018.

MAGRO, Maíra. STF deixa de debater 2ª instância após desencontro de Celso e Cármen. Valor Econômico, 20-3-2018. Disponível em: <https://www.valor.com.br/politica/5397541/stf-deixa-de-debater-2-instancia-apos-desencontro-de-celso-e-carmen>. Acesso em: 11-7-2018.

MARCHESINI, Lucas; RESENDE, Thiago; CUNTO, Raphael Di. Planalto confirma Lula como ministro da Casa Civil; posse será terça. Valor Econômico, 16-3-2016. Disponível em: <https://www.valor.com.br/politica/4484478/planalto-confirma-lula-como-ministro--da-casa-civil-posse-sera-terca>. Acesso em: 24-7-2018.

MARTÍ, Silas. Moro é apresentado como "herói nacional" em evento nos EUA. Folha de São Paulo, 17/5/2018. Disponível em: <https://www1.folha.uol.com.br/poder/2018/05/moro-e-apresentado-como-heroi-nacional-em-evento-nos-eua.shtml>. Acesso em: 23-7-2018.

MASCARENHAS, Gabriel. Gilmar Mendes diz que proposta defendida por Moro é coisa de "cretino". Folha de São Paulo, 23/8/2016. Disponível em: <https://www1.folha.uol.com.br/poder/2016/08/1806132-gilmar-mendes-diz-que-proposta-defendida-por-moro-e-coisa-de-cretino.shtml>. Acesso em: 10-7-2017.

MATOSO, Filipe. Dupla votação do Senado foi 'estranhíssima', afirma Dilma. G1, 2-9-2016. Disponível em: <http://g1.globo.com/politica/processo-de-impeachment-de-dilma/noticia/2016/09/dupla-votacao-do-senado-foi-estranhissima-afirma-dilma.html>. Acesso em: 16-7-2018.

MONTEIRO, Tânia; ARAÚJO, Carla. Citado na Lava Jato, Moreira Franco ganha foro privilegiado como novo ministro. Estadão, 2/7/2017. Disponível em: <https://politica.estadao.com.br/noticias/geral,citado-na-lava-jato-moreira-franco-ganha-foro-privilegiado-como-novo-ministro,70001651098>. Acesso em: 11-7-2018.

MOURA, Rafael Moraes; PIRES, Breno; BULLA, Beatriz; GADELHA, Igor. Lava Jato não vai parar, diz Cármen Lúcia. Estadão, 13/9/2017. Disponível em: <https://politica.estadao.com.br/blogs/fausto-macedo/lava-jato-nao-vai-parar-diz-carmen-lucia/>. Acesso em: 2-8-2018.

______; BONFIM, Isabela. TJs veem retaliação em comissão de supersalários. Estadão, 16/11/2016. Disponível em: <http://politica.estadao.com.br/noticias/geral,tjs-veem-retaliacao-em-comissao-de-supersalarios,10000088443>. Acesso em: 1º-11-2017.

O GLOBO. Ações contra nomeação de Lula como ministro serão julgadas em Brasília: STJ decidiu que as mais de 110 ações apresentadas em 2016 ainda são pertinentes. 17-6-2017. Disponível em: <https://oglobo.globo.com/brasil/acoes-contra-nomeacao-de-lula-como-ministro-serao-julgadas-em-brasilia-21352678>. Acesso em: 13-4-2018.

________. Marco Aurélio critica 'manipulação da pauta' no STF: 'tempos estranhos'. 27-6-2018. Disponível em: <https://oglobo.globo.com/brasil/marco-aurelio-critica-manipulacao-da-pauta-no-stf-tempos-estranhos-22827300>. Acesso em: 1º-8-2018.

PEREIRA, Joelma. Aécio não tem autoridade moral e merece desprezo, mas decisão do STF é "esdrúxula", diz PT. Congresso em Foco, 27-9-2017. Disponível em: <https://congressoemfoco.uol.com.br/especial/noticias/aecio-nao-tem-autoridade-moral-e-merece-desprezo-mas-decisao-do-stf-e-esdruxula-diz-pt/>. Acesso em: 17-7-2018 PEREIRA, Thomaz. Lula ministro e o silêncio do Supremo. Jota, 22-12-2016. Disponível em: <https://jota.info/colunas/supra/lula-ministro-e-o-silencio-supremo-22122016>. Acesso em: 13-8-2018.

PEREGIL, F. Venezuela dice "no" a la Constitución de Chávez. El país, 3-12-2017. Disponível em: <https://elpais.com/internacional/2007/12/03/actualidad/1196636401_850215.html>. Acesso em: 5-10-2018.

PONTES, Felipe. Cármen Lúcia diz que dará urgência à análise da liminar que afastou Renan. Brasília: EBC Agência Brasil, 6-12-2016. Disponível em: <http://agenciabrasil.ebc.com.br/politica/noticia/2016-12/carmen-lucia-diz-que-dara-urgencia-analise-da-liminar-que-afastou-renan>. Acesso em: 13-8-2018.

PRESSE, France. Parlamento venezuelano respalda sentença de tribunal no exílio contra Maduro. G1, 22-8-2018. Disponível em: <https://g1.globo.com/mundo/noticia/2018/08/22/parlamento-venezuelano-respalda-sentenca-de-tribunal-no-exilio-contra-maduro.ghtml>. Acesso em: 5-10-2018.

________. Tribunal Supremo venezuelano valida convocação de Constituinte sem referendo. G1, 31-5-2017. Disponível em: <https://g1.globo.com/mundo/noticia/tribunal-supremo-venezuelano-valida-convocacao-de-constituinte-sem-referendo.ghtml>. Acesso em: 5-10-2018.

PUTTI, Alexandre. Nomeação de Lula como ministro divide opinião de juristas. Justificando, 16-3-2016. Disponível em: <http://justificando.cartacapital.com.br/2016/03/16/nomeacao-de-lula-como-ministro-divide-opiniao-de-juristas/>. Acesso em: 29-8-2018.

R7. "Vossa excelência, por favor, me esqueça", bate-boca é mais um capítulo de divergência entre ministros do STF. 17-11-2016. Disponível em: <https://noticias.r7.com/brasil/vossa-excelencia-por--favor-me-esqueca-bate-boca-e-mais-um-capitulo-de-divergencia-entre-ministros-do-stf-17112016>. Acesso em: 10-7-2018.

RAMALHO, Renan. Cármen Lúcia ouve ministros e marca para esta quarta decisão sobre Renan. Brasília: G1, 6-12-2016. Disponível em: <https://g1.globo.com/politica/noticia/carmen-lucia-ouve--ministros-e-marca-para-esta-quarta-decisao-sobre-renan.ghtml>. Acesso em: 13-8-2018.

_______. Fachin nega pedido de Lula para evitar prisão e submete decisão final ao plenário. G1, 9-2-2018. Disponível em: <https://g1.globo.com/politica/noticia/fachin-nega-pedido-de-lula-para--evitar-prisao-e-submete-decisao-final-ao-plenario.ghtml >. Acesso em: 11-7-2018.

_______. Gilmar Mendes manda soltar pela terceira vez empresário Jacob Barata Filho. G1, 1º-12-2017. Disponível em: <https://g1.globo.com/politica/noticia/gilmar-mendes-manda-soltar-jacob--barata-filho-e-lelis-teixeira.ghtml>. Acesso em: 8-8-2018.

_______. Toffoli pede vista e adia decisão do STF sobre restrição ao foro privilegiado de parlamentares. G1, 23-11-2017. Disponível em: <https://g1.globo.com/politica/noticia/toffoli-pede-vista-e-adia--decisao-do-stf-sobre-restricao-ao-foro-privilegiado-de-parlamentares.ghtml >. Acesso em: 11-7-2018.

RECONDO, Felipe. Gilmar Mendes defende adiamento do novo CPC. Jota, 23-6-2015. Disponível em: <https://www.jota.info/justica/gilmar-mendes-defende-adiamento-do-novo-cpc-23062015>. Acesso em: 12-7-2018.

_______. Ministros do STF cobram julgamento de auxílio-moradia para juízes. Jota, 10-9-2015. Disponível em: <https://jota.info/justica/ministros-do-stf-cobram-julgamento-de-auxilio-moradia-para--juizes-10092015>. Acesso em: 3-10-2017.

RODRIGUES, Fernando. Gilmar chama Janot de "delinquente" e diz que procurador fez "chantagem". PODER 360, 5-9-2017. Disponível em: <https://www.poder360.com.br/lava-jato/delinquente-

-janot-agora-faz-chantagem-com-o-supremo-diz-gilmar-mendes/>. Acesso em: 10-7-2018.

ROVER, Tadeu; MARTINES, Fernando. Juiz suspende nomeação de Lula como ministro da Casa Civil. CONJUR. 17-3-2016. Disponível em: <https://www.conjur.com.br/2016-mar-17/juiz-suspende-nomeacao-lula-ministro-casa-civil>. Acesso em: 13-4-2018.

________. Pelo menos nove ações no STF contestam nomeação de Lula como ministro. CONJUR. 17/3/2016. Disponível em: <https://www.conjur.com.br/2016-mar-17/cinco-acoes-supremo-contestam-nomeacao-lula>. Acesso em: 13-4-2018.

SADI, Andreia. "Jamais antecipei julgamento", diz Barroso em resposta a Gilmar Mendes. G1, 28-2-2018. Disponível em: <https://g1.globo.com/politica/blog/andreia-sadi/post/2018/02/28/jamais-antecipei-julgamento-diz-barroso-em-resposta-a-gilmar-mendes.ghtml>. Acesso em: 28-6-2018.

SARDINHA, Edson. De olho no Judiciário, Renan instala comissão para frear supersalários. Congresso em Foco, 10-11-2016. Disponível em: <http://congressoemfoco.uol.com.br/noticias/de-olho-no-judiciario-renan-instala-comissao-para-frear-supersalarios/>. Acesso em: 1º-11-2017.

SCHREIBER, Mariana. Gilmar Mendes, o polêmico ministro no caminho de Dilma e do PT. Brasília: BBC Brasil, 6-10-2015. Disponível em: <http://www.bbc.com/portuguese/noticias/2015/10/150921_perfil_gilmar_ms_ab>. Acesso em: 13-8-2018.

SENADO FEDERAL. Agência Senado. Plenário rejeita medidas cautelares contra Aécio Neves e senador retoma mandato. Senado Notícias, 17/10/2017. Disponível em: <https://www12.senado.leg.br/noticias/materias/2017/10/17/senado-devolve-mandato-a-aecio-neves>. Acesso em: 1º-11-2017.

________. Consulta Pública. Projeto de Lei do Senado n. 280, de 2016. Disponível em: <https://www25.senado.leg.br/web/atividade/materias/-/materia/126377>. Acesso em: 17-10-2017.

________. Senado Notícias. Moraes: STF "substituiu legislador" ao derrubar cláusula de barreira para partidos. 21-2-2017. Disponível em: <https://www12.senado.leg.br/noticias/materias/2017/02/21/mo-

raes-stf-substituiu-legislador2019-ao-derrubar-clausula-de--barreira-para-partidos>. Acesso em: 19-9-2018.

_______. Senado Notícias. Senado mantém prisão de Delcídio do Amaral. 25-11-2015. Disponível em: <https://www12.senado.leg.br/noticias/materias/2015/11/25/senado-mantem-prisao-de-delcidio--do-amaral>. Acesso em: 12-7-2018.

SOUZA, André de. Joaquim Barbosa é chamado de 'herói' e diz ser 'barnabé'. O Globo, 31-8-2012. Disponível em: <https://oglobo.globo.com/brasil/joaquim-barbosa-chamado-de-heroi-diz-ser--barnabe-5969822 >. Acesso em: 23-7-2018.

SOUZA, Nivaldo de. 6 relações de Gilmar Mendes que expõem sua atuação como juiz. Nexo, 18-8-2017. Disponível em: <https://www.nexojornal.com.br/expresso/2017/08/18/6--rela%C3%A7%C3%B5es-de-Gilmar-Mendes-que--exp%C3%B5em-sua-atua%C3%A7%C3%A3o-como-juiz>. Acesso em: 6-7-2018.

SOUZA, Josias de. No caso Renan, Cármen Lúcia foi mais 'articuladora política' que magistrada. Uol Notícias, 8-12-2016. Dinponível em: <https://josiasdesouza.blogosfera.uol.com.br/2016/12/08/no--caso-renan-carmen-lucia-foi-mais-articuladora-politica-que--magistrada/>. Acesso em: 13-8-2018.

SUPREMO TRIBUNAL FEDERAL. ADI questiona emenda constitucional que permite a prática de vaquejada. Notícias STF, 3/7/2017. Disponível em: <http://stf.jus.br/portal/cms/ver NoticiaDetalhe.asp?idConteudo=348571>. Acesso em: 8-8-2018.

_______. Ministra Cármen Lúcia faz balanço de atividades do STF e encerra Ano Judiciário 2016. Notícias STF, 19/12/2016. Disponível em: <http://www.stf.jus.br/portal/ cms/verNoticiaDetalhe.asp?idConteudo=332571>. Acesso em: 13-8-2018.

TELES, Giovana. Áudio revela como Delcídio tentou impedir a investigação da Lava Jato. G1, 25/11/2015. Disponível em: <http://g1.globo.com/jornal-da-globo/noticia/2015/11/audio-revela-como--delcidio-tentou-impedir-investigacao-da-lava-jato.html>. Acesso em: 12-7-2018.

UOL NOTÍCIAS. Lava Jato lista relações de Gilmar Mendes com empresários presos e pede suspeição do ministro. UOL, 18-8-2017. Disponível em: <https://noticias.uol.com.br/ politica/ultimas-noticias/2017/08/18/ lava-jato-recorre-a-pgr-para-impedir-gilmar-mendes-de-decidir-prisao- de-empresarios-do-rio.htm>. Acesso em: 6-7-2018.

VASCONCELOS, Frederico. No STF só 20% dos pedidos de vista são devolvidos no prazo. Folha da São Paulo, São Paulo, 8-6-2015. Disponível em: <http://www1.folha.uol.com.br/poder/ 2015/06/1638875-no-stf-so- 20-dos-pedidos-de-vista-sao-devolvidos- no-prazo.shtml>. Acesso em: 24-10-2017.